2018年
广西蓝皮书
BLUE BOOK OF GUANGXI

广西民族地区发展报告

THE DEVELOPMENT REPORT OF GUANGXI'S NATION AREA

广西社会科学院　编

知识产权出版社
全国百佳图书出版单位
—北京—

图书在版编目（CIP）数据

广西民族地区发展报告 / 广西社会科学院编．—北京：知识产权出版社，2020.2
（2018 年广西蓝皮书）
ISBN 978-7-5130-6741-6

Ⅰ．①广…　Ⅱ．①广…　Ⅲ．①民族工作—研究报告—广西— 2018　Ⅳ．① D633

中国版本图书馆 CIP 数据核字（2019）第 301663 号

内容简介

本书全面反映了广西壮族自治区 11 个世居少数民族经济、社会、文化、教育及社会主义新农村、城镇化建设等方面的发展情况，既有宏观论证和总体分析，也有区域发展的个案分析，点面结合，为促进和推动民族地区建设与发展、各民族共同繁荣提供决策参考。

责任编辑：高源　　　　**责任印制**：孙婷婷

2018 年广西蓝皮书
广西民族地区发展报告
GUANGXI MINZU DIQU FAZHAN BAOGAO
广西社会科学院　编

出版发行：知识产权出版社有限责任公司　　网　址：http://www.ipph.cn
　　　　　　　　　　　　　　　　　　　　http://www.laichushu.com
电　话：010-82004826
社　址：北京市海淀区气象路 50 号院　　邮　编：100081
责编电话：010-82000860 转 8701　　责编邮箱：laichushu@cnipr.com
发行电话：010-82000860 转 8101　　发行传真：010-82000893
印　刷：三河市国英印务有限公司　　经　销：各大网上书店、新华书店及相关专业书店
开　本：710mm × 1000mm　1/16　　印　张：14
版　次：2020 年 2 月第 1 版　　印　次：2020 年 2 月第 1 次印刷
字　数：210 千字　　定　价：78.00 元
ISBN 978-7-5130-6741-6

前言

《广西民族地区发展报告》是广西社会科学院蓝皮书系列之一。2013—2018年，广西社会科学院与广西壮族自治区民族宗教事务委员会合作每年出版一本《广西民族地区发展报告》，着重反映广西民族地区在经济、社会、文化等方面的发展状况，但各年度侧重的主题不同。

广西地处华南和西南交汇地带，是一个壮族人口占多数，有汉、瑶、苗、侗、仫佬、毛南、回、彝、京、水、仡佬等民族共同生活的民族自治地方。各民族相互交往的历史悠久。早在春秋时期，广西就受到北方青铜文化的影响，从中原地区输入青铜器，并向长江流域和黄河流域输出岭南特有物产。秦朝统一岭南，设置的桂林郡、象郡包括了今天广西大部分区域。从汉代到清朝，广西一直是中国不可分割的南部边陲，历代中央王朝根据广西民族构成的实际情况采取差别化的政策，促进了各民族的长期交往和团结互助。明代以来，广西各族英烈在维护国家统一、反抗外来侵略、捍卫国家利益的过程中做出了巨大的牺牲和贡献。

1952年12月10日，桂西壮族自治区成立，下辖邕宁、宜山、百色三个壮族聚居的地区。1956年3月，桂西壮族自治区改名为桂西壮族自治州。1956年10月，中共中央提出建立广西壮族自治区的倡议。经过充分的酝酿和讨论，1957年第一届全国人民代表大会第四次会议批准成立广西壮族自治区。1958年3月，广西壮族自治区第一届人民代表大会第一次会议宣布自治区正式成立。广西壮族自治区的成立，实现了广西各族人民的空前团结，广西各族人民平等、团结、互助、共同繁荣的关系不断发展。

广西壮族自治区成立60年来，广西不断发展平等、团结、互助、和谐的社会主义民族关系，促进各民族共同繁荣。2017年，习近平总书记在视察广西时肯定了广西的民族团结工作：“作为全国少数民族人口最多的自治区，广西各族人民长期以来亲如一家、民族关系十分融洽。希望你们总结好、运用好、发展好民族团结进步的成功经验，深入开展民族团结进步创建活动，使各民族心连心、手拉手的好传统代代相传。”

2018年是中国改革开放40周年，也是广西壮族自治区成立60周年。本书侧重反映广西壮族自治区成立60年来11个世居少数民族的发展变化情况，特别是在党的十八大、党的十九大精神指导下自治区取得的经济、社会、文化发展成就。全书分为综合篇、民族地区篇和附录（2017年广西民族地区大事记）三个部分。

目录

综合篇

广西壮族自治区60年回顾与展望

广西社会科学院民族研究所课题组*

1952年12月10日，桂西壮族自治区成立，下辖邕宁、宜山、百色三个壮族聚居的地区。1956年3月，桂西壮族自治区改为桂西壮族自治州。1956年10月，中共中央提出建立广西壮族自治区[1]的倡议。经过充分酝酿和讨论，1957年第一届全国人民代表大会第四次会议批准成立广西壮族自治区。1958年3月，广西壮族自治区第一届人民代表大会第一次会议宣布广西壮族自治区正式成立，标志着广西迈入了一个新的历史阶段，广西各族人民平等、团结、互助、和谐的关系不断发展，成为中华民族团结进步的典范。

一、广西壮族自治区60年发展历程

（一）曲折中前行（1958—1982年）

广西壮族自治区成立后，受“大跃进”、人民公社化运动及“文化大革命”影响，在社会主义建设的道路上艰

* 课题组成员：潘文献，广西社会科学院民族研究所副研究员；覃娟，广西社会科学院民族研究所所长、副研究员；刘建文，广西社会科学院民族研究所副研究员；张健，广西社会科学院民族研究所副研究员；冼奕，广西社会科学院民族研究所助理研究员；王红梅，广西社会科学院民族研究所助理研究员；方洋，广西东兴市委办公室工作人员。

[1] 全书除需要注明全称的地方外，其他地方一律用“广西”。

辛探索，走过弯路、经历过曲折，但也取得了一些重大的成就，初步建立了现代工农业基础，为改革开放和现代化建设奠定了基础。

从 1976 年“五五”计划开始，广西“支农工业”得到较大发展，建立了河池氮肥厂、柳州磷肥厂，扩建柳州化肥厂，续建、扩建和新建了 68 座小氮肥厂和小磷肥厂。化肥产量的大幅增长为 20 世纪 80 年代初的粮食大幅增产打下了良好的物质基础。1980 年，广西提出把水电、蔗糖、有色金属、建筑材料、旅游、外贸出口、林业和土特产作为八大优势产业，其中水电和蔗糖是两大支柱产业。这样就形成了改革开放初期广西“巩固一个基础，发挥八大优势，全面提高经济效益”的战略。

1978 年，党的十一届三中全会召开以后，广西政治经济逐步迈入正轨，工农业改革逐步开展，民族政策得到落实，民族工作部门得到恢复。1979 年，《人民日报》旗帜鲜明地发表《不是倒退而是前进》一文，支持广西武宣县农民联产承包的创举。1980 年 1 月，广西宜山县三岔公社合寨大队（今宜州区屏南乡合寨村）农民在村民自治传统基础上创造性地成立村民委员会，在全国率先进行村民自治探索，这一创举最终被全国人大肯定，并通过 1982 年的宪法规范化后向全国推广。1981 年，自治区政府开始实施差异化的减贫政策，如适当调减部分贫困县的粮食征购任务和生猪上调任务，以及木材统购任务，免除 155 个贫困公社认购国库券的任务。

（二）改革开放逐步兴起（1983—2000 年）

1. 改革探索发展经济

1983 年，广西壮族自治区全面推动改革开放，除了在农村实施土地承包责任制，也在工业企业和交通企业中推广经验承包责任制。1983 年，广西印发《关于工交企业推行经营承包责任制的若干规定》。1984 年，广西北海被国务院批准为沿海开放城市。

“六五”期间，广西工业总产值平均年增长 9.8%，超过计划 3.8 个百分点，农业总产值年均增长率 5.2%，超过计划 0.2 个百分点，财政收入年均增长 10.4%，超过计划 7 个百分点。改革不仅促进了工农业的持续发展，还带来了商业的繁荣，城镇工作机会的扩大。“六五”期间，全自治区安置城镇待业人员 105.6 万人，“待业率”由 1980 年的 4.9% 下降到 1985 年的 2.9%。

广西“六五”计划实施的结果是各项数据指标基本都达到或者超过计划要求，这是“一五”计划以来的第一次。

1986年广西的改革开放进一步推进，广西壮族自治区党委决定实施沿海开放和区域经济发展战略，依托中心城市加快发展沿海和桂东南，积极开发桂西区域经济，逐步形成亚热带农业、消费品、原料、电力、旅游等优势产业体系，提出了“教育兴桂”“科技兴桂”“旅游兴桂”等概念并形成重大决策，对教科文卫体旅游体制进行了重大改革。1989年、1990年，广西大力开展经济治理整顿工作和深化改革的工作。到1990年，广西全区生产总值和粮食总产量虽然没有达到“七五”计划数，但国民收入、工农业总产值、财政收入等较大幅度地超过计划数。

这一时期，广西农村的贫困发生率非常高，特别是大石山区、高寒山区和边境地区。这一时期“石漠化”危害达到非常严重的程度，石漠化地区成为广西贫困程度最深的地区。1985年，广西只有22.1%的森林覆盖率，为60年中最低点，有2/3的林地处于“无林”状态。早在1983年，国务院批准成立富川瑶族自治县和罗城仫佬族自治县，1984年两个自治县宣布成立。1988年，为配合岩滩水电站建设和大石山区脱贫解困，成立了大化瑶族自治县。1989年，广西民间贸易和往来逐步恢复，边境地区的贫困状况得到一定程度缓解。

2. 开放合作逐步兴起

1991年是“八五”开局之年，广西边境贸易快速发展，助推了广西经济发展。广西坚决贯彻落实党中央“充分发挥广西作为西南地区出海通道作用”的战略决策，把加快基础设施建设作为振兴经济和扩大对外开放的战略举措，实施“三三二”战略思路和重点布局。到1995年，广西累计完成全社会固定资产投资1301亿元，建成了南宁至梧州、平果至百色等二级公路，以及钦州到北海铁路等项目；平果铝一期建成投产。1995年，广西全区生产总值达到1666亿元，年均增长16.9%，这是广西壮族自治区成立以来经济增速最快的时期。

“九五”期间，广西提出了“三大战略、六大突破”和建设“五大经济区”的构想，把“科教兴桂”作为推动经济持续快速发展的主要动力，推动经济增长方式逐渐由粗放经营向集约经营转变。"九五"期间，虽然经历亚洲金融危机和多重严重洪涝灾害的影响，但广西全社会固定资产投资达到2808亿元，是"八五"的2.1倍。在投资和国有企业改革的带动下，广西经济总体保持平稳发展，年均增长率达到8.1%。1999年，广西规模以上工业企业扭亏为盈，2000年多数行业扭亏为盈，企业利润有较大增长。到2000年，广西全区生产总值达到2050亿元，首次突破2000亿元，完成了比1980年翻两番的计划目标；财政收入达到220亿元，年均增长10.5%。

1990年，广西恭城瑶族自治县成立，之后广西于1991年和1995年分别将西林、凌云和资源3县列为享受自治县待遇县。由于自然条件恶劣和历史原因，"八七"扶贫攻坚开始实施时广西有800万未解决温饱的贫困人口，约占广西全区总人口的17%。从1997年开始，广西通过开展人畜饮水工程、茅草房改造、村级道路建设、村村通电、村村通广播电视，以及改善贫困村办学和医疗卫生条件等方式推进贫困地区基础设施建设。到2000年，全区49个贫困县生产总值达到590亿元，地方财政收入增长到38亿元，未过温饱线人口由原来的800万人减少到150万人。

（三）西部大开发奋力追赶（2001—2011年）

1. 抓住机遇，扩大投资

改革开放以后，广西努力发展，但改革开放起步较晚，与东部沿海地区横向对比，发展相对缓慢。1981年，广西全区生产总值为113亿元，广东省生产总值为290亿元；2001年，广西全区生产总值为2279亿元，广东省生产总值达到12031亿元，二省区的比值由1981年的39%下降到19%。[1]

2000年以后，广西相继迎来了中国－东盟自由贸易区建设、中国－东盟博览会、泛珠三角经济区域合作、中越"两廊一圈"的构建和参与大湄公河次区域合作等开放合作新机遇。特别是西部大开发战略的实施加大了西部基础设施投资力度，使广西经济获得了快速发展。"十五"时期，广西全社会固定资产投资完成5593亿元，对经济增长的贡献率在50%以上。2005年，广西"十五"计划全面完成，南宁至友谊关高速公路等一批重大项目建成

[1] 数据来源：根据国家统计局统一调整后公布的数据整理，与省区当年公布的数据有一定出入。

投产。2005年，广西全区生产总值达到4075.75亿，年均增长10.8%，高于“十五”计划目标；人均生产总值达到8762元，首次超过1000美元；财政税收达到475亿元。

此外，广西进行了边境基础设施大会战和东（兰）巴（马）凤（山）革命老区基础设施大会战，使广西贫困区域的基础设施得到极大改善，群众生产生活条件提升显著。其中，东（兰）巴（马）凤（山）革命老区基础设施大会战模式改变贫困地区发展条件的作用显著。边境地区和东巴地区的很多民族村寨在大会战中第一次通了公路，实现了汽车、摩托车运输的逐步普及。2005年，广西城镇化水平达到33.6%，比2000年的21.5%高出了12.1个百分点。这一时期是广西城镇化水平提升最快的时期，平均每年提高2个百分点。

2. 大力发展，奋力追赶

尽管2008年受到国际金融危机的不利影响，但在投资拉动下，广西的经济增长速度不断加快（如图1）。“十一五”时期，广西经济年均增长13.9%，比“十五”时期快3.1个百分点，比同期全国快2.7个百分点，2010年全区生产总值达到9502.39亿元。同时，广西的交通基础设施得到很大改善，2010年广西的高速公路里程达2573千米，实现了县县通二级以上公路、大部分乡镇通油路的目标。

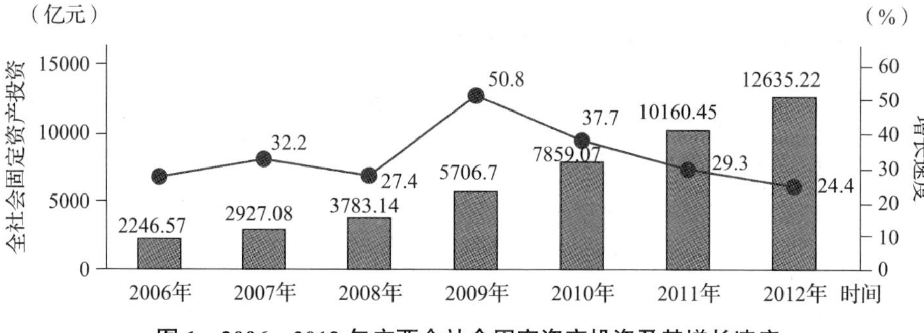

图1　2006—2012年广西全社会固定资产投资及其增长速度

数据来源：根据广西统计局公布的数据整理而成。

这一时期，广西不仅糖料蔗、蚕茧、木薯、秋冬菜产量稳居全国第一，而且肉类、水产品等多个产业在全国也名列前茅。这些农产品的高产量与广西自然地理和气候环境有密切关系，也与全国农业分工的调整有关。广东、福建、海南、云南曾经都大面积种植甘蔗，但是随着这些省区农业产业的调整，广西的甘蔗种植面积逐渐扩大，最终发展成为全国最大的甘蔗主产区。广西的蚕茧产量曾经长期排在全国前五名之外，但在“东桑西移”的过程中，江南等传统蚕桑产区的土地成本和人工成本不断上涨，产量逐渐下降。广西抓住这一机遇，引进一些蚕茧加工企业，大力发展种桑养蚕。特别是在桂西北山区，种桑养蚕成为脱贫致富过程中带动力最强的农业产业。

“十一五”时期，广西工业得到较快发展，年均增长 19.4%。2010 年，广西全区工业增加值达到 3860.46 亿元，食品、汽车、冶金三个产业逐步发展为千亿元产业。成品糖产量占全国总产量 60% 以上，微型汽车、轮式装载机、柴油内燃机等工业品市场占有率也达到全国第一。此外，广西旅游业、交通运输业、商贸业、房地产业和会展业等发展较快，2010 年全区第三产业增加值为 3321.19 亿元，比 2005 年增长了 1 倍多。

2011 年、2012 年广西仍然保持了较高的固定资产投资水平。从 2007 年到 2012 年，广西 5 年累计完成全社会固定资产投资 4.01 万亿元。城镇化进程继续发展，城市新区与工业园区建设同步推进，2012 年城镇化率达到 43.53%。经过不断的发展，广西由工业化初期迈入中期阶段。2012 年，广西全区生产总值达到 1.3 万亿元，广东省生产总值达到 5.7 亿元，前者相当于后者的 22.8%，这个比例与 2001 年的 19% 相比有较大的回升。这说明在西部大开发的进程中，广西奋力追赶，在一定程度上缩小了与东部发达地区的差距。

（四）党的十八大后稳中求进（2013—2017 年）

在党的十八大会议上，党中央作出中国经济发展进入新常态的准确判断，形成了以新发展理念为指导、以供给侧结构性改革为主线的政策框架。2015 年，中央赋予广西构建面向东盟的国际大通道、打造西南中南地区开放发展新的战略支点、形成 21 世纪海上丝绸之路与丝绸之路经济带有机衔接的重要门户的“三大定位”。广西在统筹推进“五位一体”总体布局，协调推进“四个全面”战略布局，深入实施创新驱动、开放带动、双核驱动、绿色发展四大战略，全力打好基础设施建设、产业转型升级、农村全面脱贫三大攻坚战方面做出了突出成绩。

尽管广西的固定资产投资不断加大（如图 2），2017 年固定资产投资超过 2 万亿元，但其固定投资增速下降，特别是固定资产投资对经济增长的拉动作用也逐渐下降。

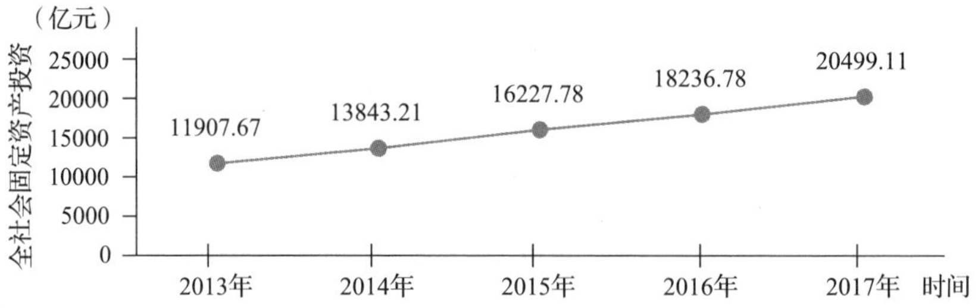

图 2　2013—2017 年广西全社会固定资产投资

广西除了 2013 年仍保持高于 10% 的经济增速外，随后几年经济增速下降到 8% 左右（见表 1），略高于全国平均经济增速。融资成本提高、建设用地指标趋紧、环保要求趋严，粗放型的经济增长方式难以持续。

表 1　2013—2017 年广西经济增速变化表

年份	2013	2014	2015	2016	2017
增长率（%）	10.2	8.5	8.1	7.3	7.3

这一时期广西总体上处于稳增长、调结构，稳中求进的发展状态。5 年来，广西经济实现年均 8.3% 的中高速增长，2017 年广西全区生产总值突破 2 万亿元，人均地区生产总值突破 6000 美元，整体上进入中等收入阶段；财政收入达 2604 亿元，年均增长 7.5%。全社会固定资产投资仍保持一定的增速，2017 年甚至超过 2 万亿元；城镇化率 49.2%，城镇化质量进一步提高。同时，广西积极融入“一带一路”建设，对外贸易持续增长。2013—2017 年，广西进出口总额年均增长 13.8%，加工贸易实现倍增。2017 年，广西全年货物进出口总额 3866.34 亿元，比 2016 年增长 22.6%；出口 1855.20 亿元，增长 22.3%；进口 2011.14 亿元，增长 22.9%。其中，对东盟国家进出口总额 1893.85 亿元，比 2016 年增长 3.7%。

这期间，广西第三产业比重略有提升，对经济增长贡献率提高了 19.5 个百分点。2017 年，广西食品产业突破 4000 亿元，电子信息等 7 个产业超 2000 亿元，旅游总消费年均增长 26.8%，电商交易额年均增长 53.3%，这些发展为经济结构调整增添了活力。

广西创新能力显著提高，其发明专利申请量、授权量和拥有量增长率连续 4 年位居全国前列，成为全国首批 3 个特色型知识产权强省建设试点之一。广西高新技术企业数增加 2.8 倍，高技术产业增加值年均增长 15%，成为工业增长的重要动力。

广西基础设施显著完善。5 年高铁建成运营 1751 千米，通达区内 12 个市和周边所有省份，铁路旅客发送量年均增长 30% 以上。全区高速公路总里程突破 5000 千米，覆盖 89% 的县。99.8% 建制村通了硬化公路，贫困村道路改善显著，20 户以上自然屯通硬化或者砂石路的比例超过 50%。在交通条件改善的同时，返乡务工人员收入水平提升，曾经数十万人的返乡摩托车车流逐渐减少。人们更多地选择汽车、高铁、飞机等交通工具出行。2017 年，广西机场旅客吞吐量超过 2400 万人次，比 2012 年增长 68%。

这期间，广西全区新增发电装机容量 1327 万千瓦，建成了西部地区首座核电站——防城港红沙核电站，500 千伏主干网架覆盖全区，使电力供应紧张的局面彻底扭转，出现了电力供应过剩的情况。广西建设了天然气干线管道，2017 年天然气覆盖了 14 个设区市和 35 个县。在信息化建设方面，广西实现了所有行政村网络信号全覆盖，大部分少数民族村寨开始通过电商销售农产品。

广西通过深化改革，不断提高政务服务水平。5 年累计取消、下放和调整行政审批事项达 2064 项，率先推行“多证合一、一照一码”商事登记模式，多种措施使得广西创业氛围提升，平均每个工作日新增市场主体 2000 多户。

广西城镇居民收入不断提升，贫困发生率大幅下降。2017 年，城镇和农村居民人均可支配收入分别突破 3 万元和 1 万元。广西贫困人口中少数民族所占比重超过 80%，因此脱贫攻坚对少数民族的发展具有极其重要的意义。2013—2017 年，脱贫攻坚取得重大进展，5 年累计减少建档立卡贫困人口 609 万，年均减贫 120 多万人，完成农村危房改造 90.5 万户，贫困发生率由 18% 下降到 7.9% 左右。一些深度贫困地区的少数民族群众也获得实实在在的帮扶，很多少数民族贫困村寨实现脱贫摘帽。

广西石漠化治理成效进一步显现，43 个石漠化治理重点县中有 27 个县的森林覆盖率超过 60%，整体生态环境质量保持在全国前列，植被生态质量和植被生态改善程度居全国首位。

广西教育和医疗保障进一步提升。广西教育振兴“双千计划”全面完成，公共财政教育经费占公共财政支出比例排全国第三位。2017 年，广西学前 3 年毛入园率、义务教育巩固率、高中阶段教育毛入学率、高等教育毛入学率分别为 82.7%、94.0%、88.5%、35.0%，分别比 2013 年提高了 17.7 个、6 个、12.5 个和 11 个百分点（如图 3）。通过不断改革，广西实现了区内城镇基本医疗保险异地就医直接结算、城乡居民大病保险全覆盖，城镇居民社会养老保险与新型农村社会养老保险同步全覆盖。

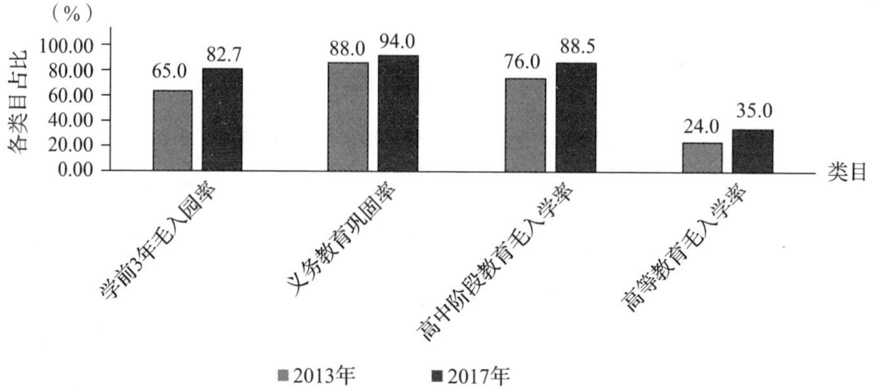

图 3　2013—2017 年广西教育发展变化情况

二、广西壮族自治区 60 年主要发展成效

（一）民族区域自治制度逐步完善

1. 成立民族自治地方，少数民族自治人口比例高

1958 年，广西壮族自治区第一届人民代表大会第一次会议宣告广西壮族自治区正式成立。1979 年 12 月，广西壮族自治区第五届人民代表大会第二次会议作出决定设立自治区人大常委会，作为人民代表大会的常设机构。人大及其常委会的设立有助于在立法、监督、决定重大重项、选举任免和代表

工作的开展。

在 1957 年筹备民族自治县工作的基础上，从 1984 年起，广西先后成立了富川（1984 年）、罗城（1984 年）、环江（1986 年）、大化（1988 年）、恭城（1990 年）5 个自治县，没有设立自治县的少数民族聚居区也根据民族区域自治法相应设立民族乡，对于少数民族人口较多的西林、凌云、资源三县，自治区先后批准其享受少数民族自治县待遇。县级以上民族自治地方相应设置了人大及其常委会。广西全区共建立 12 个民族自治县。[1] 至 2017 年年底，广西有 59 个民族乡，11 个世居少数民族中有 8 个实行了区域自治，实行区域自治的少数民族人口约占全区少数民族人口的 92%。

2. 区域自治法制化，部分政策给予倾斜照顾

改革开放以来，广西逐步把保障少数民族群众利益纳入制度化、规范化、法治化轨道，坚持贯彻执行《中华人民共和国民族区域自治法》，不断完善配套法规。1988 年，广西壮族自治区第七届人民代表大会第一次会议设立自治区人民代表大会民族委员会。早在 1985 年，广西各自治县就着手制定自治条例，至 1992 年，广西 12 个自治县都制定了自治条例。从 1996 年至今，各自治县陆续进行了两轮自治条例修订工作。部分自治县还根据本民族自治地方的实际，制定了涉及森林资源管理、旅游管理、道路管理及移民管理等方面的单行条例，如《龙胜各族自治县森林资源管理条例》《恭城瑶族自治县森林资源管理条例》。广西壮族自治区人大常委会先后审议通过了《广西壮族自治区民族民间传统文化保护条例》《广西壮族自治区发展中医药壮医药条例》《南宁市民族教育条例》等地方性规章。截至 2017 年年底，广西现行有效的地方性民族法规 28 件，其中自治条例 12 件，单行条例 12 件。这些自治条例、单行条例和地方性规章为民族自治地方经济社会发展、边疆和谐稳定和民族团结进步提供了法制保障。

广西壮族自治区党委、政府紧密结合自治区发展实际，从全局和战略的高度部署推进民族团结进步事业，创新民族工作的方式、方法。广西壮族自治区党委、政府于 2001 年出台了《关于进一步加强民族工作的意见》，于 2009 年出台了《关于进一步开展民族团结进步创建活动的意见》，

[1] 1993 年 5 月 23 日国务院批准撤销防城各族自治县，改称防城区，归新设立的防城港市管辖。

于2012年出台了《建设民族团结进步模范区总体实施方案》等文件。广西不仅制定“少数民族事业发展规划”，也将民族工作列入自治区党代会、政府工作报告及经济社会发展规划中，确保民族工作落到实处、见到成效。2017年，广西壮族自治区人民政府出台了《关于贯彻落实国家“十三五”促进民族地区和人口较少民族发展规划的实施意见》。此外，还出台了一些具体政策帮助少数民族发展经济，贯彻落实一系列国家针对少数民族的倾斜和优惠照顾政策，如财政转移支付政策、扶持人口较少民族发展政策、民贸民品企业资金扶持政策及“兴边富民”行动等。

（二）党的领导和党的建设工作开创新局面

1. 党的领导更加有力

党的十八大以来，广西壮族自治区党委领导集体率先垂范，自觉做树立政治意识、大局意识、核心意识、看齐意识“四个意识”的领头人。特别强调广大党员干部增强核心意识的极端重要性，坚决拥护中国共产党的领导核心，坚决听从党中央的决定和部署，坚决贯彻落实以习近平同志为核心的党中央制定的路线方针政策。

广西各级国家机关党组充分发挥在本单位的领导作用，突出加强党的政治建设，充分发挥政治巡视作用，坚决改变管党治党宽松软状况，使党的领导弱化、党的建设缺失、全面从严治党不力等问题得到了明显改进。

全区各级国家机关党组对广大党员积极引导、强化教育，党员干部党的意识、纪律观念、作风状态和精神面貌发生了明显变化，“四个意识”进一步增强，道路自信、理论自信、制度自信、文化自信进一步牢固树立。

党对国家机关工作的领导制度逐步完善。广西壮族自治区党委不断完善党对国家机关工作的各项领导制度，党对国家机关工作的领导不断加强。听取汇报制度常态化，请示报告制度规范化。

2. 党的建设更加扎实

一是党的建设及制度改革蹄疾步稳，管党治党的制度笼子越扎越紧。广西壮族自治区党委坚决落实全面从严治党的政治责任，从2014年起严格实施述职评议考核制度，建立了责任落实的长效机制，坚持把制度建设贯穿于全面从严治党全过程。2017年，制定出台了113项党内法规和规范性文件，全面从严治党的制度笼子进一步扎紧织密，为推进新时代党的建设提供了制度保障。

广西各级党委（党组）把坚持集体领导制度作为落实民主集中制的核心，普遍以制度化的形式建立了议事规则和决策程序，并根据党中央新的要求不断完善；坚持民主生活会、组织生活会制度，党内政治生活的政治性、时代性、原则性、战斗性不断增强。

二是重视思想建党，理想信念的思想根基越来越牢。广西各级领导班子和广大领导干部自觉坚定理想信念，明确政治方向，站稳政治立场。与此同时，自治区和各市县党委坚持把政治建设贯穿于全面从严治党全过程，积极深化政治巡视巡察，突出对党中央决策部署贯彻执行情况的检查，持续营造风清气正的良好政治生态。

广西各级党组织根据党中央在不同历史时期的统一部署，紧密结合实际，精心组织开展了党的群众路线教育实践活动、“三严三实”专题教育、“两学一做”学习教育等一系列党内集中教育，有力地统一了党内思想，凝聚了奋进力量。

三是坚持党管干部原则，选人用人德才兼备。科学选拔干部配备领导班子，严管厚爱结合，激励约束并重。广西壮族自治区党委出台了从严管理干部的若干意见及相关配套制度，在政治纪律、组织纪律、财经纪律等 9 个方面划定红线、强化约束。重视关心基层，全面实施县以下机关公务员职务与职级并行制度，开展乡镇非领导职务配套改革，提高基层干部待遇，按 20% 的比例提高乡镇公务员年度考核优秀等次，进一步调动干部担当作为的积极性。

大力实施干部专业素养提升工程，分级分类开展精准化能力培训，利用广西领导干部“时代前沿知识”系列讲座、远程教育等平台，开展新知识、新技能培训，培育广西急需的专家型领导、专业型干部。积极打造立体式培训体系，着力满足广大干部多样化、个性化的学习需求。同时，利用毗邻东盟国家的优势，着力打造面向东盟国家开展干部培训合作交流的优质平台。

四是夯实基层基础，基层党组织的战斗堡垒作用和党员先锋模范作用越来越明显。党的十八大以来，广西壮族自治区党委始终把加强基层党组织建设作为推动经济社会发展的固本之策，持续用力，常抓不懈，各个领域的基层党组织建设全面推进。2017年，广西有基层党组织14.11万个，比2001年增加了39.58%。通过加强和改进基层党员管理服务，推行农村党员积分管理制度，实施党员管理信息化工程，推广“互联网+”党建、智慧党建的做法，出台发展党员工作五年规划等，党员管理水平和服务水平进一步提升。

此外，抓党建促脱贫攻坚、固边维稳工作亮点突出。在脱贫攻坚方面，广西全面推动“五级书记”抓扶贫，层层签订责任书，分类分级制定考核和激励约束办法；鼓励村党组织和党员发挥作用创新载体，探索“党建+”扶贫模式，开展“党旗领航·电商扶贫”大行动，设立农村党员创业发展基金，开通党员“红色信贷”，激发脱贫攻坚活力。在固边维稳方面，广西边境地区通过探索“警—军—地—企—商—学”基层党建协同联动新模式，即以组织联建为核心，以活动联创为平台，以边防联守为重心，以治安联防为抓手，以发展联促为归依，打造出一批联合党支部和个性化党支部，促进各类基层党组织优势互补，党建资源共享，社情动态互通，从而加快实现“强组织、建阵地、聚人心、固边疆、促发展”的目标，有效推动了边境地区社会治理水平的整体提升。

五是持之以恒抓作风改作风，党群干群关系越来越密切。党的十八大以来，广西壮族自治区各级党组织和纪检监察机关主动适应世情、党情、国情、区情的变化，持续深化党风廉政建设和反腐败斗争，正气充盈的政治生态土壤更加厚实，八桂大地清风扑面、生机勃勃。

落实中央八项规定精神，深入整治“四风”问题。广西壮族自治区党委、政府先后制定了贯彻落实中央八项规定实施意见和实施办法，配套出台相关制度文件，深入开展“移风易俗倡文明”、节约型公共机构示范单位创建等活动。落实中央八项规定精神逐渐成为党员干部的内在自觉。2013—2017年，自治区本级公共财政预算安排“三公”经费和会议经费连年递减，减掉的是不必要的开支，树起来的是清简务本、勤廉奉公的形象。

（三）经济发展跃上新台阶

1.经济总量持续增长

1958年广西壮族自治区成立时，当年全区生产总值接近25亿元。经过

23 年的发展，到 1981 年，全区生产总值突破 100 亿元。后经过 30 年的发展，到 2011 年全区生产总值突破 1 万亿元。2017 年，广西全区生产总值突破 2 万亿元，达到 20396.25 亿元。从地区生产总值排名看，1958 年广西处于当时全国 30 个省份中的第 22 位，到 2017 年上升到全国 31 个省份（未包括港澳台地区）中的第 17 位（如图 4）。

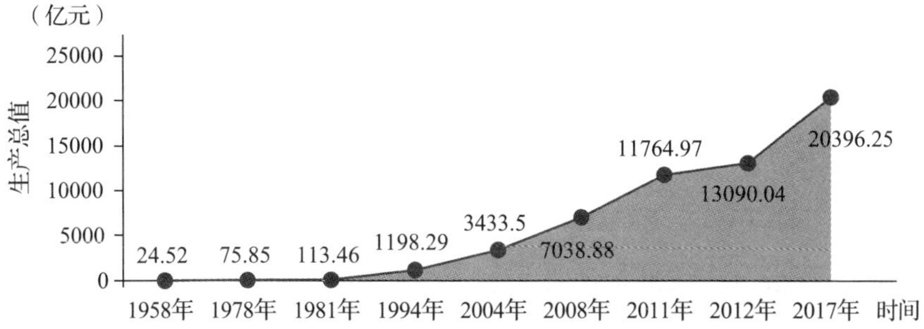

图 4　广西壮族自治区成立 60 年来全区生产总值变化

2. 农业逐步走向现代化

广西农业逐渐从传统农业向现代农业转型升级。1958 年，由于农业生产方式落后，广西粮食亩产量很低，粮食总产量为 586.05 万吨，人均粮食占有不到 100 公斤。到 2017 年，全区猪牛羊禽肉总产量已达 403.8 万吨，粮食产量达 1467.7 万吨。广西在播种面积下降的情况下，粮食单产提高，粮食总产量总体上保持稳定，谷物基本实现自给。此外，靖西等边境地区水稻生产机械化程度显著提升，大大减轻了农民的劳动强度。2017 年，广西已建成国家级农业科技园区 5 家，自治区级农业科技园区达到 51 家，逐步完善了农业科技服务体系，推广了一批农业先进适用技术。在农业科技的支持下，广西多项农产品获得规模化发展。

3. 新型工业化稳步推进

广西现代工业几乎是从空白开始，逐渐从弱到强、从粗放式发展转向依靠科技进步发展。1958 年广西壮族自治区成立后，国家安排了柳州钢铁厂、柳州拖拉机厂、西津水电站等一批支边工业项目，使广西现代工业从无到有。改革开放以后，国家大力支持广西开发建设有色金属、蔗糖业、汽车制造、大型机械制造、食品加工、木材加工及建材等产业，使广西工业体系日趋完善。广西进入工业化中级阶段后，逐步加快互联网、大数据、人工智能的发展，促进信息化和工业化相互融合。经过市场激烈竞争的洗礼，广西逐渐形成了广西柳工等一批现代化大型工业企业。全区大中型企业新产品产值由 1666.7 亿元增加到 2000 亿元。

4. 服务业的支撑带动作用逐渐增强

广西商贸、旅游、住宿、餐饮等传统服务业与电子商务、科技研发、文化创意、信息软件、工程咨询、检验检测、人力资源、环保服务等新业态不断发展。随着广西商事制度的改革，服务业新登记注册企业数量连创新高，服务业发展活力被逐步激发。2013—2017 年，广西服务业累计新登记注册企业 38 万家，年均增长 137.5%。2017 年，广西新增市场主体的 86% 属于服务业领域，新增市场主体达 39 万户。广西服务业不断发展，不仅在优化结构、提升质量、促进就业、拉动消费、改善民生等方面发挥了重要作用，而且逐渐成为拉动经济增长的主动力。2015 年，广西服务业增加值增速首次超过工业；2017 年，全区服务业增加值突破 8000 亿元，增速达到 9%（如图 5）；全区服务业税收收入由 2014 年的 940.6 亿元增加到 2017 年的 1154.6 亿元，服务业税收占全区税收比重达到 54.7%；服务业拉动全区经济增长 3.7 个百分点，对经济增长的贡献率首次突破 50%，成为广西经济稳增长的主要动力。

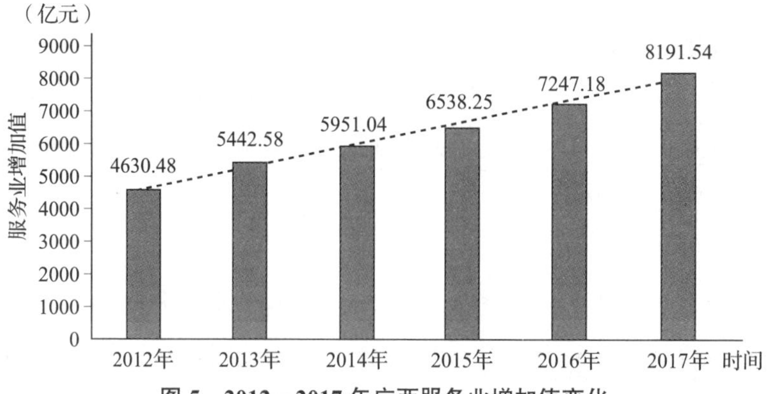

图 5 2012—2017 年广西服务业增加值变化

5. 对外经贸合作稳步提升

2003 年，广西首次举办中国 - 东盟博览会，其当年外贸额只有 31.86 亿美元，外贸额在全国排名第 19 位。2017 年，广西外贸进出口额 3866.3 亿元，比 2016 年增长 22.6%，进出口额在全国排名第 10 位。

广西外贸结构逐步优化，一般贸易占比明显提高，成为拉动外贸增长的重要引擎。2017 年，广西一般贸易进出口额 1423.6 亿元，增幅高达 70.4%，成为增速最快的贸易方式，所占比重由 2016 年的 26.5% 上升至 36.8%。边境小额贸易进出口额 836.3 亿元，增长 5.8%，占全区外贸进出口总值 21.6%。边民互市贸易进出口额 633.5 亿元，下降 5%，占全区外贸进出口总值 16.4%。加工贸易进出口额 804.3 亿元，增长 25.5%，占全区外贸进出口总值为 20.8%。海关特殊监管贸易进出口额 157.8 亿元，下降 26%，占全区外贸进出口总值为 4.4%（如图 6）。[1]

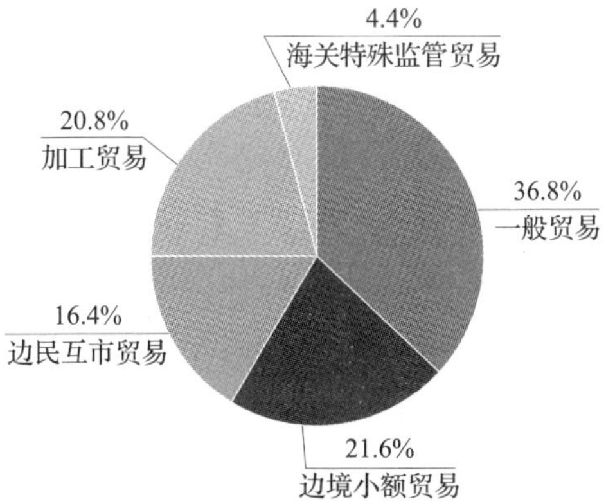

图 6　2017 年广西外贸进出口结构

6. 城乡居民生活向小康迈进

改革开放以后，广西城镇居民可支配收入增长速度显著提升。1980 年，广西城镇、农村居民家庭恩格尔系数分别为 57.3%、63.5%，城镇居民处于“温饱”水平，农村居民处在“贫困”之中。2012 年城镇、农村居民家庭恩格尔分别降到 39.0%、42.8%，2017 年进一步下降到 33.2%、32.2%，并首次出现农村居民家庭恩格尔系统低于城市居民家庭恩格尔系数的情况。

2017 年，城镇居民可支配收入比 1957 年的 185 元、1978 年 289 元分别

[1] 粟端，杨伟娟. 2017 年广西外贸进出口快速发展外贸结构进一步优化［Z］. 南宁：南宁海关，2018-01-24.

增长164倍和104倍，年均分别增长8.88%和12.69%[1]；农民可支配收入比1958年的75元、1978年的119元分别增长150倍和94倍，年均增长分别为8.88%和12.39%（如图7）。

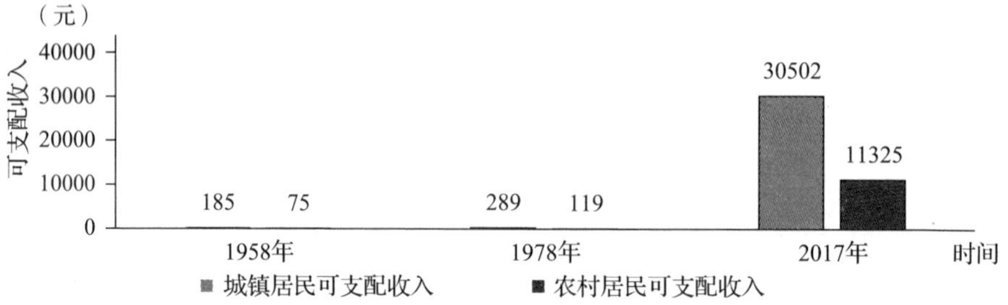

图7　广西城乡居民可支配收入变化

1980年，当时3538万广西城乡居民个人存款的储蓄存款余额只有7.44亿元，人均存款只有21元。2000年、2005年、2010年、2012年城乡居民个人存款储蓄存款余额分别达到1374.42亿元、2561.34亿元、5702.43亿元、8042.00亿元。特别是党的十八大以来，广西城乡居民储蓄存款余额总量增长较快，2016年达到12606.56亿元。到2017年11月底，广西居民个人存款余额为13583.00亿元，比2016年年底增长7.7%（如图8）。

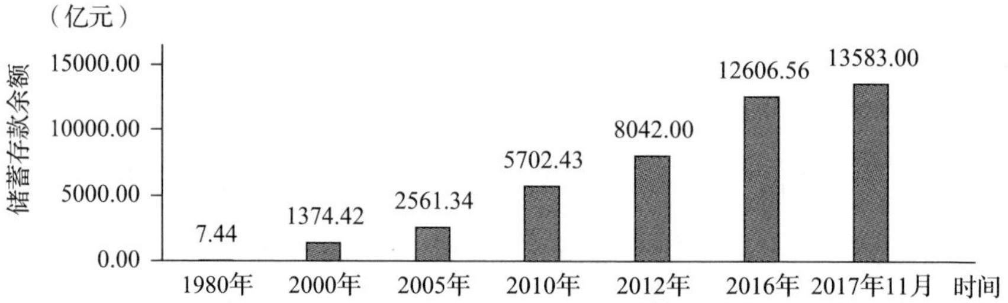

图8　广西城乡居民个人储蓄存款余额

2017年，广西城乡居民家庭的电脑、洗衣机、彩色电视、移动电话得到普及，家用汽车、摩托车拥有量稳步上升，城乡居民生活质量明显提高（如图9）。2017年，广西任何一个县普通行政村拥有的家用汽车数量都超过1958年广西该县整个县拥有的汽车数量。

[1] 根据广西壮族自治区统计局《广西要情手册2018》和历年《广西统计年鉴》相关资料整理。

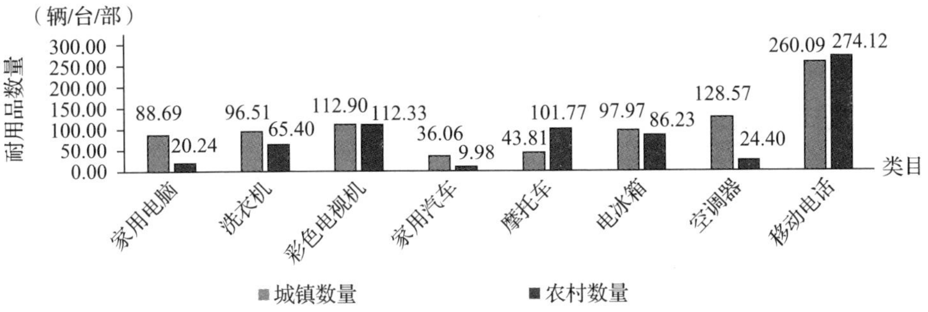

图 9　广西城乡居民每百户拥有主要耐用品数量

（四）各民族文化繁荣发展

1. 公共文化事业蓬勃发展

60 年来，广西各级党委和政府高度重视公共文化事业的发展，适时制定了一系列政策措施满足群众文化需求，深入实施文化惠民工程，公共文化事业蓬勃发展。

公共文化服务体系曾经是广西公共文化事业发展的短板，经过多年的努力和不断探索，广西近年来不断推进国家公共文化服务示范区（项目）建设，服务能力明显提升，创造了在西部欠发达地区建设基层公共文化服务体系的广西经验。截至 2017 年 9 月，广西已在全国率先建成五级贯通的广播电视有线网络，全区共建成 115 个公共图书馆、124 个文化馆、251 个博物馆并全部免费开放；1 万多个村综合文化服务中心建成，1.5 万多个农家书屋实现全区行政村全覆盖，“千村万户”“文艺惠民工程”“文化进万家”“送欢乐下基层”等文艺惠民活动每年送戏千余场，把党的声音传遍八桂大地。[1]

2. 文化产业不断创新发展

改革开放以来，广西不断深化文化体制改革，推进文化事业单位改制，文艺创作不断推出精品，文化产业不断创新发展。到 2018 年年底，全区已建成国家文化产业示范基地 8 家，自治区文化产业示范园区 4 家，文化产业示范基地 131 家，成长型小微文化企业 60 家；国家认定动漫企业 10 家，自治区动漫骨干企业 28 家，自治区动漫人才培养基地 16 家；培育特色文化产业（项目）

---

❶ 王春楠，等. 推进习近平新时代中国特色社会主义思想在广西落地生根开花结果——党的十八大以来广西宣传思想文化工作综述［N/OL］.（2018-09-27）［2018-12-02］. http://www.gxwht.gov.cn/special/blueshow/348/24046.html.

示范县（市、区）38个，特色文化产业成为区域经济发展的新引擎之一。

3. 优秀民族传统文化保护力度加大

广西历来重视对传统文化遗产的保护工作。改革开放以来，这一工作得到进一步加强，并不断取得新成就和重大突破。

首先，非物质文化遗产的保护传承得到高度重视，体系不断完善。广西成立了非物质文化遗产保护机构，并颁布了《广西壮族自治区非物质文化遗产保护条例》，非物质文化遗产保护体系日趋完善。一批具有代表性的非物质文化遗产获得保护，广西左江岩画文化景观列入世界遗产名录。截至2018年，广西有国家级非物质文化遗产代表性项目50项，自治区级非物质文化遗产代表性项目583项，市级1039项，县级2563项；非物质文化遗产传承基地、展示中心、生产性保护示范基地、传承人示范户等非物质文化遗产保护工作平台159家。此外，近年来广西还大力建设中越边境非物质文化遗产惠民富民示范带。

其次，文物保护力度不断加大。1978年，全区文物机构只有18个，到2017年年底，广西文物保护单位增至568处，已公布自治区级以上文物保护单位的保护范围和建设控制地带251处。为弘扬中华优秀传统文化，建设社会主义文化强国，广西不断加强特色博物馆建设，挖掘当地深厚的历史底蕴和文化底蕴；加快革命文物保护利用工作，增强革命文物的示范意义和教育影响力；不断推出博物馆精品展览，弘扬广西优秀民族文化。

再次，民族民俗文化活动日益丰富多彩。以壮族“三月三”节为代表的具有民族特色的民族传统节庆文化正焕发新的生机。

最后，重视民族语言的抢救和保护。2011年，广西世居少数民族语言文字使用状况调查工作启动；2012年，《广西壮族自治区人民政府办公厅转发自治区教育厅等部门关于进一步加强壮汉双语教育工作意见的通知》（以下简称《通知》）出台，《通知》确定在广西108所小学和27所中学实施壮汉双语教学。2013年5月，中国语言资源有声数据库广西库建设在南宁启动，广西语言资源和文化遗产保护工作不断推进。

4. 对外文化交流合作不断扩大

近几年来，随着广西对外开放整体战略的实施，广西文化借助地缘优势主动走出去，讲述广西故事，传播中国文化，“美丽中国·美丽广西”已成为对外文化交流知名品牌，提升了广西的国际影响力。

广西采取主动“走出去”战略，借助多个平台加强交流合作，安排本级财政用于对外交流合作活动经费，通过组派文艺团队赴东盟国家及其他国家开展“欢乐春节”庙会、参加文化旅游节、开展“广西文化年”活动、经典剧目巡演、广西非物质文化遗产展演、博物馆文物展等活动，主动“走出去”集中展示广西少数民族文化，使文化艺术团体成为传播广西文化的使者。大型舞剧《碧海丝路》在东南亚国家演出期间受到各国领导人的高度肯定及好评；经典彩调歌舞剧《刘三姐》在国外演出期间邀请外国留学生同台演出；壮族舞剧《妈勒访天边》、历史舞剧《海上丝路》、杂技《瑶心鼓舞》、舞蹈诗《侗》等舞台艺术精品在国外演出后获得赞誉；“五彩八桂——民族服饰文化展”等专题展览在泰国、新加坡、澳大利亚、美国等国家展览期间反响强烈，对推动文化交流合作起到了积极作用。

（五）社会发展程度不断提高

1. 基础设施提升促进社会发展

公路网络不断提升。截至 2017 年，广西公路里程达到 123259 千米，是 1979 年公路里程数的 4 倍多，等级公路合计 112619 千米，公路密度达到 52.11 千米 / 百平方千米，高速公路里程达到 5259 千米，公路等级里程占总里程 91.37%。在少数民族聚居地区，广西先后实施“边境地区基础设施建设大会战”“东巴凤基础设施建设大会战”“大石山区基础设施建设大会战”“桂西 5 县基础设施大会战”等系列工程，边境地区及桂西少数民族聚居区的公路设施发生了翻天覆地的变化。

铁路网建设成效显著。截至 2017 年，广西铁路营运里程达到 5140 千米，是 1984 年的 2.66 倍。目前，全区有柳南城际、贵广客专、南昆客专、南广、云桂、衡柳等多条高铁相互贯通，高铁线与原有的焦柳、黔桂、湘桂、南昆、益湛、黎湛等多条普铁相互联动，基本形成了南达、北通、东进、西联的现代化铁路网格局。

航空运输持续发展。1978 年，广西只有南宁和桂林两个机场，航线只有 8 条，年旅客吞吐量不足 10 万人次，货邮行吞吐量仅 2800 吨。改革开放后，全区民航事业发展突飞猛进，民用机场增至 7 个。2017 年，南宁机场全年完成旅客吞吐量达1391.6万人次，同比增长20.4%；货邮吞吐量达11万吨，同比增长5.6%。

河海航运事业迅速发展。2017年，广西内河港口吞吐量12586万吨，是1995年998万吨的12.6倍。广西北部湾港货物吞吐量从1995年的719万吨增长到2017年的21862万吨。

水利设施建设取得历史性成就。党的十八大以来，广西不断加大水利建设资金投入，加快建设水利重点工程、农村饮水安全工程、病险水库除险加固工程、灌区节水改造工程、防洪保安工程、水利生态治理工程，农田水利灌溉体系逐步完善，水利工程防灾抗旱能力大幅提高，农村安全饮水解困步伐进一步加快，全区逐步构建起较为完善的水利服务体系。“十三五”时期，广西正加快建设驮英水库及灌区工程、洋溪水利枢纽、西江干流治理、百色灌区工程等重大水利工程，一批批重大水利工程的实施对于保障社会民生、带动地区经济增长起到重要作用。[1]

邮电通信设施建设实现跨越式发展。2015年年末，广西实现全区行政村100%通互联网，全区99%行政村通宽带。2016年起，广西先后完成了3670个行政村通光纤宽带的建设任务，实现了所有行政村通光纤宽带的目标。

2. 教育事业蓬勃发展

一是基础教育不断巩固。2005年，全区基本实现普及九年义务教育目标，全区青壮年非文盲率达95%以上。2007年，广西“两基”（基本实施九年义务教育和基本扫除青壮年文盲）全面实现。至2017年，广西九年义务教育巩固率达到94%，义务教育保障水平显著提高。二是幼儿教育长足发展。2017年，广西学前教育在园幼儿213.99万人，是1958年97.11万人的2.2倍之多。三是高中教育规模不断扩大。2017年，全区普通高中招生35.07万人，在校生97.48万人，比1958年的3.77万人增长24.86倍。四是职业教育快速发展。2017年，各类中等职业教育（不含技工）招生25.28万人，在校生68.68万人，是1957年在校生的89.51倍。五是高等教育进入大众化阶段。高等教育逐步增强，由精英教育逐步迈向大众化教育，2018年区内外普通院校在广西招生达36.3万人。

[1] 参见广西壮族自治区水利厅官方网站、广西重大水利项目建设资料。

3. 医疗卫生事业取得巨大进步

一是医疗卫生机构和卫生技术人员数量快速增长。2017 年，全区医疗卫生机构共 12288 个，病床总数 240713 张，床位数较 1958 年增长约 5.75 倍，卫生技术人员 305316 人，比 1958 年增长 5.47 倍。卫生机构和技术人员的大幅度增长，促进了医疗卫生条件和服务水平的显著提升。二是医药体制改革取得显著成效。在分级诊疗、现代医院管理、全民医保、药品供应保障、综合监管 5 项制度建设和广西特色医改上取得了新突破。三是健康领域基本公共服务均等化取得重大进展。2009—2016 年，广西筹措资金 78.96 亿元，对全区县、乡、村三级医疗卫生机构进行标准化建设，基层医疗卫生机构服务能力明显提升。为进一步加强乡村医生队伍建设，2018 年开始，广西开展农村卫生订单定向医学生免费培养工作，为乡村卫生室输送“订单医学生”，切实筑牢基层医疗卫生保障底线。

4. 社会保障体系逐步健全

党的十八大以来，广西坚持把保障和改善民生作为政府一切工作的出发点和落脚点，进一步完善覆盖城乡居民、企业职工、机关事业单位工作人员的基本养老保险、基本医疗保险、城乡居民大病保险、疾病应急救助、临时救助、养老服务补贴等社会保障制度体系；完善工伤、生育、失业等各项社会保险制度，不断扩大保障范围；全面落实最低生活保障、特困人员供养、受灾人员救助及失业救助、临时救助、医疗救助等社会救助制度，城乡低保实现应保尽保，最低生活保障标准不断提高；逐步落实对高龄老人、生活困难的老年人、失能老年人等的补贴制度。全区各族各地区人民社会保障水平与社会经济发展水平实现同步提升。

（六）生态招牌金不换

近年来，广西壮族自治区党委、政府全面深入贯彻落实以习近平同志为核心的党中央关于加强生态文明建设的系列决策部署，把营造山清水秀的自然生态作为“三大生态”之一，将绿色发展纳入“十三五”四大战略之一，坚持生态立区、生态兴区、生态强区。持续推进“美丽广西”乡村建设和宜居城市建设，构建城乡美丽宜居家园；以产业发展生态化、生态建设产业化为主线，加快推进绿色发展；扎实开展环境污染防治工作，着力解决突出环境问题；严守生态红线，加强生态系统保护；严格环保监管，完善生态文明制度体系。系列环保举措的实施，改善了广西环境质量，擦亮了广西“山清水秀生态美”的金字招牌。

广西建成各类自然保护区 78 个，包括国家级自然保护区 23 个。2017 年，广西森林覆盖率达到 62.3%，活立木蓄积量达到 7.6 亿立方米，植被生态质量和植被生态改善程度全国第一，近岸海域环境功能区达标率高于 88%，城镇污水集中处理率和垃圾无害化处理率分别达到 92% 和 98%，新建绿色建筑比例达到 20%。广西空气质量优良天数比例为 88.5%；97 个区控以上地表水水质监测断面水质优良比例为 90.7%，52 个国家考核地表水水质监测断面优良比例为 96.2%，丧失使用功能（劣于Ⅴ类）水体断面比例为 0；58 个地级城市集中式饮用水水源地水源达标率为 93.1%，40 个国家考核水源达标率为 90.0%、水量达标率为 94.4%；县级城市集中式饮用水水源地水源达标率为 85.1%；地下水质量以优良、良好级为主；近岸海域 44 个区控监测点水质优良率为 86.4%，22 个国家考核点位水质优良比例为 90.9%。

（七）“兴边富民”边疆巩固

1. 特色产业初具规模

锰业是广西边境民族地区发展较早的特色产业。中信大锰已经成为集采、选、冶于一体的锰系产品生产与研发大型跨国企业集团，大新县、靖西市已成为全国锰系列产品的主产区。

铝业是广西边境民族地区新崛起的特色产业。百色市成为我国重要的铝工业基地。靖西市铝工业园形成年产氧化铝 240 万吨、电解铝 32 万吨、铝加工 20 万吨和热电 82 万千瓦时的产能规模。百色市铝工业年产能形成了氧化铝 850 万吨、电解铝 82 万吨、铝加工 210 万吨的生产规模。2017 年，靖西煤电铝一体化项目开工建设，项目规划年产 250 万吨氧化铝、年产 100 万吨电解铝、年产 80 万吨铝精深加工。同时，年产氧化铝 200 万吨的龙州县低品位难处理铝土矿开发及综合利用（氧化铝）项目正在筹建之中。

蔗糖业独占鳌头。广西边境民族地区已经成为全国蔗糖的主产区。边境城市崇左甘蔗种植面积已由 2003 年建市前的 215 万亩[1]发展到现今的 400 万

[1] 1 亩约等于 666.67 平方米，全书同。

亩，原料蔗产量由建市前约 1000 万吨发展到最高年份的 2100 万吨，年产糖量约占广西 1/3、占全国 1/5。全市 60% 左右的农民经济收入主要来源于甘蔗收入，糖业财税是崇左财政收入的重要来源，约占全市全年财税收入的 1/3，有的县（区）达到 70%。2017 年，仅宁明县的甘蔗种植面积就达 70 万亩，龙州县种植 59 万亩，大新县甘蔗种植 48.2 万亩。

2. 边境地区深度开发开放

近年来，国家加强对广西边境民族地区基础设施的投入，边境口岸不断升级，口岸开放和通关便利化水平显著提升：探索中越“两国一检”通关新模式，“单一窗口”使用率位居全国前列；中越跨境劳务合作试点有序开展；中越友谊关—友谊口岸国际货物运输专用通道日均通关车辆达 1200 多辆次。2017 年，崇左市外贸进出口总额完成 1339 亿元，增长 10%，居广西第一位，占广西进出口总额 34.6%。其中，凭祥市外贸进出口总值完成 860 亿元人民币，增长 13.6%；凭祥口岸水果进出口突破 235 万吨，连续三年超过深圳，居全国各口岸首位。东兴市进出口贸易额 36.03 亿美元，在广西边境地区中仅次于凭祥市。

贸易加工业发展渐入佳境。2017 年，广西边境贸易进出口额达 1469.8 亿元，新增规模以上边境口岸贸易加工企业 22 家，累计达到 40 家，提供就业岗位近万个。口岸贸易加工业总产值达 53.68 亿元，增长 66.3%。边境口岸贸易加工业成为拉动边境民族地区外贸经济稳增长的重要力量。目前，凭祥市已经成为“中国红木之都”，龙州县成为进口坚果加工基地，东兴市成为进口水产品加工区。

边境风情游成为广西旅游的新热点。广西边境地区旅游资源丰富，特色明显，尤其是东兴市、大新县和凭祥市，在广西边境民族地区旅游中走在前列。2017 年，东兴口岸日均客流量 3 万余人次，出入境旅客由 2011 年的 325 万人次增长到 2017 年 997 万余人次；其次是大新县，2017 年接待游客 650.7 万人次，同比增长 11.4%；凭祥市接待游客 630.92 万人次，同比增长 22.34%，旅游总消费 55.01 亿元，增长 23.2%。

3. 边境地区脱贫攻坚成效显著

经过坚持不懈的努力，目前广西边境民族地区的贫困率已经大幅度降低。2016 年以来，广西利用国家的边民互市贸易优惠政策，创新开展边贸扶贫工作，边境地区实现了137个贫困村和19万多贫困人口脱贫。其中，仅2016年一年沿边地区脱贫摘帽44个村，脱贫人口8.4万多人。龙州县成为全区国定贫困县脱贫摘帽第一县。2017年脱贫10171贫困户，37806名贫困人口，完成系统标识10171户37806人，确保脱贫摘帽各项指标均达到了国家验收评估标准。国务院扶贫开发领导小组第三次全体会议审议通过了龙州2017年贫困县退出专项评估检查结果，符合贫困县退出条件。龙州县的“易地搬迁＋驻边守疆＋边贸致富”模式得到了国务院督查组的高度评价。

4. 边疆稳固安宁

边疆民族地区维护社会稳定工作任务重、情况复杂、责任重大。边民守边护边的意识大大增强，边境地区社会环境得到明显的改善，社会安全稳定。2013—2016年，崇左市社会治安综合治理工作取得了显著成绩：连续4年获得“全区平安建设目标管理一等奖”；连续4年社会稳定动态八项工作综合总分排名广西第一。百色市以开展“三大平安和谐区域”创建活动为抓手，建立百色市党政军警民边境管控协调工作机制，创建沿边经济交流和跨国综治维稳防邪反恐合作机制，促进边疆安全稳定。2013年以来，百色市连续4年获广西综治和平安建设考评一等奖。

（八）民族团结进步成典范

1. 民族干部培养成绩显著

广西发挥民族区域自治制度的优越性，认真落实党的民族政策，完善少数民族干部培养机制，加强少数民族干部队伍建设。截至2017年11月底，2017年“骨干计划”录取广西生源考生382人，其中硕士284人，博士98人，生源主要来自广西壮、苗等12个世居民族。截至2017年年底，广西少数民族公务员占全区公务员总数的40.65%；体制内各类少数民族人才占人才总量的38.4%；县级领导干部中少数民族干部约占48.8%；乡镇领导干部中少数民族干部约占42.9%。

2. 民贸民品政策促发展

广西民族贸易和民族用品（简称“民贸民品”）生产供应是民族工作的重要组织部分，是党的民族政策的具体体现，能够有效地促进民族地区经济发展。“十三五”期间，国家对广西民贸民品的支持力度进一步加大，全区民族贸易企业增加到 555 家，企业集群效应和政策辐射效应日益明显，政府对民贸民品贷款贴息贷款按照 2.88% 的贴息率给予补贴，民贸民品政策已成为扶持加快民族企业发展的重要推动力。

3. 民族节庆共享同乐

广西民族节日多、活动多、分布广。比较著名的民族传统文化节日有壮族的“三月三”、吃立节，瑶族的盘王节、达努节，苗族的苗年、芦笙节，侗族的冬节、花炮节，仫佬族的依饭节、牛魂节，毛南族的分龙节，京族的唱哈节，彝族的跳弓节，以及水族的端节等。很多民族节日已经成为各民族共同的大联欢，各民族共同参与，同庆同乐。其中，壮族“三月三”已经成为全区性的民族节日。自 2014 年起，壮族“三月三”已经成为广西各族人民共同的节假日，广西也连续 5 年成功举办壮族“三月三”系列文化活动，吸引了大批国内外游客来桂体验，成为促进民族交流和民族团结的节日。

4. 民族团结进步事业结硕果

民族关系一直是广西民众最满意的社会发展指标。近十几年来，广西没有发生任何因民族问题引发的重大突发性事件，被誉为“民族团结的模范、维护统一的模范、维护稳定的模范”。这种大好局面来之不易，是全区各族人民共同推进民族团结进步事业，不断巩固平等、团结、互助、和谐的社会主义民族关系，共同谱写民族团结和睦、社会和谐稳定、边疆巩固安宁的结果。

2017 年，广西南宁市西乡塘区、桂林市恭城瑶族自治县、柳州市三江侗族自治县林溪镇、贵港市港北区贵城街道石羊塘社区等单位被命名为第五批“全国民族团结进步创建活动示范单位”。至 2017 年，广西一共有 23 家单位被确定为“全国民族团结进步创建活动示范单位”。

三、广西壮族自治区发展中的制约因素

（一）发展不平衡、不充分问题比较突出

1. 广西经济实力大幅提升，但横向对比发展滞后

经过不断努力，广西经济实力大幅度提升，但广西经济总量在全国的排位一直处于靠后的位置，相对东部发达地区来说经济总量偏小，财政收入偏

低，与发达地区差距还在扩大。2017年，全区生产总值排在全国第17位，但人均GDP为37876元，只有全国平均水平的70.4%，排在全国第26位、民族八省区[1]第5位。从财政收入水平来看，2016年广西的财政收入2454亿元，排在全国第14位，但全区人均财力仅相当于全国平均水平的65.6%，在全国排名倒数第2位，相当于民族八省区平均水平的65.4%，在民族地区排名中位居倒数第1位（见表2）。

表2 2016年民族八省区人均财政水平

地区	人均财政收入		人均财政支出		人均转移支付	
	数额（元）	排名	数额（元）	排名	数额（元）	排名
内蒙古	8002	1	17961	4	10202	4
西藏	6359	2	49387	1	9313	5
宁夏	5744	3	18635	3	10806	3
新疆	5505	4	17550	5	7178	6
贵州	4392	5	11988	6	17916	2
青海	4018	6	25655	2	43206	1
云南	3822	7	10586	7	5625	7
广西	3217	8	9244	8	4942	8

数据来源：中华人民共和国财政部网站。

2.主导产业逐渐发展，经济转型升级压力大

广西产业结构大体上呈现“二三一”格局，区内主导产业大多是化工、冶金、有色金属、火电、水泥、造纸、制糖等传统型高耗能工业，资源型产业比重高达70%，规模以上高耗能工业企业能源消费量占规模以上工业企业70%以上。目前，已形成的10个千亿元产业多为资源型产业，结构调整十分艰难，转型升级压力较大。新兴产业和高技术产业对经济发展的支撑力不足，出现传统动力失速过快、新增动力发力缓慢问题，导致广西经济增速自2013年以来持续放缓。

[1] 民族八省区包括内蒙古自治区、宁夏回族自治区、新疆维吾尔自治区、西藏自治区和广西壮族自治区五大少数民族自治区和少数民族分布集中的贵州、云南和青海三省。

3. 区域和城乡发展不平衡，脱贫攻坚任务重

从区域结构来看，北部湾经济区增长潜力大，西江经济带发展机遇好，而少数民族聚居较多的桂西资源富集区受产业单一、市场低迷制约，遇到的困难和压力较大。2015 年，广西确认的建档立卡贫困人口有 452 万，排在全国第 4 位，贫困发生率为 10.5%，比全国平均水平高 4.8 个百分点，有 54 个扶贫开发工作重点县，5000 个贫困村。广西少数民族聚居区与深度贫困地区高度重合，表现出“两高两缺两差两低四重”[1] 的共同特征。2018 年，广西很多行政村实现了富裕繁荣，但全区贫困发生率超过 50% 的行政村还有 94 个。[2]

4. 人民对美好生活需求不断提高，基础设施和基本公共服务水平有待提高

基础设施和基本公共服务水平主要存在以下短板。交通基础设施薄弱，普通国省干线、航道技术等级偏低，目前还有部分县未通高速公路；交通网络布局需要进一步优化，现代综合交通运输体系尚不健全，运输结构不合理，运输成本偏高。市政基础设施建设资金缺口大，特别是新型城镇化建设、镇级污水处理设施项目、海绵城市建设、城市地下管道建设和黑臭水体整治等严重缺乏资金投入。农村基础设施建设与公共服务设施较薄弱，农村公路“建、管、养、运”协调发展问题依然突出。教育基础薄弱、发展不充分，学前教育面临“入园难”“入园贵”问题，义务教育均衡发展问题比较突出，高中阶段教育普及水平不高，职业教育吸引力、影响力和贡献力释放不足。基层卫生服务能力不足，每千人床位数（4.8 张）、每千人执业（助理）医师数（2.06 人）、每千人注册护士数（2.48 人）均低于国家要求，农村医疗保障水平偏低。

（二）边境安全形势严峻，安全维护压力大

广西面临复杂的边境安全形势，传统安全问题与非传统安全问题互相交织。由于边境一线基础设施落后，人防物防技防严重不足，导致广西边境地区近年来非法入境、非法务工、非法婚姻和贩毒、贩枪、贩私、贩卖妇女儿童等“三非四贩”活动猖獗，且犯罪呈集团化、智能化和宗教极端化发展的趋势，边境禁毒形势严峻，安全隐患增多。2017 年，广西全区查获非法入境

[1] 即贫困人口占比高、贫困发生率高，耕地缺、饮用水缺，居住环境差、道路交通差，农业效益低、贫困人口收入低，低保兜底任务重、易地扶贫搬迁任务重、因病致贫返贫人口脱贫任务重、发展村级集体经济任务重。

[2] 广西壮族自治区扶贫办在贫困地区调研时所得数据。

人员 7705 人次，同比上涨 20.4%。

（三）人才匮乏，建设高素质人才队伍仍需努力

人才匮乏与人才难招、难留在新发展形势下更加困扰广西经济社会的发展。农业技术、工程技术人才缺口大，教学科研学术人才、企业经营管理人才和高层次双语文化人才严重短缺。目前，全区体制内的各类少数民族人才 43.48 万人，仅占全区人口的 0.78%；全区少数民族公务员 8.05 万人，仅占全区人口的 0.15%。因此，需大力培养少数民族人才，选拔优秀少数民族干部。

（四）基层组织年龄结构不合理，党组织建设需进一步加强

老一辈的党员中，存在年龄大、知识结构老化、接受新信息慢、对国家政策法规了解不及时等问题，导致少数民族地区基层党员队伍建设出现了组织发展缓慢、年龄结构老化、模范作用减弱等问题。民族地区基层党组织是党在民族地区贯彻习近平新时代中国特色社会主义思想及党的十九大精神的组织者、推动者和实践者，是党联系民族地区人民群众的桥梁和纽带，是带领人民群众全面建设小康社会的领导核心，需要不断强化和巩固。

四、广西民族地区发展面临的机遇和挑战

当前，广西改革开放和现代化建设成就巨大，取得了“两大变化、三大提升”[1]的好成绩，其面临的新的发展机遇主要体现在以下四个方面。

第一，落实“三大定位”“五个扎实”为发展带来战略新机遇。“三大定位”新使命和“五个扎实”新要求，是习近平同志对新形势下广西经济社会发展的精准指导，是习近平新时代中国特色社会主义思想在广西的实践，为广西提供了根本遵循、指明了前进方向。国家的高度重视和亲切关怀将极大鼓舞和激励全区各族人民积极投身建设美丽广西。

---

❶ “两大变化”即经济总量突破 2 万亿元、年均增速达 8.3%，综合实力迈上新台阶；服务业占地区生产总值比重超过 40%，城镇化率接近 50%，人均 GDP 突破 6000 美元，城镇和农村居民人均可支配收入分别突破 3 万元和 1 万元，广西进入全面建成小康社会决胜阶段。“三大提升”即中央赋予广西国际通道、战略支点、重要门户“三大定位”，成为我国面向东盟开放合作的前沿和窗口，广西在国际国内多区域合作格局中的作用显著提升；北部湾经济区、珠江—西江经济带、桂林国际旅游胜地、左右江革命老区全部上升为国家战略，广西在国家区域发展总体战略中的地位显著提升；现代交通体系和产业体系加快形成，资源优势和生态优势更加凸显。

第二，积极融入“一带一路”建设，为广西经济社会拓宽发展空间。随着“一带一路”、中新互联互通南向通道、粤港澳大湾区建设的加快推进，以及中国－东盟自由贸易区的不断升级，粤桂合作特别试验区等一批跨省合作园区的加快建设，广西“南向、北联、东融、西合”对外开放合作新格局逐步形成，这将不断促进社会资本、工商资本、金融资本等要素的跨区域流动，打开广西经济社会发展的纵深空间。

第三，叠加享受国家政策，为经济社会发展注入强大活力。国家深入实施区域协调发展战略，支持中西部培育新的增长点，特别是将北部湾经济区、珠江—西江经济带、左右江革命老区、桂林国际旅游胜地纳入国家战略支持，使广西享受民族区域自治、西部大开发、沿海沿边沿江开放和边境贸易政策的红利，为广西经济社会发展注入强大活力。

第四，脱贫攻坚和乡村振兴先后推进，为全面建成小康社会提供保障。脱贫攻坚的深入推进和乡村振兴战略的实施，深刻改变了广西农村地区特别是贫困地区的发展面貌。广西在产业扶贫、易地扶贫搬迁、劳务输出、教育卫生扶贫、贫困村集体经济和基础设施建设等方面取得了新进展，在扶贫责任落实、资金监管、扶贫和低保两项制度衔接、社会力量参与、激发内生动力等方面取得了新突破，在化解因病致贫返贫，住房安全保障，帮助特困地区、特困群体脱贫等方面也取得新成绩。预计到 2020 年，广西能够实现脱贫攻坚任务，全面建成小康社会。

发展中，广西既要抓住机遇，也要应对挑战。当前，广西经济社会发展面临的挑战主要有以下几点。·是国际环境复杂多变、国内竞争加剧，尤其在西南出海大通道、承接东部产业转移、招商引资、旅游发展等方面，国内竞争尤其激烈。二是广西发展不平衡不充分问题比较突出。特别是经济新常态下，以投资拉动经济增长的传统方式效率下降，投资对经济增长的拉动作用显著减弱，一些地区因粗放型发展经济增长难以持续，新兴战略性产业发展需要的多种资源要素不够齐全，经济增长下行压力大。三是体制机制、法规政策、设施投入、运营监管等方面满足不了新形势下生态环境保护的需要，改善环境质量的压力和难度加大，人民群众对良好环境质量的要求日益强烈。四是民族地区资源开发与当地少数民族群众经济利益共享的机制不完善，少数民族群众大规模进入城镇后，城市民族工作手段和方法跟不上形势发展。五是由于广西重要而特殊的地理位置，反分裂、反渗透、反颠覆的斗争仍面临较大挑战，必须全力应对。

五、促进广西壮族自治区发展的思考

（一）始终坚持和加强党的领导

党的十九大报告指出："中国特色社会主义最本质的特征是中国共产党领导，中国特色社会主义制度的最大优势是中国共产党领导，党是最高政治领导力量。"❶这是党的十九大对中国共产党90多年来领导革命、建设和改革开放事业实践经验的科学总结，也在广西壮族自治区60年发展实践中得到充分体现。

在社会主义建设时期，中国共产党高度重视处理民族问题，坚持民族平等、团结、互助、和谐，促进各民族共同繁荣，领导和团结全国各族人民共同奋进，取得了一系列伟大成就。

习近平同志指出："坚持党的领导，这是中国特色社会主义道路最本质的特征，也是做好民族工作的根本保证，必须把党的政治领导、思想领导、组织领导贯穿到民族工作的全过程和各个方面，坚决确保中央权威和政令畅通。"❷坚持和加强党对民族工作的全面领导，是社会主义建设新时期民族工作创新发展、广西壮族自治区富强民主文明和谐美丽的根本保证。

（二）始终坚持和完善民族区域自治

民族区域自治制度是中国的一项基本政治制度，是中国共产党根据马克思理论基本原则结合中国实际的创举，是历史传统与现实条件的有机结合，是中国共产党根据我国的历史发展、文化特点、民族关系和民族分布等具体情况作出的制度安排，体现了处理多元一体民族格局下民族关系的历史传统。

民族区域自治制度是实现少数民族当家做主、自主管理本民族内部事务的重要途径和制度保障，对于加强民族团结、维护祖国统一具有特殊重要作

❶ 习近平. 决胜全面建成小康社会，夺取新时代中国特色社会主义伟大胜利——在中国共产党第十九次全国代表大会上的报告［G］// 党的十九大文件汇编. 北京：党建读物出版社，2017：14.

❷ 中央民族工作会议暨国务院第六次全国民族团结进步表彰大会在京举行 习近平作重要讲话 李克强俞正声讲话 张德江刘云山王岐山出席会议［N］. 人民日报，2014-09-30.

用。广西各民族居住的自然环境从高寒山区、丘陵台地、河谷盆地到濒海平原，生产生活条件差异显著。实行民族区域自治，可以更好地实现因地制宜、分类指导、精准施策，可以更有针对性解决民族地区在改革发展中面临的实际问题，制定适应不同区域特点的经济社会发展政策，促进民族地区发展。

（三）始终坚持维护国家边疆安宁

广西处于中国西南、华南结合部，向外连接中南半岛和北部湾，拥有漫长的海岸线和陆地边境线，具有重要的战略地位。历史上，广西在历次抵御外来侵略的战斗中都不畏强敌，英勇奋战，书写了爱国戍边的历史篇章。明代瓦氏夫人率领壮族儿女远赴东南沿海抗击倭寇；清代冯子材团结广西各族人民抗击法国侵略军，取得镇南关大捷；抗日战争中广西军民不畏牺牲，英勇奋战。可以说，维护国家边疆安宁一直是广西的优良传统，展现了广西的担当精神。

当前，民族问题与边境问题相互影响，广西边境传统安全因素与非传统安全因素相互交织，反渗透、反分裂、反间谍、反恐怖主义的形势复杂严峻，任务艰巨。因此，广西在发展过程中，必须将自身的发展与国家的发展结合起来，把自身命运同国家和民族的命运紧紧联系在一起，将广西的发展融入中华民族伟大复兴的历史进程中。

（四）必须始终坚持把发展作为第一要务

邓小平同志指出："社会主义的本质，是解放生产力，发展生产力，消灭剥削，消除两极分化，最终达到共同富裕。"[1]坚持把发展作为第一要务，是社会主义的本质要求，也是广西各民族群众对美好生活的期望。实现民族地区与东部发达地区的共同富裕，对中华民族伟大复兴具有重要的战略意义。

在关于少数民族和民族地区与全国同步实现全面小康的问题上，习近平同志指出："全面实现小康，少数民族一个都不能少，一个都不能掉队，要以时不我待的担当精神，创新工作思路，加大扶持力度，因地制宜，精准发力，确保如期啃下少数民族脱贫这块'硬骨头'，确保各族群众如期实现全

[1] 在武昌、深圳、珠海、上海等地的谈话要点［EB/OL］.（2017-02-19）［2018-03-09］. http://js.people.com.cn/n2/2017/0219/c360300_29735506.html

面小康。”❶虽然广西经济发展总体进入中等收入阶段，但发展不足仍然是最大的短板，不仅与东部发达地区相比差距巨大，自治区内贫困地区的发展问题也仍未得到根本解决。因此，必须坚持把发展作为第一要务，大力改善民生，确保广西各民族群众如期实现全面小康，进而不断前进，实现中华民族的伟大复兴。

（五）必须加快培养少数民族干部和人才

大力培养选拔少数民族干部人才，是中国共产党在民族地区开展工作的重要抓手。革命时期，少数民族干部发挥了非常重要的作用。以韦拔群为代表的少数民族干部在推动广西农民运动、建立左右江革命根据地，建立红七军的革命斗争中发挥了不可替代的作用。毛泽东同志指出：“要彻底解决民族问题，完全孤立民族反动派，没有大批从少数民族出身的共产主义干部，是不可能的。”❷建设国家不仅需要行政干部，也需要大量各行业人才。毛泽东同志在一次中央政治局会议上提出：“少数民族不仅要有行政干部，要出党的书记，要有军事干部、文化教育干部，还要有科学家、艺术家、工程师以及各方面的人才。”❸

2014年4月，习近平同志在新疆调研时指出：“要坚持把培养少数民族干部作为干部队伍建设的重中之重来抓，按照德才兼备、以德为先的标准，坚持把坚定维护祖国统一，在大是大非问题上立场坚定、头脑清醒、行动坚决的优秀少数民族干部选拔到各级领导岗位上来。”❹广西壮族自治区成立60年来，大力培养和造就一支德才兼备的少数民族优秀干部队伍，成为加快推动民族地区经济社会发展的关键性因素。广西壮族自治区的实践再一次证明，少数民族干部是党和政府联系少数民族群众的重要桥梁和纽带，在解决民族问题、做好民族工作方面具有不可替代的作用。广西要大胆选拔、使用

---

❶ 内蒙古自治区中国特色社会主义理论体系研究中心. 全面建成小康社会，一个民族都不能少 [N]. 内蒙古日报，2017-06-12.

❷ 中共中央文献研究室. 建国以来重要文献选编（1921—1949）(第1册)[M]. 北京：中央文献出版社，1993：32.

❸ 金炳镐，青觉. 中国共产党三代领导集体的民族理论与实践 [M]. 哈尔滨：黑龙江教育出版社，2004：157.

❹ 习近平的民族观 [EB/OL] (2015-08-24) [2018-03-09]. http://www.xinhuanet.com//politics/2015-08/24/c_128160466_3.

优秀少数民族中青年干部，提高民族地区各级领导班子综合素质，大力培养和造就一批少数民族专业技术人才，为广西进一步深化改革和经济、社会发展提供组织和人才保障。

（六）必须坚持保护和发展各民族文化

民族文化是维系民族认同和团结凝聚的内在力量，是各民族精神的体现，是民族生命力、创造力和凝聚力的重要源泉。作为边疆民族地区，广西多民族聚居的历史悠久，民族文化既各具特色，又保持着文化亲近性。这种文化亲近为民族团结提供了文化认同基础。广西的民族文化包容开放，兼收并蓄。广西壮族自治区法定假日“三月三”，是壮族、瑶族、苗族、侗族多个民族的重要传统节日，从历史渊源上看，既受到汉唐时期中原汉族上巳节的影响，也有各民族本身文化的特点，体现了广西本土文化包容并蓄的特色。广西汉族各支系由于长期与少数民族交往交融，在文化上也吸收了很多少数民族文化的成分，形成了多样化的广西地域文化。

习近平同志在党的十九大报告中指出：“文化是一个国家、一个民族的灵魂。文化兴国运兴，文化强民族强。”[1]尊重传统风俗习惯，保护和发展广西各民族文化，引导传统宗教信仰与社会主义社会相适应，不仅有利于保护各民族的平等权利和民主权利，而且还有利于维护民族团结，有利于繁荣和发展社会主义文化。广西要以马克思主义为指导，坚守中华文化立场，立足当代广西现实，结合当今时代条件，发展面向现代化、面向世界、面向未来的，民族的科学的大众的社会主义文化，推动社会主义精神文明和物质文明协调发展。

[1] 习近平. 决胜全面建成小康社会　夺取新时代中国特色社会主义伟大胜利——在中国共产党第十九次全国代表大会上的报告［EB/OL］（2017-10-27）［2018-03-09］. http://www.qstheory.cn/yaowen/2017-10/27/c_1121868447.htm

民族地区篇

广西壮族地区 60 年发展报告

王红梅　赵明龙 *

壮族是我国人口数最多的少数民族，也是广西 12 个世居民族之一。广西壮族自治区成立 60 年来，在党的民族政策指引下，壮族地区 ❶ 干部群众与全国各族人民团结一心，砥砺奋进，在现代化建设进程中不断创造新奇迹，实现了政治、经济、文化、社会、生态的全面进步，整个壮族地区的面貌发生了翻天覆地的变化，壮族人民生活水平蒸蒸日上。

一、广西壮族地区 60 年发展历程

（一）发展起步阶段（1958—1978 年）

从 1958 年广西壮族自治区成立，到 1978 年改革开放之前，这 20 年是壮族地区发展的起步阶段，也是壮族地区探索社会主义道路曲折中前进的阶段。在这 20 年的发展中，壮族地区的发展虽然经历了曲折，但在党的领导下，壮族地区人民攻坚克难，取得了一定成果。在农业方面，壮族地区粮食和肉类基本实现了从调进到自给和调出，农

---

* 王红梅为广西社会科学院民族研究所助理研究员；赵明龙为广西社会科学院民族研究所研究员。

❶ 本报告所称壮族地区范围包括 2002 年广西行政区划未变动前壮族人口聚居的南宁、柳州、河池、百色四个地区及南宁、柳州两市（含市辖县）；2002 年行政区划变动后的南宁、柳州、百色、河池、来宾、崇左 6 个市所辖县（市、区）及防城港上思县。

业产值结构比例表现为种植业比重不断提升，林牧副渔业所占比重逐渐下降；工业经济从小到大，门类从少到多，从传统的手工作业到机械化操作逐步发展起来，柳州工业园区、南宁江南工业园区等一批工业园区正式修建，柳州水泥厂、柳州工程机械厂等一批骨干企业和重点项目在这一时期得以新建或者重建；交通运输业基本形成了陆海空一体的四通八达的交通运输网络，连接贵州的黔桂铁路贯通，南宁吴圩机场在这一时期得以顺利完工。1964 年 5 月，南宁市第一座邕江大桥建成，结束了壮族人民只能靠舟楫横渡邕江的历史。科教文卫事业虽经历了一些曲折，但也取得一些成绩，为后期充实科研力量，提升基本公共服务水平，繁荣地方文化体育事业提供了有力支撑。

（二）快速发展阶段（1978—2012 年）

这一阶段壮族地区以改革开放为动力，着力创新体制机制，促进地区经济快速增长。1978 年党的十一届三中全会后，广西壮族自治区党委、政府按照中央统一部署，做出把工作重心转移到经济建设上来，转移到社会主义现代化建设上来的重大决策，重新调整国民经济发展战略，推行农村家庭联产承包责任制，加大城市经济体制改革，壮族地区的发展从此进入新的历史时期。1980 年 10 月，广西壮族自治区党委、政府颁布《广西壮族自治区农村生产队统一管理包干到户责任制试行方法》《广西壮族自治区农村生产队统一经营联产承包责任制试行方法》，改革由农业向林牧副渔业发展，出现了加工、运销、服务和开发性承包等多个领域、多种形式的承包责任制。在推行家庭联产承包责任制过程中，广西也开始迈出农村管理体制改革的步伐，宜山县三岔公社合寨大队（今宜州市屏南乡合寨村）果地、果作等自然村，率先组建果地、果作两个村民委员会，并推选出村委会成员组织村民自治，制定村规民约，实行村民自我管理，宜州成为中国村民委员会发源地。在农村改革的同时，南宁、柳州等地的城市改革也在党的十一届三中全会后启动，城市改革主要在扩大企业自主权、推进利改税、调整产业结构，促进企业改组联合、积极发展多种经济形式和多种经营方式等方面展开。柳州市被列入全国利改税试点城市，柳州水泥厂与丹麦合作扩建 100 万吨水泥项目达成协议，成为广西引进外资开展多种形式运营建设的第一个大项目。到 20 世纪 90 年代初，在邓小平南方谈话和党的十四大精神鼓舞和指导下，壮族地区从原有的计划经济阶段迈向社会主义市场经济体制过渡的新阶段，非公有制经济在这一时期得到一定发展。21世纪初，得益于国家西部大开发的政策支持，壮族地区在基础设施建设、民生保障、生态环境保护和特色优势产业发展等方面取得显著成绩。自2000年起，广西先后进行了边境地区基础设施建设大会战和东巴凤基础设施建设大会战，投入资金40多亿元，在边境地区及河池的东兰、巴马、凤山三县建设交通、教育、卫生、水利、生态、电力等项目，极大地改善了壮族聚居地区贫困群众的生产生活条件，也为后期集中人力、财力、物力资源实施大规模的扶贫开发积累了一定经验。2003年10月，党的十六届三中全会提出了科学发展观，在科学发展观和可持续发展理论的指导下，在自治区"和谐广西"建设目标的引领下，壮族地区也积极发挥区域生态环境的资源优势，协调推进经济建设、社会发展和生态环境保护，基本适应全区经济可持续发展的态势。南宁、柳州、河池、百色等地积极推进生态城市、宜居城市、生态园区和生态农村建设，南宁市获得联合国"拜迪国际改善居住环境良好范例奖""首届中国人居环境奖"等奖项，工业重镇柳州市从"酸雨之都"变成"生态工业城"。

（三）提质升级发展阶段（2012年至今）

2012年党的十八大以后，顺应全国和广西壮族自治区调整经济结构和转变发展方式的主要形势，壮族地区经济发展摒弃了以往的围绕规模和速度做文章的思路和做法，着力调整产业结构，转变经济发展方式，激发经济增长活力，构建起适应现代化发展要求的产业体系和经济体制。以壮族聚居地南宁市和柳州市为例，图1反映了南宁市2012—2016年生产总值构成。2012年，南宁市第一产业占比12.90%，第二产业占比38.38%，第三产业占比48.72%，到2016年南宁市第一产业占比10.82%，第二产业占比38.54%，第三产业占比50.64%，以农业为主的第一产业比重持续下降，以服务业为主的第三产业比重逐年上升，产业结构不断优化升级，发展动能持续增强。图2反映了柳州市2012—2016年生产总值构成。在柳州市，第一产业占比保持在8%左右，相对稳定，第二产业占比在60%左右，一直居于主导地位，但比重呈现下降态势，第三产业从28.88%增长至37.70%，表现出持续增长的态势，经济发展质量和效益稳步提高。

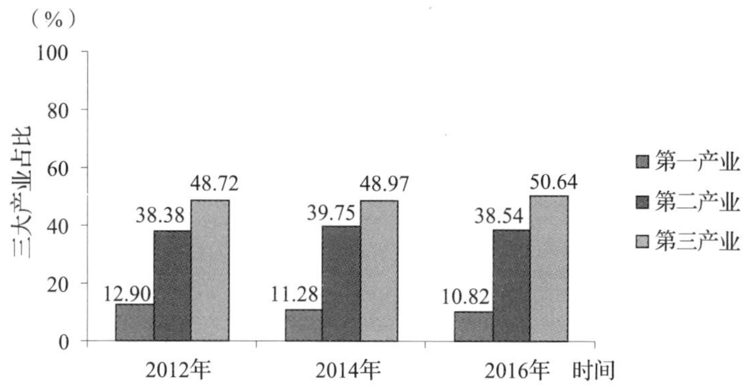

图 1　南宁市 2012—2016 年生产总值构成

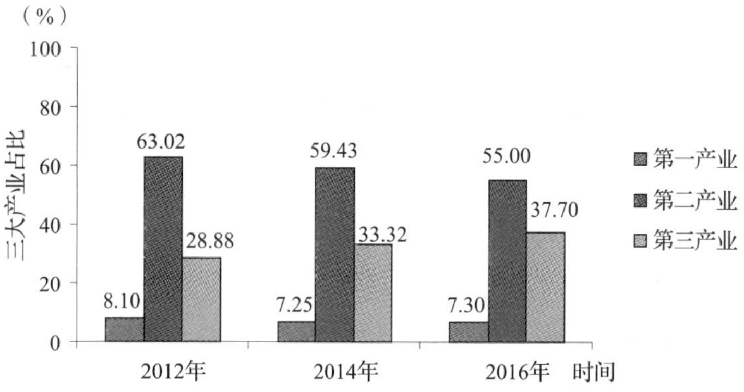

图 2　柳州市 2012—2016 年生产总值构成

二、广西壮族地区 60 年发展成就

(一) 经济总量逐年攀升

广西壮族自治区成立 60 年来，壮族地区经济发展整体呈现稳定增长的态势，主要经济指标稳步攀升，经济总量增幅明显。从表 1 可以看出，2017 年广西壮族地区生产总值达到 10542.14 亿元，占全区生产总值的 52%，相比 1958 年的 13.52 亿元，超出当年 700 倍有余。以下就壮族地区第一、第二、第三产业的发展情况进行具体分析。

表 1　壮族地区生产总值增长情况　　单位：亿元

地区	1958 年	2017 年
南宁市	2.05	4118.83

续表

地区	1958年	2017年
柳州市	1.77	2755.64
崇左市	3.94	907.62
百色市	2.65	1361.76
河池市	1.11	734.60
来宾市	2.00	663.69
合计	13.52	10542.14

数据来源：《崛起的壮乡——新中国五十年》（广西卷）、《广西要情手册2009》《2009年广西蓝皮书：广西民族发展报告》、广西统计局官方网站各市统计公报。

注：表中2003年以前的数据中，南宁市和柳州市的数据为当年行政区划范围内的数据。崇左市、百色市、河池市、来宾市因行政区划变动，则分别采用原南宁地区、原百色地区、原河池地区、原柳州地区的统计数据（本章下同）

从壮族地区第一产业发展增长情况看（见表2），1958年壮族地区第一产业总值仅8.18亿元，2017年总值达到1103.08亿元，2017年比1958年增长134倍，年均增长率8.67%。其中增长幅度最大的是南宁市，从1958年的0.52亿元增长到2017年的404.18亿元，700多倍的产值增长数据非常可观。壮族地区第一产业发展趋势一路向好，得益于各市各地区不断加大农田水利投入，夯实农业基础设施建设，积极培育壮乡特色农业、高效农业和无公害农业，不断推进农业科技创新，积极打造具有壮乡特色的现代新型农业类型。特别是近年来，壮族地区在保证粮食产量稳步上升的情况下，大力发展高效经济作物种植，探索糖料蔗规模化经营，品质和效益不断得到提高，同时利用资源优势和气候条件，推进壮乡特色现代蔬果产业发展，不断拓展农业增效、农民增收的新途径。

表2　壮族地区第一产业增长情况　　单位：亿元

地区	1958年	1978年	1998年	2008年	2017年
南宁市	0.52	2.45	44.01	203.19	404.18
柳州市	0.49	0.99	18.61	86.75	9.49
崇左市	3.15	5.86	75.77	80.78	181.25
百色市	1.91	3.92	44.56	88.07	189.24

续表

地区	1958 年	1978 年	1998 年	2008 年	2017 年
河池市	0.67	2.52	42.52	80.26	158.96
来宾市	1.44	3.94	49.10	76.16	159.96
合计	8.18	19.68	274.57	615.21	1103.08

数据来源：《崛起的壮乡—新中国五十年》（广西卷）、《广西要情手册 2009》《2009 年广西蓝皮书：广西民族发展报告》、广西统计局官方网站各市统计公报。

从第二产业的发展情况来看（见表 3），1958—2017 年，壮族地区从 2.74 亿元增长到 4755.68 亿元，增长达 1700 多倍，年平均增长率达 13.48%，产业规模和实力提升明显。特别是南宁、柳州和左右江流域的战略新兴工业发展迅速，南宁市的电子工业近年来迅速崛起，成为广西重要的电子工业中心；柳州市新材料、生物制药、电子信息、新能源及环保产业发展迅猛；来宾、崇左糖蔗综合加工水平提升，以铝、锰业为主导的资源精深加工产业不断发展壮大；百色市探索建设以铝工业为主的新兴工业基地，铝工业迅猛发展，现已逐步发展成为中国乃至亚洲重要的铝工业基地；河池重点打造有色金属、水电基地，加快发展特色食品加工，实现资源和环境优势向产业优势的转变。

表 3　壮族地区第二产业增长情况　　单位：亿元

地区	1958 年	1978 年	1998 年	2008 年	2017 年
南宁市	0.61	4	81.53	456.12	1599.50
柳州市	0.85	4.20	84.80	548.96	1487.08
崇左市	0.45	1.93	35.40	94.32	398.20
百色市	0.28	1.09	27.04	217.61	789.33
河池市	0.26	1.69	43.62	166.45	231.49
来宾市	0.29	1.36	39.91	116.03	250.08
合计	2.74	14.27	312.3	1599.49	4755.68

从第三产业的发展情况看（见表 4），壮族地区从 1958 年的 2.60 亿元增长到 2017 年的 4503.39 亿元，调结构转方式的效果逐渐显现，经济增长从原

来的工业主导型逐渐向服务业主导型转变。特别是2013年以来，南宁、柳州、百色、来宾几个地市相继开通了高铁，高铁的开通带来新的人流、物流、资金流、信息流，沿线壮族地区的生态、资源、空间、区位等优势进一步得到全面盘活，带动了沿线壮族地区旅游、商贸、现代服务业等第三产业的迅速发展。表5反映了2010年以来壮族地区旅游增长状况。统计数据显示，2010年壮族地区国内游客接待量为7539.04万人次，占全区游客接待总量的54%，旅游收入为472.85亿元，占全区53%；到2016年，壮族地区国内游客接待量为21465.94万人次，游客量增长了1.85倍，国内旅游收入达2051.52亿元，增长了3.34倍。以旅游业为代表的第三产业发展，为壮族地区人民提供了更多就业机会和创收门路，加快了贫困群众脱贫致富的步伐。

表4 壮族地区第三产业增长情况 单位：亿元

地区	1958年	1978	1998年	2008年	2017年
南宁市	0.92	2.43	132.03	656.90	2115.15
柳州市	0.43	1.87	62.75	274.15	1079.07
崇左市	0.34	1.83	53.47	89.70	328.17
百色市	0.46	1.14	34.48	110.56	383.20
河池市	0.18	1.46	43.89	120.60	344.15
来宾市	0.27	1.11	35.69	79.39	253.65
合计	2.60	9.84	362.31	1331.30	4503.39

表5 壮族地区2010—2016年旅游增长情况

地区	2010年		2013年		2016年	
	国内游客接待量（万人次）	国内旅游收入（亿元）	国内游客接待量（万人次）	国内旅游收入（亿元）	国内游客接待量（万人次）	国内旅游收入（亿元）
南宁市	3542.70	234.78	5840.26	469.64	9499.62	903.24
柳州市	1300.25	88.59	2266.32	182.27	3297.26	351.48
崇左市	662.48	33.66	1106.45	73.05	1991.54	173.58

续表

地区	2010 年		2013 年		2016 年	
	国内游客接待量（万人次）	国内旅游收入（亿元）	国内游客接待量（万人次）	国内旅游收入（亿元）	国内游客接待量（万人次）	国内旅游收入（亿元）
百色市	952.24	56.64	1680.45	121.84	2716.69	259.59
河池市	728.01	43.32	1281.76	111.81	2154.20	230.51
来宾市	353.36	15.86	855.99	50.15	1806.63	133.12
合计	7539.04	472.85	13031.23	1008.76	21465.94	2051.52

数据来源:《广西统计年鉴 2017》。

（二）人民生活水平稳步提升

60 年来，广西全区城乡居民生活水平得到不同程度提高，迈向全面小康社会的步伐不断加快，主要体现在以下三个方面。

一是城乡居民收入稳步增长。各级政府实施了一系列惠民政策和措施，城乡居民收入水平得到提高，生活质量得到显著提升。2017 年，全区居民人均可支配收入 19905 元，比上年名义增长 8.7%，扣除价格因素，实际增长 7.0%。按常住地分，城镇居民人均可支配收入 30502 元，名义增长 7.7%，扣除价格因素，实际增长 5.7%；农村人均可支配收入 11325 元，名义增长 9.3%，扣除价格因素，实际增长 8.1%。以南宁市为例，1980 年南宁市城镇居民人均可支配收入仅 386 元，农村居民人均纯收入仅 107 元；到 2017 年，南宁市城镇居民人均可支配收入达到 33217 元，比 1980 年增加 32831 元，农村居民人均可支配收入 12515 元，比 1980 年增加 12408 元。随着市场化改革的深入推进，产业结构调整步伐的加快，壮族地区城乡居民收入渠道将进一步拓宽，可支配收入的绝对额体量将进一步增大。

二是社会消费品零售总额不断增加。从壮族地区整体来看，1988 年广西壮族自治区成立 30 周年时，全区社会商品零售总额仅 181.72 亿元，壮族地区合计 73.4142 亿元。到 2016 年，壮族地区实现社会消费品总额 3830.74 亿元，占全区的 54.5%。从具体城市来看，南宁市社会消费品总额最高，增长幅度最大，社会商品零售总额从 1988 年的 22.36 亿元，增长到

2016年的1980.36亿元，增长87倍之多（见表6）。由统计数据可知，伴随着经济总量的增加，壮族地区人民的消费需求和消费结构从过去的温饱型向高品质提升，诸如通信器材、体育娱乐、化妆品、旅游观光等新业态的消费额增长迅速。

表6 壮族地区社会商品零售总额变化 单位：亿元

地区	1988年	2016年
南宁市	22.36	1980.36
柳州市	12.61	1045.13
崇左市	16.18	131.34
百色市	9.44	246.84
河池市	1.1742	267.96
来宾市	11.65	159.11
壮族地区合计	73.4142	3830.74
自治区全区合计	181.72	7027.31

数据来源：《广西统计年鉴1989》《广西统计年鉴2017》。

三是住房条件逐步改善。城乡居民住房条件的改善主要从住房面积增加和住房品质提升两方面得以体现。广西壮族自治区成立60年来，农村大量木结构茅草房被钢砖结构所取代，壮族地区许多木质干栏式建筑换成了钢砖式新居，人畜混居的现象得到改善。统计数据显示，到2000年，广西农村人均钢砖结构住房面积达到18.07平方米，住房结构和质量相比自治区成立之初大幅度提升[1]；在城镇，随着全区住房制度改革的推进，城市住宅建设得到较快发展，住房条件逐步得到改善，南宁、柳州、百色、河池几个壮族聚居城市住房水平也随之提升。统计数据显示，1987年，广西城市居民家庭中有独用自来水的户数占总户数的89%，有浴室、厕所的户数占总户数的43.4%，独用厨房的户数占总户数的88.6%，分别比1983年增加12.8%、11.9%和4.4%；到1998年，90%以上的城镇居民家中有独自自来水、全套卫生设备、独用厨房，80%以上的居民家中用上了液化气，2%

[1] 广西壮族自治区地方志编纂委员会. 广西通志（人民生活志）[M]. 南宁：广西人民出版社，2011：289-296.

以上的居民用上了管道煤气，另有 50% 以上的家庭安装了电话，住房品质明显大幅度提升。❶

近年来，全区不断加大农村危房改造力度，以提升农村贫困地区住房保障水平，改善贫困人口住房条件。2013—2017 年，全区完成农村危房改造 90.5 万户，解决 360 多万农村贫困群众安全性住房需求。2017 年年底，广西农村危房改造开工 15.26 万户，竣工 13.8 万户，累计完成投资 56.8 亿元；农村 4 类重点贫困户危房改造开工 11.34 万户，竣工 10.7 万户，均提前超额完成国家下达的任务。

（三）社会事业全面进步

1. 教育事业

60 年来，壮族地区教育事业经历了一个不断改革、调整和提高的发展过程，特别是改革开放以后，壮族地区教育事业进入飞速发展阶段。1998 年，壮族地区基本扫除了青壮年文盲并普及了小学教育。2007 年，壮族地区基本普及九年义务教育，农村基础办学条件得到改善，每个行政村都办有“完小”（完全小学的简称），边远村屯有教学点，每个乡镇至少设有一所初中，每个县至少设有一所普通高中和一所中等职业技术学校。当前，除了来宾市，其余的地级市均办有高等学校，形成了包括幼儿教育、基础教育、职业教育、高等教育、成人教育、特殊教育为一体的规范化、标准化教育体系。

表 7、表 8 反映了 1988 年和 2016 年壮族地区中小学及普通高等学校数量及在校人数变化。对比发现，壮族地区普通中学和小学学校数量都有所减少，主要原因在于计划生育政策实施后，部分学校生源减少，壮族地区为此探索推进学校教育改革，进一步整合学校资源，对农村一些生源少、效益低的中小学进行了撤销、合并。数据也显示，壮族地区普通高等学校在校学生数量大幅度增长，从 1988 年的 49312 人增长到 2016 年的 58.99 万人，增长了约 11 倍。中学、大学文化程度人口数量明显增加，小学文化程度及文盲数量减少，说明壮族地区人口教育文化水平稳步提升。

❶ 广西壮族自治区地方志编纂委员会. 广西通志（人民生活志）[M]. 南宁：广西人民出版社，2011：159-163.

表 7　1988 年壮族地区在校学生情况

地区	普通高等学校在校学生（人）	中等专业学校在校学生（人）	普通中学（所）	普通中学在校学生（人）	小学（所）	小学在校学生（人）
南宁市	20546	26705	169	106390	727	294969
柳州市	2771	9333	122	68331	439	198441
南宁地区	541	3251	376	165643	1784	669130
百色地区	2047	4949	209	87973	1892	491524
河池地区	1018	4240	229	105715	1657	532345
柳州地区	—	834	252	107559	1471	506137
合计	26923	49312	1357	641611	7970	2692546

数据来源：《广西统计年鉴 1989》《2009 年广西蓝皮书：广西民族发展报告》。

表 8　2016 年壮族地区在校学生情况

地区	普通高等学校数（所）	普通高等学校在校学生（万人）	普通中学（所）	普通中学在校学生（万人）	小学（所）	小学在校学生（万人）
南宁市	32	40.05	352	39.21	1276	61.67
柳州市	6	7.61	151	19.09	329	30.10
崇左市	6	4.35	87	10.21	313	17.19
百色市	4	3.94	184	21.79	955	34.61
河池市	2	1.85	192	22.35	1107	36.07
来宾市	3	1.19	80	12.24	219	18.68
合计	53	58.99	1046	124.9	4199	198.3

数据来源：《广西统计年鉴 2017》。

2. 卫生事业

广西壮族自治区成立 60 年以来，壮族地区的卫生事业也有了长足发展。表 9 反映了 1958 年和 2016 年壮族地区卫生机构、卫生床位和卫生机构人员数的变化。数据显示，1958 年广西壮族自治区成立之初，壮族地区卫生机构仅 1729 个，到 2016 年增长到 11840 个，这其中不仅是医疗机构、防疫机构、门诊部等机构的数量增长，还有一些专业性卫生机构如专科防治、妇幼保健、药品检验、医药科研、高等医学院校等都从无到有，逐步壮大。目前，壮族地区已形成了由医疗、防疫、妇幼保健、药品检验、医药科研和卫生教育构成的基本适应社会发展需要的卫生事业服务体系。从卫生床位数来看，1958 年广西壮族自治区成立之初，壮族地区卫生床位数为 9300 个，2016 年达到 117547 个，是 1958 年的 12.6 倍，床位数的增加很大程度上解决了村镇人口住院难的问题。从卫生机构从业人数看，1958 年壮族地区卫生机构人员数 4654 人，到 2016 年已增长到近 20 万人，不断扩大的卫生队伍进一步充实了壮族地区医疗资源。

表 9　壮族地区 1958 年、2016 年卫生机构、卫生床位、卫生机构人员数

地区	卫生机构数（个）		卫生床位数（个）		卫生机构人员数（人）	
	1958 年	2016 年	1958 年	2016 年	1958 年	2016 年
南宁市	36	2906	1700	43093	518	77244
柳州市	6	2338	900	22587	150	37748
崇左市	151	1427	1200	8153	162	15455
百色市	13	2643	3700	17299	2036	28352
河池市	11	2312	1100	16337	477	26150
来宾市	1512	214	700	10078	1311	14939
合计	1729	11840	9300	117547	4654	199888

数据来源：《广西统计年鉴 2017》《2009 年广西蓝皮书：广西民族发展报告》。

3. 社会保障

自 20 世纪 80 年代中期开始，随着国内社会保障制度进入全面改革时期，广西社会保障也开始进入起步探索阶段。经过 30 多年的发展，全区社保制度改革取得突破性进展，社会保障覆盖率逐年提升，社会保障水平稳步提高。就社会保险覆盖范围来说，截至 2017 年，广西全区参加基本养老、基本医疗、失业、工伤、生育五项社会保险人数分别为 2582.89 万人、5172.33 万人、302.13 万人、388.78 万人、338.58 万人，分别完成自治区计划的 103.32%、110.05%、104.18%、103.67%、109.22%，全区社会保障卡持卡人数 3344.89 万人。就社会保障水平来说，全区企业退休人员基本养老金自 2005 年开始到 2017 年实现连续 13 年上调，月人均基本养老金从 2005 年的 614 元增加到 2016 年的 2182 元，年均增长 12.22%；城乡居民基础养老金最低标准从启动之初的每人每月55元提高至90元；全区月平均失业保险金水平由2010年年底的462元提高到2016年年底的1004元，年均增长13.81%；全区工伤保险基本实现职业人群全覆盖；农村新型合作医疗制度自2003年开始实施试点，到2008年全面覆盖农村地区，2010—2018年，全区新农合参保率逐步达到98%以上。

（四）文化事业繁荣发展，壮乡特色文化魅力凸显

文化是社会发展水平的综合体现，是社会进步的显著标志。60年来，壮族地区文化事业繁荣发展，主要体现在以下几个方面。

公共文化设施建设方面。1950年8月19日，当时的广西省人民政府通过了《广西省建立人民文化馆文化站暂行办法》，文件提出“各市、各专署所在地较大之县城与个别区、乡、圩、镇应有重点、有计划建立人民文化馆、站”。之后，全省第一批文化馆在南宁、百色等市县建立起来。目前，壮族地区的6个市所辖58个县（市、区）都建有博物馆和文化馆，所辖行政村村村都建有村级图书室。统计数据显示，截至2016年，壮族地区共建图书馆63个，占广西全区55%，总藏书量13474.91千册，总流通7315.92千人次，年度财政支出11069.4万元（见表10），公共图书馆、文化馆、文化站已全部向社会免费开放。

表10 壮族地区图书馆、总藏量、总流通量、年度支出情况

地区	图书馆数（个）	总藏书量（千册）	总流通人次（千人次）	年度支出合计（万元）
南宁市	14	6766.68	3477.38	3411.8
柳州市	11	1970.64	1642.64	2597.1
崇左市	7	784.79	392.59	861.2
百色市	13	1888.94	679.91	2065.3
河池市	11	1233.28	437.10	1175.9
来宾市	7	830.58	686.30	958.1
合计	63	13474.91	7315.92	11069.4

数据来源：《广西统计年鉴2017》。

传统优秀文化保护传承方面。壮族地区非物质文化遗产保护工程进展顺

利，各地市先后完成“非遗”普查工作，建立起“非遗”资源数据库，全面掌握本地区非物质文化遗产保护项目的基本情况，壮族织锦技艺、壮剧、布洛陀传说、刘三姐歌谣、壮族蚂拐节等已被列入国家级非物质文化遗产名录。2016 年，左江花山申遗成功，实现了中国岩画类申遗、广西世界文化遗产的零突破，成功入选世界遗产名录。多年来，壮族聚居地区结合《广西壮族自治区民族民间传统文化保护条例》《广西壮族自治区非物质文化遗产保护条例》《广西文化生态保护区管理办法》《广西壮族自治区贯彻落实中国传统工艺振兴计划工作方案》等的贯彻实施，不断推进非物质文化遗产保护工作，非物质文化遗产保护水平稳步提高。

民族文化精品培育方面。壮族地区创作生产了一批弘扬壮族优秀传统文化、讴歌时代精神、在全国享有盛誉的文艺精品。例如，大型壮族舞剧《妈勒访天边》、桂剧《大儒还乡》等入选国家舞台艺术精品工程十大精品剧目行列；歌舞剧《刘三姐》等先后到东盟各国演出，进一步提升了壮族文化的知名度、美誉度；音乐剧《桂花雨》在第四届全国少数民族文艺会演中获得剧目金奖及最佳导演奖等 7 个奖项；桂剧《七步吟》荣获中央宣传部精神文明建设“五个一工程”奖；音乐舞蹈诗《花山》和壮剧《冯子材》在第五届全国少数民族文艺会演中分别获得剧目银奖和最佳音乐创作奖。

民族文化产业发展方面。壮族地区逐渐拥有了一批知名文化产业品牌，如从 1993 年开始，广西在“三月三”传统歌节的基础上举办“广西国际民歌节”，并于 1998 年更名为“南宁国际民歌艺术节”，经过十几年的精心打造，南宁国际民歌节已成为集文化、旅游、经贸为一体的大型综合性民族节庆活动，成为广西与全国各地、世界各地文化交流的重要平台。《印象·刘三姐》是以广西桂林阳朔书童山段漓江两千米水域为天然舞台，以 12 座山峰及天空为背景，融合刘三姐山歌、广西民族风情和桂林山水等元素的大型山水实景演出。该项目获得了文化部首届创新奖和全国十大盛事演出奖，入选国家首批文化产业示范基地。此外，壮族地区的壮锦、绣球产业已形成产业集群，品牌影响力日益扩大。

（五）生态文明建设不断推进，生态环境不断优化

党的十八大提出加快生态文明建设，确立了包括生态文明建设在内的

“五位一体”的总体布局。自此，广西生态文明建设进入快车道。2013—2015年，广西先后开展“环境安全年”“基层建设年”“监管执法年”主题年建设，扭转了环境污染事件高发频发态势，全区优美自然生态环境得到切实保护。2016年，广西以环境质量改善为核心，探索“专业查污、专项控污、帮企减污、督政治污、依法惩污、公众评污”六步工作法，开启全面治污新征程。2017年，广西重点整改中央环境保护督查指出的问题和专业查污发现的问题，稳步推进垂直管理制度改革和排污许可制试点改革，切实打赢大气水土污染防治战役，全区环境质量多项工作走在全国前列。

就壮族地区而言，2013年以来，南宁市大气污染防治工作取得显著成效，“南宁蓝”成为常态。2013—2016年，南宁连续四年实现“一升两降”，市区环境空气质量优良率从75%提升到95.1%，PM10、PM2.5年均浓度降幅分别达31.1%、36.84%。2017年，南宁市市区环境空气质量优良率为92.3%，排名全区第二。[1]柳州作为曾经重度污染的老工业城市，近年来不断加快转变经济发展方式，积极发展“绿色、低碳、集约、高效”现代产业，大力构建循环经济型工业体系，培育生态效益型特色农业，发展生态友好型服务业，推进由传统生产型城市向现代宜居型城市迈进，目前已经获得“国家森林城市”“国家园林城市”称号，且争创国家环保模范城、国家卫生城市都已通过评审。来宾市积极贯彻落实国家发展环境服务业的政策精神，依托热电联产、循环经济和第三方污染治理开展的环境服务业试点，被环保部列入国家第五批环境服务业试点名单。河池市正加快创建国家生态文明先行示范区，积极开展石漠化治理，深入实施“绿满八桂”造林绿化升级版、新一轮退耕还林、珠江防护林等重点工程，系统推进水污染防治、水生态保护和最严格水资源管理，实施龙岩滩水库生态环境保护项目，严格保护水源涵养地和饮用水源地生态环境。2016年5月28日，国务院印发了《土壤污染防治行动计划》，确定河池市为全国6个土壤污染综合防治先行区之一。河池市人民政府编制完成了《河池市土壤污染综合防治先行区建设方案（2016—

[1] 广西壮族自治区环境保护厅. 2017年广西环境与发展报告［M］. 南京：广西人民出版社，2018：115-117.

2020 年)》，在探索土壤污染与治理的技术、装备、工程、科技、产业模式等方面取得较大进展。

（六）民族团结进步事业不断发展，社会和谐稳定

60 年来，广西始终坚定不移贯彻党的民族政策，始终把民族工作作为一项重大政治任务来抓，切实加强对全区民族工作的全面领导，牢牢把握民族工作的大局，充分发挥党纵览全局、协调各方的作用，深入推进民族区域自治制度的伟大实践，全区各族人民像石榴籽一样紧紧抱在一起，民族团结进步事业不断迈向新台阶，为我国解决民族问题、实现民族地区繁荣提供了宝贵经验。60 年来，壮族地区各级党委、政府和民族工作部门牢牢把握民族团结奋斗、民族共同繁荣发展的主题，结合各地实际，深入开展民族团结进步创建活动，不折不扣落实民族政策，"两个共同"和"三个离不开"[1]的思想观念逐渐深入人心，民族平等、民族团结、和谐互助的社会主义民族关系不断巩固，民族团结进步事业不断取得重大成就。

三、广西壮族地区发展面临的困难和问题

（一）产业结构不合理，新兴产业培育不足

壮族地区产业结构不合理的问题长期存在，主要表现为农业综合效益不高，工业制造业相对落后，新兴产业占比不高，服务业发展层次和水平偏低，新兴业态发展缓慢。在农业方面，壮族地区依托区位和资源优势建立起来的特色农业类型较多，如甘蔗、木薯、秋冬蔬菜的特色种植业，蚕桑、水果果木、茶类等特种林业，但受资源、技术等因素制约，农业产业规模化效益不明显，产业链不健全，产业链条各环节的互动和协同效应低。在工业方面，积极推进高质量工业化建设一直是壮族地区发展的重点和难点。南宁市工业扩量提质，加快推进新型工业化目标任务艰巨；来宾市工业以传统高耗能产业为主，实体企业生产经营困难，新兴产业规模小，仍处在新旧动能转换的"阵痛期"；河池市单一的产业结构在短期内难以改变，无法摆脱对水电产业和有色金属产业的依赖；百色市以铝业为主的传统工业基础好，但由

[1] "两个共同"指共同团结奋斗，共同繁荣发展；"三个离不开"指汉族离不开少数民族，少数民族离不开汉族，各少数民族之间也互相离不开。

于缺乏技术、人才等支撑，传统产业转型升级困难，工业领域信息化、自动化、智能化不足。在服务业方面，壮族地区各市服务业仍是经济发展的软肋，整体发展水平不高，对经济拉动作用不明显，服务企业规模总体偏小、层次不高，传统服务行业仍占产业主导，现代物流、文化旅游、咨询服务等新兴服务业态发展相对缓慢。

（二）全面改革开放的动力还需进一步发挥

60年来，广西经济社会发展不断迈上新台阶，但全面改革开放的动力没有得到充分发挥，开放程度还不够高，营商环境有待进一步改善。在深化改革方面，壮族地区各市农村综合改革仍需逐步深入，城乡发展一体化体制机制还未健全；相对集中行政许可权改革还处在探索试点阶段，简政放权和转变政府职能虽取得进展，但在关键领域、关键节点还面临许多困难；深入推进教育、医疗、养老体制机制等民生领域更广范围、更深层的社会治理体制改革仍面临较大压力。在扩大开放方面，按照全区当前“南向、北联、东融、西合”的全方位开放布局，南宁市面向东南亚开放力度不大，面向粤港澳大湾区承接产业转移的辐射带动能力不足；崇左、百色面向东南亚先行先试政策实施成效初显但仍有扩展空间，开放型经济发展水平不够高，“东融”互联互通程度需进一步提升，高水平产业合作发展平台缺乏；柳州、来宾、河池市背靠大西南、面向东南亚的地理位置优势未得到充分发挥，外贸进出口规模总量偏小，外贸方式和质量也有待提升。

（三）地区发展不平衡不协调问题依然突出

壮族地区发展不平衡不协调的矛盾表现在区域之间和城乡之间。从区域发展的差距看，广西壮族自治区成立60年以来，各地市生产总值和居民收入都有大幅度增长，但不同地区间差距在拉大。2017年，南宁市地区生产总值4118.83亿元，人均地区生产总值57948元，而来宾市地区生产总值663.69亿元，人均地区生产总值30037元。从城乡发展的差距看，2017年，全区城镇居民人均可支配收入30502元，人均消费支出18349元，农村人均可支配收入11325元，人均消费支出9437元。壮族地区南宁、柳州、河池等地的城镇居民和农村居民收入与消费水平差距也十分明显。2017年，河池市城镇居民人均可支配收入 25647 元，人均消费支出 16784 元，农村居民人均可支配收入 8260 元，人均生活消费支出 6844 元。此外，壮族地区城乡之间的差距还体现在教育、医疗资源的分配及基本公共服务设施的完善程度等方面。

（四）脱贫攻坚任务艰巨

壮族地区是全区贫困人口集中分布区。2018 年，全区有 20 个深度贫困县，1490 个深度贫困村，贫困发生率在 30% 以上的重点深度贫困村有 445 个。其中，河池市有 7 个深度贫困县，超过全区深度贫困县总数的 1/3，有 430 个深度贫困村，占全区总数的 28.9%，重点深度贫困村有 169 个，占全区同类总数 38%。百色市也有 7 个深度贫困县，超过全区深度贫困县总数 1/3，有 495 个深度贫困村，占全区总数的 33.2%，重点深度贫困村 131 个，占全区总数的 29.4%。河池、百色两市重点深度村超过全区同类贫困村总数一半有余，这些深度贫困村致贫原因复杂，脱贫难度大，都是最难啃的“硬骨头”，呈现“两高两缺两差两低四重”的明显特征，即“贫困人口占比高、贫困发生率高，耕地缺、饮用水缺，居住环境差、道路交通差，农业效益低、贫困人口收入低，低保兜底任务重、易地扶贫搬迁任务重、因病致贫返贫人口脱贫任务重、发展村级集体经济任务重”。因此，要如期完成这些深度贫困县、深度贫困村贫困人口的脱贫任务异常艰巨。

（五）社会事业发展相对滞后

60 年来，国家和自治区不断加大社会保障及公共服务的投入力度，推进基本公共服务均等化，建立健全覆盖全民的社会保障体系，不断保障和改善民生。但壮族地区基本公共服务和社会保障底子薄、起点低、基础差，基本公共服务和社会保障水平还相对滞后，发展面临诸多困难。在医疗卫生方面，许多深度贫困村、贫困屯缺乏完善的村卫生室和专业的技术人员，“病无所医”的现象依然存在。在基础教育方面，贫困山区教学条件较差，生活设施不足，师资力量薄弱。在公共交通方面，交通通达性程度低，个别深度贫困村的贫困屯依然保留着“肩挑马驮”的交通运输方式。在文化体育方面，现代通信网络落后，一些村屯仍无法跨越与外界联系的“数字鸿沟”。

（六）传统文化保护传承面临挑战

60年来，在进行社会主义现代化建设的过程中，壮族地区传统的生产生活方式受到了现代化浪潮的冲击，传统文化保护面临严峻的挑战。例如，民族民间艺术濒临失传，民族传统习俗如歌圩、庙会、民族节庆等面临生存危机。

（七）经济发展与环境保护矛盾突出

60年来，壮族地区经济社会全面发展的同时，区域发展与环境保护的矛盾也愈加凸显。目前，壮族所聚居的6个地级市资源全面节约和循环利用不足，绿色发展水平亟须提升，环境保护短板亟待补齐。百色、来宾、崇左等大气环境质量维持压力持续加大；南宁市水环境质量状况不容乐观；河池土壤重金属污染问题依旧突出，部分矿山在开采过程中对周边农田造成污染，导致农作物重金属含量超标，部分地区重金属污染综合整治工作尚未达到预期；百色、河池、来宾、崇左历史遗留尾矿库多，尾矿库风险隐患亟待治理，部分有色金属冶炼企业废渣处理能力不足，环境风险不容忽视；来宾、崇左等自然保护区、风景名胜区生态系统遭到破坏，植被恢复难度较大。

四、广西壮族地区发展对策与展望

（一）扩大产业规模，推动产业高质量发展

站在广西壮族自治区成立60周年新的历史起点上，壮族聚居地区要推进经济社会持续健康发展，必须以壮大产业规模为基础支撑，在全区产业高质量发展的大背景下，把做大产业规模与提升产业质效协调推进。按照全区“强龙头、补链条、聚集群”的产业发展思路，各地要立足产业基础，做大做强传统优势产业，深入推进传统产业“二次创业”，着力选择在本区域具有一定优势和潜力的战略性新兴产业，集中力量加以扶持，倾力打造一批新兴产业集群。与此同时，各地市要围绕全区打好产业转型升级攻坚战的要求，推进工业、农业、服务业发展升级。要积极发展健康养老、旅游休闲、教育培训、商务会展等现代服务业，推进科技服务、软件信息、金融服务等生产性服务业向专业化、高端化发展。南宁、河池等地要加快推进大健康产业发展，加快完善大健康产业发展系列配套政策文件，大力推进巴马长寿养生国家旅游区、南宁国家养老服务业综合改革试点及南宁、百色国家医养结合试点建设；柳州、南宁等地要加快推进一批重大工业项目建设，支持柳钢、南南铝等龙头企业发展壮大，补齐完善产业链，竭力推动老工业基地转型升级；百色、河池、崇左等地要深入实施现代特色农业高质量发展提升计划，提升当地农业现代化产业水平，推动现代农业提质增效。

（二）持续深入推进改革开放，增强发展动力和活力

南宁市要当好全区改革开放的排头兵，创新发展的引领者，坚持以供给侧结构性改革为主线，持续深化国有企业改革，大力支持非公有经济发展；稳步推进行政体制和社会体制改革，坚持先行先试，继续推进北部湾综合配套改革取得新进展，以及南宁跨境电子商务试验区、东兴国家重点开发开放试验区等各类试验区建设，充分利用中国－东盟博览会和商务与投资峰会合办共赢的长效机制，推进泛北部湾经济合作、中越“两廊一圈”合作和南宁—新加坡经济走廊建设，构建国家内陆型经济战略高地；要充分利用粤港澳大湾区建设的机遇，围绕基础设施建设、项目建设、三产融合加快“东融”步伐，充分发挥南宁的引领、辐射、带动作用。崇左市要发挥与东盟国家陆路相接的地缘优势，深化与东南亚各国的合作，拓展与欧美、日韩、非洲经贸等的合作。柳州市要以建设粤桂黔高铁经济带试验区为抓手，抓住建设珠江—西江经济带重大历史机遇，全面提升柳州市在区域发展中的战略地位，努力开创开放合作新格局。百色市要结合《百色市沿边开发开放总体规划》《百色市边境经济合作区和跨境经济合作总体规划》的实施，尽快建成“一带一路”中国－东盟陆路衔接的重要节点和区域性大通道，扎实推进沿边金融综合改革试验区建设，使百色在国内边境开放合作和金融综合改革中发挥示范引领作用。河池市要立足区位，发挥优势，加大区内外企业招商引资力度，积极开展经贸与投资合作，充分利用世界性的长寿旅游资源优势，破解交通设施瓶颈，推动形成全方位、宽领域、多层次的对外开放格局。

（三）统筹区域发展，缩小城乡差距

统筹壮族聚居地区协调发展，加大对以百色、河池、崇左为中心城市的左右江革命老区的支持力度，推进以南宁、柳州、来宾、百色、崇左、梧州、

贵港为中心城市的珠西江经济带及以南宁、钦州、北海、防城港为中心城市的北部湾经济区协同发展。加快推动各市、各地区之间基础设施互通、产业企业互融、市场资源共享、政策优化组合，实现从更广范围、更宽领域、更深层次融入全区区域发展总体布局。同时，要在当前加快实现以南宁为核心促进北海、钦州、防城港三市同城化的背景下，辐射带动崇左、玉林、来宾等地，推进通信、交通、产业、户籍、旅游、金融、教育、人力资源、社会保障、口岸通关等领域同城化建设，实现大中小城市与小城镇优势互补、错位发展。

此外，要大力推进新型城镇化，加强城市道路、桥梁、公共停车场等市政设施建设，完善城镇住房、就业、教育、医疗、养老等配套政策，加快实现城镇基本公共服务常住人口全覆盖。同时，要大力实施乡村振兴战略，加大财政、社会资源对民族聚居区、深度贫困地区的倾斜力度，建设宜居乡村、幸福乡村，促进城乡区域协调发展。

（四）聚焦深度贫困，打赢精准脱贫攻坚战

深度贫困地区是脱贫攻坚的艰中艰、难中难。壮族聚居地区集石漠化地区、民族地区、革命老区、边境地区于一体，贫困人口多，贫困发生率高，贫困程度深，要到2020年与全国一道实现全面小康，时间紧，任务重。当前，壮族地区脱贫攻坚已经进入啃硬骨头的关键时期，必须下大力气对贫困人口多、贫困发生率高的村屯，逐一分析，找准症结，明确主攻方向，着力解决深度贫困县、贫困村、贫困屯在基础设施建设、特色产业培育、集体经济发展壮大、基层组织建设等方面的难题。同时，着力抓好易地扶贫搬迁、产业扶贫、集体经济发展、基础设施建设、粤桂东西扶贫协作任务，加大对特殊群众帮扶力度，探索推行保障性扶贫方式，多措并举，多管齐下，确保到2020年壮族地区深度贫困村、贫困人口按照广西壮族自治区“八有一超”[1]和“十一有一低于”[2]标准稳步实现脱贫。

---

[1] “八有一超”为贫困户脱贫摘帽标准，即有收入来源、有住房保障、有基本医疗保障、有义务教育保障、有路通村屯、有饮用水、有电用、有电视看，家庭当年人均纯收入超过国家现行扶贫标准。

[2] “十一有一低于”为贫困村脱贫摘帽标准，即有特色产业、有住房保障、有基本医疗保障、有义务教育保障、有路通村屯、有饮用水、有电用、有公共服务设施、有电视看、有村集体经济收入、有好的“两委”班子，贫困发生率低于3%。

（五）提升公共服务水平，健全社会保障体系

在基本公共教育、基本医疗和公共卫生、基本社会保险、基本社会服务、基本公共文化体育服务等方面完善基本公共服务，统筹推进城乡基本公共服务均等化。南宁市要加强城乡基本公共服务一体化建设，加大农村基本公共服务支持力度，积极推进城镇基本公共服务由主要对本地户籍人口向对常住人口转变，推进农业专业人口享有城镇基本公共服务，加大对深度贫困县与贫困村基础教育、医疗服务、文化体育等基本公共服务供给的财政投入和公共资源配置力度，公共服务项目优先向贫困地区倾斜。在健全社会保障体系方面，南宁市应按照“全覆盖、保基本、多层次、可持续”方针，建立健全社会保险制度，扩大社会保险范围，全面实施全民参保计划。柳州、河池、百色、来宾、崇左地区要在稳步提高基本公共服务均等化水平的同时，在现行的社会保障制度框架内，推进完善养老保险、医疗与生育保险、失业保险、工伤保险制度，健全社会救助制度，精准识别救助对象，做到应保尽保。

（六）强化民族文化保护，繁荣民族特色文化

做好文化精品培育。各市要立足壮乡文化特色，坚持以人民为中心的创作导向，加强现实题材创作，积极备战申报文华奖、“五个一工程”奖；打造诸如“南国之声”周末音乐会、“民族戏苑”周末剧场、南宁民歌湖周周演等常态化文艺演出品牌，尽快实现壮族聚居地区各地市都有 1 个以上常态化驻场演出品牌；紧紧抓住中国 – 东盟自贸区建设及“一带一路”中国 – 东盟命运共同体建设的机遇，推动以《印象·刘三姐》为代表的刘三姐文化品牌、以《八桂大歌》为代表的广西民族歌舞品牌、以《妈勒访天边》为代表的壮族舞剧品牌等文化精品“走出去”。

继续实施文化惠民工程。全力做好各村级公共服务中心项目建设，抓好公共文化服务设施向社会免费开放工作，推进各级公共图书馆、美术馆、文化馆免费开放；积极壮大文化产业主体，推动传统文化产业转型升级，积极开展特色文化小镇创建工作，服务各市各县乡村振兴战略部署。

夯实文物保护基础。实施重点文物保护工程，加强世界文化遗产左江花山岩画文化景观保护管理工作，继续做好全国重点文物保护单位、自治区重

点文物单位保护工作，加强对历史文化名城、名镇名村和传统村落的文物保护工作。

加强非物质文化遗产保护力度。进一步贯彻落实好《广西壮族自治区非物质文化遗产保护条例》，开展非物质文化遗产宣传展示活动，策划举办好“壮族三月三 · 桂风壮韵浓”系列文化活动，打响“壮族三月三 · 八桂嘉年华”旅游文化消费品牌，结合壮乡文化特色办好“文化和自然遗产日”系列活动；各级政府要在新型城镇化背景下进一步加大对非物质文化遗产保护的经费支持力度，对濒危的物质文化遗产和非物质文化遗产实施抢救工程；加强代表性传承人保护，继续资助传承人进入高等院校学习进修；加快实施传统工艺振兴计划，积极向自治区推荐传统工艺目录项目，尽快建立市、县为一体的传统工艺振兴目录体系，拓宽传统工艺产品的推介、体验、展示、销售渠道，举办传统工艺赛事活动，推动传统工艺创新发展。

（七）打好生态环境保护攻坚战，坚持走绿色发展之路

以生态经济为抓手，实现绿色发展。各市、各地区要按照《广西生态经济发展规划（2015—2020 年）》的要求，以产业发展生态化、生态建设产业化为主线，深入实施生态经济工程。南宁、百色、河池各市要加快生态产业园区建设，让生态优势转化为经济优势。柳州、来宾、崇左各市要大力发展循环经济，推进清洁生产，深入开展节约和节能减排工作。

以污染防治为重点，着力解决环境问题。各地市要坚决打赢蓝天保卫战，扎实开展秋冬大气污染综合治理，严格工业企业大气污染物稳定达标排放执法监督，深入推进燃煤电厂超低排放改造和糖厂蔗渣锅炉清洁燃烧技术改造；各市各县要加快水污染治理，全面推行河长制，加大工业聚集区和镇级污水处理设施建设、污水处理厂提标改造、直排入海排污口黑臭水体整理等的工作力度；强化土壤污染修复，河池市要加快推进土壤污染综合防治先行区建设，力争成为全区土壤治理典范。

加强生态系统修复，提升流域生态功能。南宁、百色、崇左市要严格落实《广西左右江流域革命老区（百色、崇左、南宁）山水林田湖生态保护修复工程实施方案》，尽快编制年度实施方案，成立专门的领导工作小组，明确目标任务和各方责任，扎实开展流域水环境保护与综合整治、石漠化与水

土流失治理、土地整治与土壤改良、矿山环境治理与修复、生态系统和生物多样性保护与恢复等山水林田湖生态保护修复工作。

严格落实整改要求，完善生态文明制度体系。南宁、柳州、百色、河池、崇左、来宾各地市要严格按照中央环保组的督查要求，加快推进整改工作，确保如期完成各项整改任务。严格按照《广西壮族自治区环境保护督查办法（试行）》，坚持全面督查与专项督查相结合。各市县党委、政府要进一步强化环保责任，始终保持严惩环境违法的高压态势，进一步完善跨部门、跨行政区的环境问题应急机制，妥善处理环境问题。大力推进生态文明体制改革，建立健全自然资源资产产权制度、国土空间开发保护制度、资源有偿使用和生态补偿制度、生态文明绩效评价和责任追究制度，为全区其他少数民族聚居区加强生态文明建设树立典范。

广西瑶族地区60年发展报告

潘文献 *

广西是目前中国瑶族最集中居住的区域之一。瑶族在广西分布广泛，除了在6个瑶族自治县、48个瑶族乡相对集中聚居外，在广西大部分县（市区）都有散居。广西壮族自治区成立60年来，广西瑶族地区发展迅速，特别是近年来高速公路、高速铁路的建设极大改变了瑶族地区交通落后的局面，促进了当地经济社会的快速发展。本报告侧重反映广西6个瑶族自治县的发展情况。

一、广西瑶族地区民族区域自治历程

（一）民族自治地方的建立

1949年12月11日，广西全境解放。1950年开始，瑶族聚居的地区开始进行民主建政，逐渐成立村、乡一级政权。1951年，中央民族访问团到广西开展工作，宣传党的民族政策，对三江、龙胜、罗城访问时，协助当地包括瑶族在内的少数民族进行民族民主建政[1]的工作，培训少数民族干部、卫生人员、贸易干部。1951年，在中央民族访问团和广西省委省政府的支持下，龙胜瑶族与其他民族联合建立了县级龙胜各族自治区，龙胜县成为广西成

* 潘文献为广西社会科学院民族研究所副研究员。

[1] 中华人民共和国成立初期建立基层政权的特定名称。

立最早的自治县。

1951 年，在广西大瑶山瑶区内建立区、乡民主政权，在修仁县所辖瑶区内建立了金秀瑶民自治区，在蒙山县所辖瑶区内建立忠良瑶民自治区，其他县在所辖瑶区内建立一批区、乡政权。1951 年 11 月 12 日和 12 月 10 日，中共广西省委、广西省人民政府先后作出《关于今冬明年开展少数民族地区工作的指示》和《关于开展大瑶山区域自治工作的指示》，明确布置在大瑶山地区建立民族自治地方、开展大瑶山区域自治的事宜。1952 年 5 月 28 日，大瑶山瑶族自治区（县级）首届人民代表大会在金秀隆重召开，宣告大瑶山瑶族自治区成立，大会通过了《大瑶山瑶族自治区人民代表会议组织法》和《大瑶山瑶族自治区人民政府组织法条例》。1955 年 8 月 26 日，大瑶山自治区改称为大瑶山瑶族自治县，1958 年改属柳州专区管辖。1966 年 4 月 8 日，经国务院批准，大瑶山瑶族自治县又改称金秀瑶族自治县。1955 年，在七百弄、下坳、三只羊、西山瑶族自治区及都安县的基础上又分别建立了都安瑶族自治县和巴马瑶族自治县。

1983 年 8 月 30 日，富川瑶族自治县成立。1988 年，大化瑶族自治县成立。1990 年，恭城瑶族自治县成立。此外，西林、凌云、资源三县也是瑶族分布的主要地区之一，这些地方成立了瑶族乡。1993 年，广西壮族自治区政府给予西林、凌云自治县待遇，1995 年给予资源县自治县待遇。到 2018 年，广西有 47 个瑶族乡，1 个瑶族苗族乡。

（二）参政议政的民主权利得到充分保护

全国人民代表大会制度和少数民族自治地方的建立为少数民族参政议政提供了便利的条件。早期乡、村一级自治区成立时的主要任务是促进民族团结、组织生产、维护社会治安，县级自治区的建立使民族自治机关与国家机关形成统一的整体，瑶族群众参政议政权利进一步得到加强。大瑶山瑶族自治区（县级）首届人民代表大会选举了瑶族干部金宝生为第一任县长。

1984 年 10 月 1 日，《中华人民共和国民族区域自治法》颁布，民族区域自治法制化建设进入新时期。1989 年 7 月，《金秀瑶族自治县自治条例》获自治县八届人大三次会议通过。同年 12 月，《都安瑶族自治县自治条例》获广西壮族自治区批准。1990 年 1 月，《巴马瑶族自治县自治条例》获广西壮族自治区批准。随后,《恭城瑶族自治县自治条例》获广西壮族自治区批准。1991年2月,《富川瑶族自治县自治条例》获自治区批准。1991年12月，广西壮族自治区七届人大常委会二十六次会议批准《大化瑶族自治县自治条例》。

针对自治县自治条例实施环境的变化，广西壮族自治区人大常委会从1994年开始着手推动自治县自治条例的修改工作。随后，恭城、金秀、富川、大化、巴马、都安瑶族自治县自治条例修改工作陆续开展并获批准。目前，第二轮自治条例修改工作正在推进过程中，2017年5月，广西壮族自治区十二届人大常委会二十九次会议通过了《大化瑶族自治县的自治条例》修订稿。

瑶族自治县根据自身实际情况，制定单行条例和地方法规，以促进经济社会发展。1997年7月25日，恭城瑶族自治县《森林资源管理条例》在广西壮族自治区八届人大常委会二十九次会议上获得批准。2018年7月27日，恭城瑶族自治县《传统村落保护条例》在广西壮族自治区第十三届人大常务委员会第四次会议通过。2000年，金秀瑶族自治县《森林资源管理条例》获得批准。金秀瑶族自治县《旅游管理条例》和《野生植物保护条例》分别于2002年和2003年获得广西壮族自治区批准实施。2001年，大化瑶族自治县《水电站库区移民安置条例》和巴马瑶族自治县《巴马香猪产业保护条例》获得广西壮族自治区批准。

二、广西瑶族地区发展成就

(一) 经济发展上新台阶

1. 现代农业加速发展

广西瑶族地区在很长的时间内农业生产以粮食种植、家庭禽畜养殖及营林为主。随着市场经济的发展，瑶族地区的农业生产逐渐以市场为导向，现代农业逐渐发展起来。广西瑶族地区大致可以分为以金秀、富川、恭城为代表的土山区和以都安、巴马、大化为代表的石山区。两种区域的农业生产条件差异巨大，现代农业的发展成效上也有很大差异。总体上，土山地区的农业产业化程度更高，现代农业发展的质量更高，石山地区虽在加快现代农业的发展，但受到土地等自然条件的约束比较强烈，相关产业的效益远低于土山地区。当前，瑶族地区一些特色农产品逐渐发展成为有规模的产业，相关品牌具有了一定的知名度，如富川脐橙、恭城竹鼠、大化七百弄鸡、都安山羊、巴马香猪、金秀绞股蓝、大瑶山甜茶等。

恭城瑶族自治县在瑶族地区中最早进行大规模农业产业结构调整。1980年，恭城县压缩粮食种植面积，发展月柿、柑橘、油桃等水果种植，并使其与养殖业结合，大力发展沼气，成为中国农村生态发展的典范。2000 年，全县水果种植面积为 31.5 万亩，其中月柿 9.2 万亩。进入 21 世纪后，恭城县将生态农业和旅游发展相结合，休闲农业与现代农业、美丽乡村、生态文明、文化创意产业逐渐融为一体。2011 年，恭城县水果总面积一度达到 45 万多亩，总产 70 多万吨。2018 年，恭城县在稳定月柿生产的同时，大力发展三华李、桃子、山楂等水果种植，水果种植面积 50 多万亩。2018 年，恭城县竹鼠养殖户达 2000 多户，实现年产值 5000 多万元，恭城县已经发展成为华南最大的竹鼠养殖基地。

金秀瑶族自治县大致可以分为山内与山外两大区域，山内乡镇特色农业以茶叶、中草药、油茶生产为主，山外乡镇则重点发展水果种植和蔬菜基地建设。金秀县先后建成了茶山瑶韵茶叶示范区、瑶都橘香现代农业示范区、青山秀水生态观光旅游示范区、巴勒薯光现代农业示范区。2018 年，金秀县全县茶叶种植面积达 5.52 万亩，水果种植达 18.44 万亩，基本实现了“山内乡镇农民人均 1 亩茶，山外乡镇农民人均 2 亩果”。特色产业发展的同时，粮食种植面积大幅下降。2018 年，金秀全县春播粮食播种面积达 5.43 万亩，同比下降 22.5%，其中早稻播种面积 2.89 万亩，同比下降 30.9%；玉米播种面积 2.12 万亩，同比下降 11.6%。

巴马、大化、都安等石山较多的地区，水果生产规模相对较小。2018 年，巴马全县园林水果产量 0.9 万吨，增长 6.0%，近年在部分乡镇兴建的芒果、百香果等特色果园基地初具规模。2018 年，大化县春季水果产量不到 0.2 万吨。都安县引导贫困群众发展瑶山牛、都安山羊、油茶、核桃、毛葡萄、桑蚕、旱藕、跑山鸡等扶贫产业，2018 年上半年肉牛出栏 2.04 万头，增速 87.39%，肉羊出栏 15.59 万只，增速 2.38%。

2. 工业经济逐渐形成规模

改革开放以后，瑶族自治县工业有所发展，各县都曾建立小规模的资源型工矿企业，但受交通、市场、资金、人才等多种因素制约，瑶族地区的工业发展面临许多困难。直到西部大开发以后，广西瑶族地区承接东部产业转移发展起一批工业企业，但数量少、规模不大，发展具有不定性，工业总产值较低。其中，资源型企业和建材企业是主要的企业类型。

如图1所示，金秀县工业主要有制糖、饮用水、制药等，规模以上企业14家。2017年，全县工业总产值13亿元，比2016年增长10.3%。规模以上工业增加值增长8.3%，其中，轻工业增长6.5%，重工业增长15.3%。

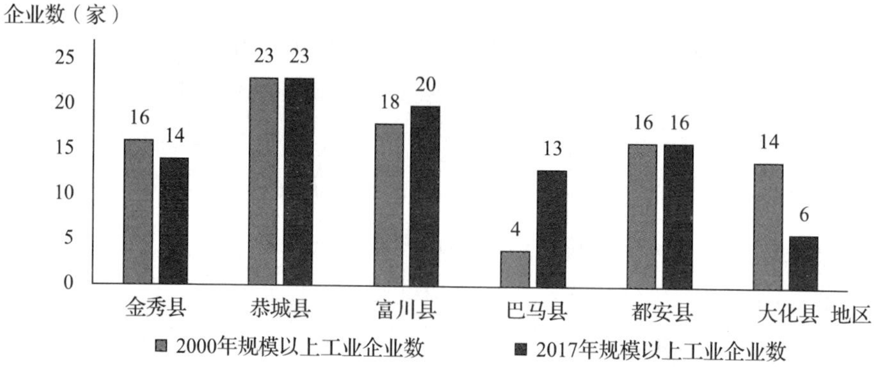

图1 规模以上工业企业数

说明：规模以上工业统计范围的工业企业起点标准有变化，因此不能直接看数量多少就判断企业减少，总体上规模在扩大。

恭城县大力发展水果加工和水泥建材行业，工业经济运行总体平衡增长。2017年，规模工业总产值完成72亿元，增长13.2%，其工业总产值在各瑶族自治县中最高。

富川县积极发展各类发电企业，电力、水泥和啤酒是富川县主要的工业支柱。2017年，规模以上工业总产值完成50.49亿元，与2016年基本持平。2017年，富川县第二产业增加值为22.19亿元，同比下降0.2%。

巴马县利用“长寿之乡”品牌，大力发展天然饮用水（矿泉水）产业、长寿食品加工产业、矿产资源开采加工产业、木材加工产业等。天然饮用水和长寿食品加工成为巴马县最主要的工业产品。2017年，巴马县规模以上工业总产值为19.53亿元，同比增长19.17%。

都安县大力发展水泥、电子、竹藤编织等产业，吸纳大量劳动力就业。2017年，都安县规模以上工业企业16家，完成规模以上工业总产值12.6亿元，完成工业增加值 2.5 亿元。

大化县工业严重依赖水电企业，2017 年规模以上工业企业数只有 6 家，工业对经济增长的拉动作用不大。2017 年，水电企业发电量减少，导致 2017 年大化县规模以上工业总产值同比下降 5.3%，为 20.7 亿元。

3. 第三产业成为经济增长的主动力

广西瑶族地区山川秀美、民族风情浓郁，进入 21 世纪以后以旅游业为代表的第三产业发展迅速，成为拉动瑶族地区经济增长的主要动力。瑶族地区旅游业的发展不仅让第三产业成为主导产业，也使农业及相关食品加工业受益。

金秀县依托莲花山、圣堂山、罗汉山、板显峡谷、花王山庄等景区，大力发展旅游业。2017 年全年累计接待游客 429.12 万人次，增长 21.2%，实现旅游总收入 35.01 亿元，增长 33.98%。2017 年，全县第三产业实现增加值 16.67 亿元，占地区生产总值的 49.82%，对生产总值增长的贡献率达 73.9%。

巴马县依托“长寿之乡”品牌和百魔洞、赐福湖等景区，2017 年全年共接待国内外游客 529.8 万人次，同比增长 21.88%，实现社会旅游总收入 47.57 亿元，同比增长 28.56%。2017 年，巴马县全县服务业总产值约 20.12 亿元，同比增长 10.50%，服务业在地区生产总值中的占比也达到 48.7%。

富川县通过举办“上灯炸龙节”和“瑶族花炮节”等节庆活动吸引游客，2017 年全年接待游客 311.87 万人次，同比增长 42.93%，实现旅游总收入 32.56 亿元，同比增长 55.8%。服务业在地区生产总值中的占比达 31.9%，对拉动经济增长的贡献率达 64.9%。

恭城县大力发展生态旅游，通过举办桃花节、孔子文化节、婆王节、盘王节等吸引游客。2017 年全年接待国内外游客 260.36 万人次，增长 47.41%。其中，接待国内游客 249.66 万人次，同比增加 49.11%；接待入境游客 10.70 万人次，同比增加 16.43%。2017 年，该县第三产业在地区生产总值中占比为 31.31%，对拉动经济增长的贡献率为 51.8%。

大化县 2017 年全年旅游人数为 146.24 万人次，其中入境游客 0.56 万人次，国内旅游 145.68 万人次；实现国际旅游收入 242.56 万美元，国内旅游收入 18.77 亿元。2017 年，该县第三产业增加值为 23 亿元，增长 5.4%，在地区生产总值中的占比达 40.9%。

都安县 2017 年接待国内游客 131.96 万人次，同比增长 22.05%，实现国内旅游收入 16.37 亿元，同比增长 30.34%；接待入境游客 0.51 万人次，同比增长 6.97%，实现外汇收入 320.98 万美元，同比增长 9.21%。2017 年，该县第三产业增加值达 26.6 亿元，增长 10.7%，在地区生产总值中占比达 54.6%。

（二）基础设施和民生改善显著

广西瑶族地区由于区位相对偏远，远离经济中心和经济走廊，山高路险，因此在很长一段时间内基础设施建设滞后。

广西瑶族地区是高速公路最晚通达的地区之一。2004 年 9 月，水任至南宁公路建成通车，途经都安县境内 85.23 千米，其中高速公路 15.5 千米，这条高速公路结束了都安、大化无高速公路的历史。2014 年，贵阳至广州高铁的开通结束了恭城不通铁路的历史。2017 年 12 月 29 日，广西灌阳至平乐高速公路在恭城瑶族自治县正式开工建设，预计在 2020 年完成。同时，荔浦到玉林高速、贺州到巴马高速也将经过金秀境内，金秀将有三条高速公路过境。2017 年年底，永州到贺州高速公路建成，麦岭至贺州高速公路钟山至富川段建成，梧州至柳州高速公路建成，这三条高速公路结束了富川、金秀不通高速公路的历史。河池到巴马高速公路于 2018 年年底建成通车。2016 年 12 月 29 日，贵南高铁在广西都安县举行开工仪式，预计 2022 建成通车。

在交通骨干网络改善的同时，各县水、电、路、房等基础设施也有了极大改善。

2015 年年底，都安县 248 个行政村全部通达水泥公路，在广西率先实现行政村“村村通”水泥公路目标。2016 年年初，都安全县 20 户以上未通公路的自然屯还有 380 多个，19 户以下不通公路的自然屯 1884 个，总里程达 5200 千米。行路难的人口达 11 万人，饮水不安全的群众达 11 万人。2016 年以来，都安投入 8.22 亿元实施基础设施建设大会战，维修、新建、硬化屯级道路 1142 条 1394.54 千米，改善 21 万人交通出行；实施水毁修复、农村水电、农村饮水安全等工程项目 773 个，建成家庭水柜 626 座，集中供水项目 150 个，受益 5.43 万人（其中贫困户 1.57 万人）；实施农村危房改造，受益 1.35 万户 5.4 万人。

大化县 2017 年筹集资金 4 亿多元，实施 20 户以上自然屯通屯道路 512 条 970 千米建设，目前已开工 457 条，完工 370 条，实现 20 户以上“屯屯通”。

巴马县投入 1.35 亿元，进行通屯道路硬化升级。2016 年以来，全县共开工建设 316 条通屯道路升级硬化、447 处饮水工程、3128 户危旧房改造、32 个村（屯）的宽带网络工程等项目，基础设施得到进一步完善。

金秀县 2017 年投入 4.48 亿元，新建砂石路 62 条 258.94 千米，硬化屯级道路 169 条 578.73 千米，硬化 72 条产业基础设施道路 255.4 千米，修建桥梁 71 座。

富川县 2017 年统筹整合财政涉农资金 3.6 亿元，实施全县屯级道路、人畜安全饮水、危房改造、村屯通电、通宽带网络、文体设施六大板块 182 个扶贫项目建设。2018 年，8 个脱贫村 20 户以上自然屯通路达 100%，解决了 95% 以上贫困农户的饮水问题。

恭城县 2017 年扎实推进屯级道路等基础设施项目建设工作，安排贫困村基础设施建设项目资金 3352.8 万元，升级硬化道路 26 条 25.82 千米；推动光缆入村入屯入户，2017 年基本实现行政村宽带信息网络全覆盖。恭城县还将基础设施建设与贫困村垃圾、污水处理处置设施及大中型沼气工程相结合，大力推进改水、改厕、改灶、改圈工程，加大生态基础设施建设力度，大力实施乡村振兴，实现农村人居环境新提升。

广西瑶族地区近年来住房条件得到很大改善。目前，一般非贫困村砖混结构住房的比例超过 95%，脱贫摘帽贫困村住房稳固率达到 98%，农村家庭拥有汽车、摩托车的比例不断提高。已经修通硬化路的村屯，有劳动力在家的家庭 80% 以上购置摩托车，一部分家庭购置了汽车。手机、电视、电磁炉家庭普及率超过 90%。在用水比较紧张的大石山区，大部分家庭利用水柜存蓄雨水，有的还购置了热水器。

随着经济的发展和城镇化的不断推进，广西瑶族地区家庭劳动力就业方式和收入结构逐渐多元化，非农工作比例和收入不断提高。特别是政府一系列惠民政策的执行及脱贫攻坚取得显著成效，广西瑶族地区群众获得感不断提升。

大石山区的都安、大化、巴马劳务输出在当地经济发展中举足轻重，劳务收入成为大石山区最重要的收入来源。2016年，都安县外出务工人员达15.73万人，其中，贫困人口3.5万人，劳务收入超过30亿元。2017年，都安县多次主持召开劳务输出工作会，建立劳务输出联席制度，加强与广东的劳务输出协作，加强技能培训，整体推进劳务输出工作。2017年以来，都安县在贫困村开展农民工汽车驾驶、维修电工、焊工、中式烹调师、家政服务员、创业培训等劳动技能培训143期；培训人员达1.1万人，其中建档立卡劳动力人数8416人。2012年，大化县外出务工人员约11万人，到2018年大化县全县长期外出务工人员已经下降到9.7万人，其中建档立卡贫困劳动力1.9万人。2017年大化县有140多名外出务工人员回乡创业，创办实体企业15家，成立专业合作社9个，带动4000多名群众规模养牛、养鸭、养鸡8万多头。

（三）社会发展程度不断提高

1. 教育等公共服务不断强化

广西瑶族地区总体上教育基础相对薄弱，都安县是广西最后一个完成"普九"验收的县。以都安县为例，其在教育方面做了很多工作。仅2006年，都安县就安排"普九"专项经费达5000万元，新建、改扩建校舍28.09万平方米；安装现代远程教育设备216套，购置学生用床、课桌凳、图书、仪器等价值2700多万元。国家实施"两免一补"[1]后，贫困家庭学生因贫辍学的现象大幅下降，但贫困仍然是主要的辍学因素。

2012年，都安县出台了《关于印发〈自治县优秀教学成果奖励办法（试行）〉的通知》，每年从财政经费预算中拨出100万元作为教育教学奖励基金。2015年，都安县高考一本上线345人，二本上线1868人，10名学生考上清华大学、北京大学。2017年，都安县高考参加统考人数4864人，一本上线人数422人；本科上线总人数2449人，专科上线人数1290人；清华大学录取6人，北京大学录取2人。2018年，都安县高考一本上线人数462名，11人被清华大学、北京大学录取。然而，都安县学校点多面广线长，办学基础薄弱，控辍保学压力大。截至2018年5月，都安县48个深度贫困村中9个

[1] 对农村义务教育阶段贫困家庭学生"免杂费、免书本费、逐步补助寄宿生生活费"。

村仍存在义务教育阶段辍学现象，其中永安镇的安兰村最多，辍学学生达到 21 个。2018 年，都安县进一步加强控辍保学工作，全县义务教育巩固率达到 96%。

2. 社会保障医疗保障水平不断提高

广西瑶族地区全面提高社会保障和医疗保障水平。巴马县 2018 年全县有农村低保户 7172 户 23724 人，其中建档立卡贫困户 5049 户 17089 人。巴马县全面实施医疗救助后，2016—2017 年，建档立卡贫困人口参合率达 100%，建档立卡农村贫困人口患病住院费用享受各类保障政策措施后实际报销比例达到 90% 以上。2017 年，都安县人口因病致贫、因病返贫贫困户比例比 2016 年降低 3.74%；因病致贫、因病返贫农村贫困户患者治疗比例为 100%。此外，大化、恭城、金秀、富川等县贫困人口参合率也达到 100%，农村低保兜底实现应保尽保。

3. 脱贫攻坚成效显著

“十三五”脱贫攻坚以来，广西瑶族地区的贫困状况得到有效缓解，贫困发生率大幅下降，但仍有一些深度贫困村贫困发生率非常高，特别是以都安、大化、巴马为代表的大石山区，贫困发生率高，贫困程度深，存在“一方水土不能养活一方人”的现象。除恭城县外，都安县、大化县、巴马县、金秀县、富川县都是国家扶贫开发重点县。

都安县 2015 年年底尚有 120 个贫困村，13.67 万贫困人口，贫困发生率为 20.3%。“十三五”时期都安县需要易地扶贫搬迁 4.68 万人，是广西贫困人口和易地扶贫搬迁人口最多、贫困面最广、贫困程度最深、脱贫任务最重、脱贫成本最大的县。为此，都安县采取多种措施加大脱贫攻坚力度，取得了显著成效。2016 年，都安脱贫 8315 户 35036 人，贫困发生率下降为 14.26%；2017 年动态调整后，都安县贫困人口总量调整为 48626 户 203481 人（含返贫 1706 户 7749 人），2017 年年底，脱贫 4631 户 20581 人，贫困发生率下降为 13.9%。截至 2018 年年底，全县未脱贫人口降至 1.6 万户 6.86 万人，未脱贫摘帽村降至 104 个，贫困发生率下降到 13.21%。

巴马县 2015 年共有 14601 户贫困户 64835 个贫困人口，贫困发生率为 25.50%。2018 年全县实现 3863 户贫困户 1.7 万多人、11 个贫困村脱贫摘帽，贫困发生率降至8.79%。

大化县贫困人口从2010年年底的20.71万人下降到2017年年底的7.1万人，贫困发生率从43.65%降至17.64%。2015年，大化县开始入户精准识别贫困人口，2016年实现脱贫摘帽11个村，2017年完成脱贫摘帽9个村。2018年大化县实现3465户贫困户1.5万多人、18个贫困村脱贫摘帽。

金秀县建档立卡贫困人口从2015年的3.298万人下降至1.6026万人，贫困发生率降至11.84%。2018年，金秀县共脱贫3345户1.2万多人，14个贫困村脱贫摘帽，贫困发生率降至2.49%。

富川县2015年共57个贫困村，16223户贫困户，69236名贫困人口，贫困发生率为24.77%。2016年，全县脱贫摘帽7个贫困村，脱贫6209户，27664人，贫困发生率降至14.87%；2017年，全县脱贫摘帽9个贫困村，脱贫3619户，16623人，贫困人口降为6395户24949人，贫困发生率降为8.9%。2018年脱贫摘帽30个贫困村，脱贫销号1.7万多人，贫困发生率降至2.5%以下，实现整县脱贫摘帽。

恭城县在水果产业带动下，脱贫致富人口多，贫困程度相对较轻。2015年，全县有53个贫困村，贫困人口23709人，贫困发生率7.85%。2016年，恭城有10个贫困村脱贫摘帽，5800人脱贫。2017年，恭城县有10个贫困村，4104人贫困人口脱贫摘帽。2018年，恭城县1394户4880人实现脱贫，19个贫困村如期摘帽。

（四）民族文化传承与发展

1. 公共文化事业蓬勃发展

广西瑶族地区公共文化服务体系、文化基础设施日趋完善。公共文化服务体系曾经是广西瑶族地区公共文化事业发展的短板，经过多年的努力和不断建设，公共文化服务能力明显提升，各自治县公共文化基础设施建设取得重大突破。

都安县成立60周年县庆建成了密洛陀文化馆、密洛陀文化中心、民族博物馆等重点项目工程，承办了2015年广西（都安）健康养生与生态旅游产业招商推介会、第十六届河池铜鼓山歌艺术节和河池长寿文化产业发展大讲堂等重要活动。2018年，都安县乡乡建有文化站、村村建有文化室、乡镇都有文艺舞台。此外，都安县结合城镇化发展新建了风雨桥、安东公园、滨江丽都花园、金澄水岸影视城、八仙乐园等多个文化活动场所，逐步建成了覆盖城乡、惠及全县人民的公共文化阵地。

2016 年，巴马县建成巴马民族艺术展示馆、城东体育广场、巴马民族体育馆、综合档案馆等文体基础设施。巴马县还承办了河池铜鼓山歌艺术节，举办了巴马国际长寿文化旅游节，举办艺术作品展、巴马非物质文化遗产文化展，开展体育竞赛活动、国际旅游区巴马县庆篮球友谊赛和少数民族传统体育运动会等。

2018 年，大化县建设了大化奇石美食文化园、县民族博物馆和村级公共服务中心等一批民生项目。大化奇石美食文化园项目计划投资 3600 万元，结合旅游发展，建设有块地景观、奇石馆布展和美食馆布展等内容，着眼打造达吽美食小镇的地标，展示大化物质文化、民族文化、地域文化的地方性品牌名片。大化县城区有 12 支业余文艺团队，16 个乡镇 155 个行政村都成立了业余文艺队，屯级文艺团队也迅猛发展。

2018 年，恭城县结合乡村振兴和旅游发展，开始启动瑶族文化村、瑶汉养寿城、油茶特色小镇（油茶商业街项目）、牛路头休闲农业与乡村旅游示范园区等一批文化旅游基础设施项目建设。恭城县各乡（镇）都建有文化站，各行政村都建立了农家书屋，实现了免费开放、有序管理。

2013 年，富川县建设了盘王殿、博物馆等一批反映瑶族文化特色的标志性场所，实施了岭南瑶族文化长廊建设项目。30 周年县庆期间，其不仅举办脐橙展销会，还举办经济和社会发展座谈会、瑶族文化生态保护学术研讨会、瑶族文化大赛、瑶族歌舞大赛及书画、摄影等文化艺术展。2017 年，富川县启动富川瑶族自治县瑶族文化园项目规划、建筑及园林景观设计方案征集活动，提升了其文化传播力。

2. 优秀民族传统文化大力发展

随着瑶族地区现代化进程的加速，孕育瑶族传统民族文化的经济社会环境发生了巨大改变，文化变迁随之加剧，人们保护优秀民族传统文化的愿望和要求越来越强烈，为此，广西采取一系列措施保护和发展民族文化，建立了非物质文化遗产保护体系。广西瑶族传统文化被列入国家级非物质文化遗产的有瑶族长鼓舞、瑶族蝴蝶歌、瑶锦瑶绣、瑶族铜鼓舞、瑶族服饰等，被列入自治区级非物质文化遗产的有瑶族密洛陀古歌、瑶族分架、瑶族猴鼓舞、瑶族祝著节等。此外，还有布努瑶歌、瑶族竹鼓舞等市级非物质文化遗产和蓝靛瑶山歌、瑶族读分等县级非物质文化遗产。

都安县加大对非物质文化遗产保护力度，通过“非遗”进校园、进乡村、进社区等形式，广泛宣传保护都安县“密洛陀”等非物质文化遗产。大化县不断加大传统民族文化的传承和保护力度，每年组织开展民族民间文化、技艺培训传承活动。大化县还积极开发利用少数民族文化，加强了对饮食文化、节庆歌舞文化、建筑文化、服饰文化、医药文化的开发利用，积极探索创新布努瑶文化综合开发利用，积极推进少数民族文化进学校、进课堂。巴马县建立了一批非物质文化遗产项目展示馆、传习基地、生态保护村。恭城县建立了观音乡水滨村的瑶族吹笙挞鼓舞及石口村瑶族羊角舞传承基地，每年利用传承基地培训学生达20多人。2018年，有9个自治区级、13个市级、15个县级非物质文化遗产进入保护目录，代表性传承人共47人。富川县建成了大莲塘“瑶族蝴蝶歌”和虎马岭“瑶族长鼓舞”保护传承基地，多渠道争取资金对马殷庙和风雨桥群进行修缮，实施了古明城保护性修复工程，推进民族古籍保护基地建设。金秀县建有古陈、罗运、罗香三个黄泥鼓舞保护基地并不定期开展传习活动，有盘振松、赵桂英等11位等自治区级非物质文化遗产项目代表性传承人。

3. 主要民族节庆焕发生机

受经济发展和旅游市场的推动，广西瑶族两个主要节日“盘王节”和“祝著节”近年来焕发生机，成为当地的盛大节日，也是民族文化传承的重要载体。

2016年，来宾市金秀瑶族自治县举办了“中国金秀——世界瑶都2016·盘王节”。节日除了开展传统盘王公祭仪式、盘王巡游活动，还精心组织了莲花山登山寻宝、瑶族歌舞展演、“梦幻金秀·大爱瑶山”瑶族时装秀展演及“神奇瑶都·美丽金秀”摄影评比作品展示。2017年，金秀举办了“中国金秀2017年瑶族盘王节”，节庆活动包括主题晚会《瑶都神韵》展演、祭盘王（含开幕式和盘王巡游）、瑶族织绣展示、瑶医瑶药体验等近 20 项主题活动。其不仅为游客提供了丰富的旅游体验，也进一步促进了金秀旅游业的发展。

“祝著节”是瑶族第二大支系布努瑶最隆重的传统节日，主要是纪念创世始母密洛陀，她是传说中的创世神，创造了天地万物和人类。2016 年，广西首届瑶族“祝著节”暨 2016 年都安“密洛陀”文化艺术节在都安瑶族自治县大兴镇池花村花康瑶族新村举行，正式开启了由县级政府主办的“祝著节”旅游开发的序幕。都安县通过“文化搭台、经济唱戏”的方式，打造了都安县文化旅游品牌，促进了都安县旅游业发展。

2016 年，巴马瑶族自治县的“祝著节”开幕仪式在东山乡弄谟村巴优屯主会场举行，同时在东山乡卡桥村巴根屯和弄山村弄山屯、番岭山设分会场，活动内容除了传统的祭祀活动，还有射弩、打陀螺、斗鸟等文体活动。大化瑶族自治县 2016 年“祝著节”以“美丽大化·和谐瑶乡”为主题，助力当地旅游业快速发展。

（五）生态文明发展

1. 生态保护成绩突出

广西大瑶山自然保护区在金秀县境内发源的河流共有 25 条，集雨面积 2009 平方千米，年平均流量 74.37 立方米 / 秒，年产水量 23.47 亿立方米，为周边 8 个县市 53 个乡镇的 731 平方千米耕地提供灌溉用水，是珠江上游最重要的水源保护区之一。大瑶山自然保护区生物多样性丰富，生物种类繁多，是广西重要的动植物资源库。1982 年，广西成立了大瑶山自然保护区，2000 年升级为国家自然保护区。恭城银殿山水源林自然保护区内溪水众多，是茶江及其支流龙虎河和势江河的重要水源头。富川西岭山水源林保护区是贺州、八步区、平桂区、钟山、富川二区二县（市）人畜饮用、农田灌溉和贺州市龟石、华润火电两大水力发电厂的主要水源。都安县内红水河河道长度为 74 千米，刁江河道长 124 千米，澄江河道长 50.5 千米，全县流域面积大于 50 平方千米的河道共 11 条，小于 50 平方千米流域面积河道 255 条。大化县境内有红水河河道 117 千米，有灵歧河等 9 条一级支流。巴马境内的盘阳河是红水河重要支流，矿泉水资源丰富。

恭城瑶族自治县30多年来坚持可持续发展，在探索生态文明发展道路上作出了贡献，先后获得“国家级生态示范区”“国家级可持续发展实验区”等荣誉。1983年，恭城县借鉴外地经验，开始在农村发展沼气池，减少森林砍伐，大力发展水果种植，形成了以沼气池建设为纽带、种养结合的生态发展模式，水土流失得到控制，生态环境不断好转。2018年，恭城已累计建设沼气池6.78万座，农村家庭几乎每户都有一座沼气池。恭城县森林覆盖率从1987年的47%提高到2018年的81.14%，生态公益林达100万多亩，省级自然保护区2个，面积4.47万公顷，占全县林地总面积的20%。

2014年，巴马县结合水环境治理与农业供给侧结构性改革，开展了赐福湖渔业生产设施整治工作，拆除网箱2046个，清理网箱面积33万平方米。2017年起，广西建立了重点生态功能区监管制度，主要内容是建立产业准入负面清单、环境质量监测评估、生态环境质量综合评估、财政转移支付、重点生态功能区绩效考评5项制度，促进生态功能区走可持续发展道路。2018年，各瑶族自治县都落实了绿色发展理念，建立了河长制，制定出台了县、乡、村三级全面推行河长制工作方案，以此推进生态文明建设。

2. 石漠化治理成效显著

广西瑶族地区除金秀县外，富川县、恭城县都有相当面积的岩溶地貌，巴马、大化、都安则以岩溶地貌为主。岩溶地区的土壤层较薄，生态系统相对脆弱，自我修复能力不强。有学者指出，为了适应脆弱的生态系统，布努瑶族在长期的生产生活中创造了一套适应当地生存环境的传统生态智慧和技能，这种生态智慧和技能有效地控制了石漠化灾变，化解了生存环境中的结构性缺陷，使看似极不有利于人类生存的环境也能成为可以利用和改造的家园[1]。1958年，巴马县等地大量砍伐树木，造成很大的生态破坏。随着人口的快速增长，人地矛盾逐渐紧张，为了养活更多的人口，人们不断在石山区

---

[1] 罗康隆，彭书佳. 民族传统生计与石漠化灾变救治——以广西都安布努瑶族为例［J］. 吉首大学学报，2013（1）.

开荒种地，水土流失不断加剧，石漠化灾害逐渐呈现。大致在 20 世纪 80 年代，广西的石漠化问题达到非常严重的程度，巴马、大化、都安、凤山等地是最严重的区域。都安县是广西喀斯特地貌面积最大的县，石山面积占总面积的 89%，潜在石漠化面积 216 万亩，占全县总面积的 35.13%，是全国石漠化重灾区之一。此外，岩溶地貌占 60% 的恭城县农村地区出现缺水状况，农业生产受到极大影响。恭城县通过大力发展沼气、植树造林、发展水果生产，生态环境逐渐好转。有研究人员利用遥感技术研究 1991 年至 2006 年恭城县的生态变化，研究表明其岩溶生态环境恢复正在朝好的方向发展。[1]

2001 年广西开始实施天然林保护政策，2003 年开始实施退耕还林政策，广西石漠化土地面积逐年减少。有研究者通过比较广西都安、大化喀斯特区域 1995—2003 年逐月 NOAA 系列气象卫星的 AVHRR 可见光通道和近红外通道组合成的归一化植被指数 NDVI 变化，发现实施退耕还林政策对遏止喀斯特区域石漠化进程有积极作用。[2]据 2012 年国务院公布的全国第二次石漠化监测结果显示，与 2005 年相比，广西石漠化扩展态势得到初步遏制。广西石漠化面积减少了 19.0%，减少了 45.3 万公顷。其中，重度及以上石漠化面积减少 39.0 万公顷。富川县 2002 年被确定为石漠化治理试点县，2002—2004 年退耕还林 8.2 万亩[3]。

随着脱贫攻坚的深入，广西各县石漠化治理更加有力，生态环境不断向好。都安县积极探索将石漠化综合治理与开发扶贫相结合的新路径，制定了“人下山、树上山、羊入圈、药盖石、水蓄柜、草绿地、土保持、民致富”治理策略，发展 5 万亩适合石山生长的毛葡萄种植，将 1 万多户从石山区易地移民搬迁出来。大化县也将近 8000 户 3 万人易地移民搬迁至 25 个安置点。2018 年，都安全县林地面积达 216.4 万亩，森林覆盖率达 62.2%，大化县森林覆盖率超过 65.5%，巴马县森林覆盖率达

---

[1] 谢雨萍等. 恭城县岩溶石漠化环境变化定量遥感研究［J］. 桂林工学院学报，2009（1）；吴虹等. 都安石漠化趋势遥感分析与预测［J］. 国土资源遥感，2002（2）.

[2] 谭宗琨. 实施退耕还林政策对遏止喀斯特区域石漠化作用的遥感监测［J］. 水土保持研究，2006（1）.

[3] 周鸯翠. 富川石漠化综合治理模式［J］. 中国林业，2009（8A）.

71.20%。

（六）民族团结不断发展

1951年广西瑶族地区各县以土地改革为契机，大力宣传党的民族政策，积极开展民族工作，化解民族矛盾，消除民族隔阂，促进民族团结进步。

1951年8月28日，金秀瑶民自治区人民政府召开代表大会，以民主协商的方式订立了《大瑶山团结公约》，利用瑶族石牌制形成盟约的传统将《大瑶山团结公约》以石碑的形式确立。在中国共产党的领导下，大瑶山各族人民通过《团结公约》及其补充规定，解除了山主的特权，使没有田地的群众也可以开荒种地，确定了大瑶山各族群众共同开发和保护大瑶山的原则。❶

行政区域规划的调整也促进了民族团结。在推进土地改革，大力宣传党的民族政策的基础上，经过较大幅度的行政区划调整，1955年、1956年都安瑶族自治县和巴马瑶族自治县先后成立，这是区域内壮族、瑶族、汉族、苗族、仫佬族、毛南族、水族等世居民族团结合作的结果。都安和巴马自治县成立以后，不断巩固和发展平等、团结、互助、和谐的社会主义民族关系，不断推进民族团结进步。都安县人民医院、县人民政府和大兴乡骨龙村党支部先后于1988年、1994年、1999年，被国务院授予全国第一、第二、第三次民族团结进步先进集体称号；1998年12月，都安瑶族自治县委员会被中华人民共和国国家民族事务委员会、广西壮族自治区人民政府授予“民族团结进步先进集体”称号。❷巴马县先后制定《关于正确处理新形势下影响民族团结问题的实施意见》《巴马瑶族自治县民族团结进步先进集体、先进个人评选表彰办法》等一系列文件，加强民族团结工作。

1988年4月，富川瑶族自治县被国务院授予“民族团结进步先进集体”；2015年，富川县民宗局被评为全国民族团结进步模范集体；2017年12月，恭城瑶族自治县被命名为第五批“全国民族团结进步创建示范区（单位）”，2018年，广西瑶族地区有巴马瑶族自治县公安局、大化瑶族自治县板

---

❶ 费孝通. 费孝通民族研究文集新编（上卷）[M]. 北京：中央民族大学出版社，2006：373.

❷ 周新汉. 精准脱贫易地扶贫搬迁安置点民族交往交流交融研究——以都安瑶族自治县为例[R/OL]. www.gxhczx.gov.cn/news_view.php?id=14910.

升乡弄立村村民委员会等十多个集体进入第八次民族团结进步表彰大会候选名单。

广西瑶族地区大力培养少数民族干部促进民族团结工作，60 年来少数民族干部比例有了大幅提升。2010 年，都安、大化、巴马自治县少数民族干部的比例均超过 80%，都安县更是高达 97.61%。

三、广西瑶族地区发展存在的主要问题

（一）发展不平衡不充分，贫困问题突出

广西瑶族地区发展不平衡不充分的问题非常突出。第一，瑶族地区经济发展相对滞后，6 个瑶族自治县人均地区生产总值长期低于全区平均水平。最高的恭城县人均地区生产总值 31571 元，与 2017 年全区人均地区生产总值 41955 元相差超过 1 万元；最低的都安县 2017 年人均地区生产总值只有 9067 元，仅为全区平均水平的 21.6%，为全国平均水平的 15.2%。第二，城乡发展差距大，农民收入水平最高的恭城县 2017 年农村居民人均纯收入 11880 元，远低于恭城县城镇居民人均可支配收入 30551 元。第三，深度贫困问题仍然十分严重。到 2018 年，大化县胜利村的贫困发生率仍然高达 93.4%，脱贫难度极大。

（二）教育发展不均衡，瑶族受教育水平偏低

广西瑶族地区义务教育基础薄弱。根据 2000 年第 5 次人口普查数据统计，全国瑶族大专以上学历的人只有 45421 人，占全国瑶族人口的 1.7%，初中及以下文化程度的人有 2400108 人，占全国瑶族总人口的 91.4%。2010 年第 6 次人口普查数据显示，全国 6 岁以上瑶族人口 2496825 人，接受过大学本科以上教育的只有 56897 人，占比也只有 2.3%，远低于全国平均水平。由于广西瑶族占全国瑶族人口的 62%，全国瑶族受教育数据也能在很大程度上反映了广西瑶族受教育偏低的状况。

（三）环境保护趋严，生态补偿机制不健全

广西瑶族地区是华南地区重要的生态功能区，在绿色发展理念指引下，政府环境保护措施日益趋严，但相对应的生态补偿机制仍不健全。总体上看，当前生态保护补偿的范围仍然偏小、标准偏低，保护者和受益者良性互

动的体制机制尚不完善。应当探索生态征地补偿机制，促进保护区群众向重点发展区域有序流动。

（四）瑶族干部比例偏低，人才流失较为普遍

当前，广西瑶族干部的总数少，干部比例和人口比例相比偏低，瑶族干部后备梯队建设薄弱。同时，由于广西瑶族地区经济发展滞后，就业机会偏少，人才待遇较低，人才流失较为普遍。

四、广西瑶族地区发展建议

（一）坚持以发展作为第一要务，以新型城镇化化引领经济社会发展

要结合生态保护和新型城镇化发展，优化城镇发展布局，拓宽易地移民搬迁渠道，整合各项资金，不局限于脱贫攻坚指标任务的完成，不局限于贫困户，加大组织动员力量，将“一方水土不能养活一方人”的深度贫困村寨人口整体易地搬迁至城镇，扩大城镇人口规模，提升城镇化水平；做好长期规划，引导瑶族群众进城居住生活，大力发展第三产业，以新型城镇化引领经济社会发展。

（二）大力夯实教育基础，进一步提升教育质量

大力兴办村级公办性质幼儿园，普及学前教育；统筹推进县域内义务教育城乡一体化改革发展，进一步优化义务教育学校布局，改善义务教育学校办学条件，全面消除城乡二元壁垒；强化控辍保学的机制，探索建立毕业荣誉制度，大幅提高对使用童工企业的惩罚力度。加快发展现代职业教育，加快普及高中教育，建立义务教育与高中教育、职业教育的衔接机制，提高学生的受教育年限；加强成人职业技能培训，使易地移民搬迁户搬得出、稳得住，能够逐渐融入城镇。

（三）完善生态补偿机制，实施生态移民搬迁

积极争取中央政策支持，完善生态补偿机制，加大生态补偿力度，将自然保护区核心区和缓冲区群众全部搬迁，减轻人类活动对自然生态系统的干扰；对自然保护区核心区和缓冲区的群众承包土地应当实施生态征地，给予征地补偿费和安置补偿费；借鉴大中型水库移民后期扶持政策，对水源林保护区按年度给予每个受影响家庭补贴；制定相应的政策，引导生态移民，逐

步将符合条件的水源林保护区转变为自然保护区。

（四）大力培养瑶族干部，引导人才返乡创业

加强组织领导，形成培养、选拔瑶族干部的良好政治生态。解决瑶族干部比例偏低的问题要从源头抓起，除了抓好教育工作，最重要的是各瑶族自治县要立足县情、着眼长远，加大招收优秀瑶族大学毕业进公务员队伍的力度；要加强政策扶持力度，鼓励、引导外出务工人员返乡创业。

广西苗族地区60年发展报告

杜　遵　达汉吉　陶德光　文　露*

据2010年人口普查数据，广西壮族自治区苗族人口总数为475492人，是仅次于贵州、湖南、云南、重庆四省（直辖市）的全国第五大苗族聚居区。广西苗族主要分布在与黔、湘交界的桂西北、桂北地带，聚居于融水苗族自治县和龙林各族自治县，其余散居于龙胜、南丹、西林、环江、罗城等县。因此，本报告主要围绕融水苗族自治县、隆林各族自治县介绍广西苗族60周年发展概况。

一、广西苗族地区发展60年取得的辉煌成就

（一）区域自治发展

1. 民族区域自治制度的建立

1952年11月26日，大苗山苗族自治区人民政府在融水镇宣告成立，这标志着全国第一个苗族自治区（县级）从此诞生了。1955年，大苗山苗族自治区改称为大苗山苗族自治县，1965年改称融水苗族自治县，之后又根据实际情况经过多次改制调整。各族人民相亲相爱，团结合作，共同发展。

* 杜遵工作单位为广西融水苗族自治县教育局；达汉吉工作单位为广西壮族自治区水库移民工作管理局；陶德光工作单位为隆林各族自治县民族宗教事务局；文露为贵州大学历史与文化学院研究生。

1953 年 1 月 1 日，隆林各族联合自治区人民政府（县级）成立，开始实行民族区域自治。1963 年，西林县与隆林各族自治县分离，重建西林县。

广西历届党委和政府十分重视民族干部的培养、选拔、任用工作，依据《民族区域自治法》，建立了一系列的培养、选拔机制。除了从根本上发展教育、抓好干部和人才基础工程外，还大力采取进修培训、函授学习和自学考试等方式不断提高民族干部文化素质，以“传、帮、带”及“走出去”挂职锻炼等形式，提高干部的管理能力和理论水平。大苗山实行民族区域自治后，迫切要求培养和造就一大批系统掌握并坚决贯彻执行党的民族政策的干部队伍，以期实现各族人民当家做主、平等团结、共同发展的愿望。融水苗族自治县 60 年来累计培养出各级苗族干部 5094 人，其中女性干部 1381 人。隆林的少数民族干部从少到多，不断壮大。民族干部的培养和任用，不仅是巩固民族区域自治成果的关键，更是进一步全面贯彻落实党的民族区域自治政策的基础。

2. 民族区域自治条例的制定与实施

我国的民族区域自治制度，是在国家统一领导下，各少数民族聚居的地方实行区域自治，设立自治机关，行使自治权。民族自治地方的自治权，很重要的是自主管理和安排地方性的经济文化建设事业的权利，包括管理地方财政的自治权，在国家计划指导下自主安排和管理地方性的经济建设事业，自主地管理地方的教育、科学、文化、卫生、体育事业。据此，1989 年融水苗族自治县人大常委会组织起草的《融水苗族自治县自治条例》，经自治县第九届人民代表大会第三次会议通过，广西壮族自治区第七届人民代表大会常务委员会第十二次会议批准；后经自治县第十一届人民代表大会第三次会议修正，广西壮族自治区第八届人民代表大会常务委员会第十七次会议批准，全面实施。《融水苗族自治县自治条例》赋予了当地各民族自主权利，也为苗族自治区域制定了经济建设的法规。

3. 民族法制的建立健全

苗族地区始终坚持党的领导，立法机关通过法定程序，把党的主张和人民的意志统一起来，把制定立法规划与促进当地经济发展工作紧密结合起来，突出地方特色，促进民族团结，用好用活政策，坚持立法为民。

融水县充分利用民族自治地方自治权，1989 年起先后制定并实施《融水苗族自治县自治条例》《融水苗族自治县森林资源管理条例》《融水苗族自治县民族教育单行条例》《融水苗族自治县县城道路交通综合管理条例》，以及《融水苗族自治县农村公路管理养护办法》《融水苗族自治县旅游资源管理实施细则》等一批地方性法规和规范性文件。1990年以来，隆林县也先后制定了《隆林各族自治县水土保护设施补偿费、水土流失防治费征收使用管理暂行规定》《隆林各族自治县县城绿化管理办法》《隆林各族自治县人民政府强化依法行政措施》《隆林各族自治县人民政府行政执法过错责任追究制度》《隆林各族自治县自治条例》《隆林各族自治县自治执行〈中华人民共和国森林法〉的补充规定》《隆林各族自治县自治条例（修订）》等。民族法制的建设谱写了加强民族立法、促进经济社会发展、推进依法治县的新篇章。

（二）经济快速发展

1. 经济发展历史回顾

（1）农业发展解决温饱问题

1949年前，苗族村寨大部分农民和中国其他地区的农民一样生活艰辛。1949年以后，党中央反复强调，一定要诚心诚意地积极帮助少数民族发展经济建设。1952年，融水全县粮食作物播种面积34万亩，粮食总产量4444万千克，平均亩产只有152千克，人均有粮只有215千克。到1990年，全县粮食总产量首次突破1亿千克，平均亩产达到262千克，人均有粮达到235千克，全县粮食基本自给。此外，随着交通条件的改善、农业生产技术的提升、劳动强度的降低、肉类食品的增加，融水人均口粮消费下降，温饱问题彻底解决。

（2）农副业产业发展势头强劲

在苗族聚居区，地方政府根据其所处的区位优势，因地制宜发展具有当地特色的产业。融水县实施以“品种品质品牌”为核心的现代特色农业产业，围绕灵芝、黑香猪、禾花鲤等8个国家生态原产地保护产品和融水糯米柚、香鸭2个国家地理标志保护产品，大力推进以“品种品质品牌”为核心的现代特色农业产业发展，截至2018年培育出53家农业龙头企业，276家农业专业合作社。隆林各族自治县不断改进耕作方式，强化农业综合生产能力建设，调整优化农业产业结构，由传统农业向现代农业大踏步迈进。特别是近年来按照“石花泥茶烟桑”即石山地区种植金银花，泥山地区种植板栗、油茶、桑蚕、烤烟等经济作物的发展思路，采用“公司 + 基地（合作社）+ 农户”的发展模式，把千家万户的“小生产”与千变万化的“大市场”连接起来，依托地方优质品种，大力发展特色种植、养殖业，基本形成全县“一乡一业”“一村一品”的发展格局。

（3）工业的起步与发展

1952 年，融水苗族自治县成立时，工业仍是一张白纸。1955 年农业合作化运动以后，全县组建 48 个工业生产合作社，社员总数 840 人。1957 年，融水全县工业产值 906 万元。到 1979 年，融水全县建立了一批民族工业企业，国营工业企业和集体工业企业员工达到 2647 人，工业总产值达到 5195 万元。2005 年，融水全县规模以上工业企业 21 家，规模以上工业产值 3.83 亿元，全县工业产业结构日趋合理，规模效益提高，发展后劲增强，工业富县迈出新的步伐。

（4）民族贸易与对外贸易的兴起

1952 年，融水苗族自治县成立时，全县只有融水镇、永乐乡、和睦镇、三防镇、汪洞乡、香粉乡、小荣圩、寺门场 8 个集市贸易点，日用工业品 600 余种，购进额只有 23 万元。1991 年，融水全县集市贸易点发展到 25 个，个体工商户 5722 户，从业人员 6611 人，购进额 6388 万元，从业人员和购进额分别比 1952 年增长 34 倍和 276 倍。

1954 年，根据上级部署要求，融水自治县成立民贸局外贸组，开始经营对外贸易业务。到 1956 年，融水全县对外贸易额 1.5 万元。1991 年，融水对外贸易收购额达到 816 万元，销售额 1252 万元，实现利润 26 万元，为国家创汇 163 万美元，被自治区经贸行业评为先进集体单位。

2.“十三五”起步时期至 2017 年经济建设成就

（1）经济持续健康发展

2017 年，融水县地区生产总值完成 94.6 亿元，同比增长 10%；固定资产投资额完成 120 亿元，同比增长 14%；全县财政收入突破 7 亿元，完成 7.01 亿元，同比增长 9.6%；农村居民人均可支配收入 11445 元，同比增长 11%；城镇居民可支配收入 26885 元，同比增长 8.5%。金融机构存、贷款余额分别达到143.3亿元和92.4亿元，分别增长13.7%和19.3%。融水县经济总量持续稳定增长，质量效益进一步提高，荣获“广西科学发展先进县”“广西香杉生态板材基地”等多项荣誉称号。

（2）产业转型升级步伐加快

现代农业稳步提高。融水县以现代特色农业（核心）示范区为引领，成功创建县级以上农业产业化龙头企业（含国家级、自治区级）27家，县级农业示范区3个，乡级农业示范园区2个；融水风情苗乡现代特色农业（核心）示范区成功创建自治区4星级现代农业示范区；融水香鸭、融水糯米柚等8项地方标准获自治区立项，占全区获批项目的2/3；国营贝江河林场杉木、楠木良种基地被确定为国家重点林木良种基地；围绕“8+2”特色优势农产品创建，新建水产养殖、畜禽养殖等13个特色优势养殖基地，以基地建设带动提升“三香”“三养”“三林”优势特色产业发展。由此，融水特色农业逐步规模化、专业化，林菌、林药、林禽等林下经济成效明显。

工业产业优化升级。融水县加快“一区三园”基础设施及环保配套建设，打造循环生态型工业园区，促进工业聚集和产业聚集。工业项目建设加快推进，电子商务发展迅速，成功引进碧桂园、苏商集团、中林集团、海南华盛集团等大型企业到融水投资建业，2017年新建和续建招商项目市外境内项目到位资金25.17亿元，增长27.12%，完成任务的132.47%；全口径利用外资410万美元，完成任务的186.36%，两项指标完成情况在柳州市5县中排在前列。2018年，融水县新增规模以上企业5家，完成规模以上工业总产值83.5亿元，增长17.97%。

现代服务业加快发展。以创建国家全域旅游示范区和创建广西特色旅游名县为契机，融水县深入实施“旅游+”发展战略，旅游逐渐成为融水经济发展的新载体、新亮点、新支柱。2017年，融水全县接待游客突破500万人次，实现旅游总收入52.67亿元，分别增长23.92%和40.14%，以旅游带动交通物流、住宿和餐饮业、房地产业等服务业进一步发展。全县农家乐107家，旅游产品企业和商户达160多家，全年新增私营企业480家，同比增长27%，新增个体工商户1934户，同比增长23%。2017年新增商贸流通及服务业限额以上企业8家，全年完成第三产业增加值37.35亿元，增长12.1%；

全县实现社会消费品零售总额 30 亿元，增长 11%。2018 年，融水县接待游客 676 万人次，实现旅游总收入 76 亿元，分别增长 35% 和 46%。2018 年，全县社会消费品零售总额 33.3 亿元，同比增长 10%。

（三）社会全面发展

1. 城乡基础设施建设逐步完善

1985—1987 年，隆林各族自治县人民政府以“以工代赈”的方式，加强农村基础设施建设。其后，开展了大规模的村级道路、人畜饮水、地头水柜、家庭水柜、村村通电等基础设施建设大会战。特别是实施脱贫攻坚以后，隆林县行政村实现 100% 通水泥路，96% 以上的村寨解决了人畜饮水安全问题，通电、通电视、茅草房改造实现 100% 的村寨覆盖率；教育基础设施不断改善，义务教育入学率达 96%；新农合参保率达 96.5% 等。

融水县 2018 年行政村 100% 通水泥路，1196 个 20 户以上自然村（屯）道路硬化率达 94.1%，115 个贫困村建档立卡贫困人口有安全饮水、有电用、有宽带网络全覆盖。融水县加快推进高速公路、乡乡通二级公路、乡村公路等基础设施项目建设，逐渐完成贫困村屯级道路、安全饮水工程、村级服务中心等一批基础设施项目建设。

2. 生态文明持续推进

60 年来，隆林苗族人民始终坚持发扬自力更生、艰苦奋斗的精神。特别是近年来，坚持以“提质扩容”“建设现代化绿色山水城”“建设民族文化城”“建设百色次中心城市”为目标，大力实施城乡环境改造。2017 年，县城城区面积已扩大到 800 公顷（8 平方千米），人口 5.8 万，县城道路面积达 74 万平方米，县城绿地率达 31.2%，绿化覆盖率达 35.07%。同时，全县森林覆盖率稳步提高，2018 年森林覆盖率达 68.6%，先后荣获广西第五、第六、第七届市容环境综合整治“南珠杯”竞赛县城 C 类优秀奖、特等奖、优秀城市奖，城建工作正在以前所未有的气魄和速度向前发展。

此外，融水县深入实施“绿满八桂”“家园绿美”工程建设，推进生态公益林保护、水源林养护、水土保持、矿山治理等生态保护建设，加强对森林、河流、山脉等自然生态的保护；结合新农村建设与特色旅游，深入开展“美丽融水 · 清洁乡村”活动，到 2015 年全县建成自治区级生态村命名 43

个，市级生态村命名56个，森林覆盖率达79.6%。

3. 社会事业协调发展

社会保障不断完善。融水县城乡居民基本养老保险参保人数23.16万人，参保率100%；全县城乡居民基本医疗保险参保人数45.36万人，参保率102.7%。就业再就业体系进一步完善，城镇新增就业人数2235人，完成任务数的131.4%，城镇登记失业率控制在4.5%以内，农村劳动力转移就业新增12306人，完成任务数的105.8%。

民生事业稳步推进。医疗卫生综合改革不断深化，县乡医疗服务一体化改革成果得到国家卫计委的肯定，"融水经验"在广西全区推广，全面"两孩"政策稳步实施，卫计各项工作全面完成。

社会治理深入推进。社会治安防控体系不断健全，融水县建成"天网"九期、"智能交通管控系统""WiFi无线管控系统"等工程，完成11个网格化立体防控示范点；严厉打击各类违法犯罪，扎实推进"平安融水"工作，有效提升群众安全感和满意度；保持安全生产监管高压态势，安全生产形势持续稳定好转；深入开展食品药品安全专项整治活动，确保人民群众饮食和用药安全；积极完善防灾减灾救灾、突发事件应急管理体系，不断提升应对自然灾害的处置能力；全民国防教育深入开展，国防动员准备和后备力量建设持续推进，军民融合双拥共建深度发展，军政军民团结更加巩固。

4. 全面打好脱贫攻坚战

紧紧围绕脱贫攻坚、全面小康这一政治任务和发展目标，坚持把脱贫攻坚与创新产业扶持相结合、与城镇化建设相结合、与旅游发展相结合，突出工作重点，精准施策，狠抓落实。2017年，融水已全面完成16个贫困村1.83万贫困人口预脱贫摘帽任务，顺利通过广西壮族自治区扶贫成效考核"四合一"实地核查；全县2017年年内共筹措涉农整合资金7.41亿元，增长20.88%，其中财政扶贫资金5亿元，增长45.34%；顺利完成扶贫对象建档立卡数据清洗和贫困人口动态调整工作，脱贫攻坚政策体系更加完善、工作推进更加精准；完成贫困村屯级道路硬化264条620千米，屯级砂石路4条15.72千米，实施村际联网路建设6条147千米；建设脱贫摘帽村安全饮水工程147处，实施村级服务中心建设项目16处，实施有线电视网络建设项目 68 个，实施危房改造 3831 户；易地扶贫搬迁工作扎实推进，项目建设完成投资 6.7 亿元，2016 年实施项目入住率达 100%，2017 年实施项目完成投资 4.26 亿元，入住率达 77%，工作进度位居全区前列；“特色产业富民行动”深入实施，投入产业发展扶持资金 8890 万元，贫困户参与特色产业发展达 2.7 万户，产业覆盖率 95.07%；加强分类指导，整合各方资金，因村施策发展壮大村级集体经济，全县 101 个贫困村全面启动集体经济发展项目，确保 33 个脱贫村和预脱贫村年度集体经济收入持续达到 2 万元以上；全力推进就业扶持、教育扶智、低保兜底、医疗救助等措施，让贫困群众充分享受党和政府的惠民政策，后续发展得到有效保障。

（四）民族教育与民族文化事业繁荣发展

1. 民族教育事业发展较快

经过 60 年的发展，广西苗族地区民族教育体系基本健全，保障了少数民族学生享受优质教育的权利，为推进地区实现脱贫摘帽提供人才支撑；专项经费支持各校开展民族文化进校园活动，通过开展芦笙文化、民族舞蹈、苗锦、刺绣、苗娃合唱活动和建设大型芦笙柱、苗族史浮雕群等一系列“特色民族文化进校园”工作，加强学校民族文化建设；通过学校结对形式，在办学条件、办学理念、学校管理、师资培训等方面进行教育帮扶，增强教育扶贫实效，提升教育教学质量。

2. 民族文化传承取得新成效

融水苗族自治县少数民族文化具有独特性、多样性和融合性，先后被广西山歌学会、广西民间艺术家协会命名为首个“广西山歌之乡”，被中华人民共和国文化和旅游部命名为“中国民间文化艺术之乡”，被中国民间文艺家协会命名为“中国芦笙斗马文化之乡”“中国百节民俗之乡”。“十三五”以来，融水县委、县政府把少数民族文化传承与发展摆上重要议事日程，多渠道筹措资金，不断加强少数民族文化基础设施建设，少数民族文化保护与传承取得良好成效。继 2006 年融水苗族系列坡会群被列入第一批国家级非物质文化遗产名录后，融水县非遗保护工作更加深入。截至 2017 年年底，入选自治区级非物质文化遗产名录的项目有 22 项，入选柳州市级非物质文化遗产名录的项目有 52 项，入选县级非物质文化遗产名录的项目有 135 项；国家级非物质文化遗产代表性传承人1人，自治区级非物质文化遗产代表性传承人8人，柳州市级非物质文化遗产代表性传承人32人，命名了5届民间艺人48人，命名县级两批非物质文化遗产代表性传承人44人；先后在县城建成了融洲风情文化特色街区，在雨卜等乡村建立了蜡染作坊等12家非遗传承基地、示范户，鼓励和支持非遗传承人创办了苗锦刺绣、竹编工艺和芦笙制作等系列培训班，为进一步做好融水县少数民族文化遗产保护打下了坚实的基础。

3.“风情苗乡”民族文化旅游品牌基本形成

融水县为充分发挥“中国百节民俗之乡”的优势，制定了《融水月月有节庆活动方案》，积极打造“中国·融水苗族芦笙斗马节”、“苗岭歌台”广西歌王山歌擂台赛、“情系苗山”农村文艺会演、“五彩山歌唱苗山”“金秋烧鱼季”“芦笙打同年”“百家宴”等系列民族文化品牌，进一步加强少数民族文化建设，提高融水知名度和美誉度。2017年，成功举办的芦笙斗马节活动，邀请了东盟多个国家的代表队参加“打同年”等相关活动，为融水民族文化走向世界发挥了重要的宣传推广作用。

4.民族文化研究和交流宣传力度不断加大

融水县政府每年落实专项工作经费，提供给苗学会、瑶学会、侗学会、芦笙协会、苗歌协会、侗歌协会、壮歌协会、龙舟协会等相关组织开展民俗活动，进行民族文化研究和出版反映融水民族文化特色的书刊；先后出版了《广西苗族新观察》、《融水瑶学》（第一辑）、《苗族古歌》（融水卷）等一批反映融水民族文化的书刊。融水县电视台开设《融水苗语新闻》电视栏目，开展苗语电影译制、科技电影下乡活动。

5.少数民族特色村寨得到有效保护

融水县在实施县城街道民族特色改造的同时，对培秀村、小桑村、小东江村、荣地村、卜令屯、田塘屯、长赖村等村屯民房和民族文化基础设施进行改造，在一些较大的民族村寨建设了寨门、芦笙柱、风雨桥、歌亭等文化设施，在县界的5个主要交通要道建设了5个苗族迎宾大门。2017年，出台了《融水民族自治县少数民族特色村寨保护和发展暂行办法》《关于加强少数民族特色村寨保护和发展的实施意见》两个规范性文件，编制了少数民族民居设计样式。

二、广西苗族地区发展存在的制约因素

（一）经济发展面临的问题

1. 生态环境对经济发展的制约

广西苗族大多居住在偏僻的高寒山区、大石山区，交通不便、信息闭塞、发展观念不强，且由于过去多年为了生存而过度开垦，导致大石山区发生不同程度的“石漠化灾害”，给以农耕为基本生存条件的苗族群众造成生产、生活的困难。例如，隆林德峨乡弄杂村，全村有 28 个屯，723 户，2518 人，全村都是大石山区，九分石头一分土，村内没有一条河，没有一分田，种田须到外村去，生存和发展都需要付出比山外更艰辛的努力。

高山山区苗族村寨土地多为林地，耕地有限，农业规模化发展相对困难。据调查，到 2016 年，融水苗族村寨产业结构为粮食种植占 51%，林业占 20%，养殖业占 13%，其他占 16%。可见，还未形成在市场经济竞争中占有优势且具备规模的特色产业，经济基础薄弱，这是苗族村寨经济发展面临的最大难题。

2. 产业发展面临挑战

融水县经过多年发展，逐步形成了传统资源型蔗糖、竹木加工、建材等支柱产业，但规模化、集约化能力不足，发展仍处于工业化初级阶段，缺乏自我改造升级的经济基础和创新发展能力，产品市场竞争力弱，在主体功能区建设和经济增长新常态下，产业转型发展面临着艰巨的结构调整改造升级任务。融水县乡镇公路等级低，导致外联不畅、内部断头路多的综合交通路网现状，加上远离高铁网络，对全县资源开发利用、开放合作十分不利。作为欠发达少数民族山区县和国家扶贫开发工作重点县，融水县广大群众加快脱贫发展、与全区全国同步全面建成小康社会的愿望极其强烈。但同时，自治县作为国家岭南山地重点生态功能区、珠江流域水源涵养保护区、广西及粤港澳区域的生态安全屏障，是国家主体功能区规划确定的重点生态功能限制开发区域，县域工业化、城镇化受到较大限制。目前，全县传统资源型粗加工产业比重大，资源集约利用水平低，“十三五”加快经济发展必然面临发展与生态环境保护约束的强大压力。

3. 脱贫攻坚任务艰巨

《融水苗族自治县国民经济和社会发展第十三个五年规划纲要》指出，要明确脱贫攻坚目标，强化党政"一把手"负总责的脱贫攻坚责任制，以决战决胜的勇气和担当，采取超常规举措，拿出过硬办法，到2020年，实现"两个确保"——确保全县现行标准下的11.64万农村贫困人口实现脱贫，确保101个贫困村脱贫摘帽。至2017年年底，通过实施"四个切实""五个一批""六个精准"[1]等措施，融水苗族自治县抓紧实施基层基础设施建设，加强实施扶贫攻坚项目，大力发展扶贫产业实施，不断创新工作机制，但2018年尚有69个贫困村未摘帽，7.68万人未脱贫。隆林县2018年被确定为广西极度贫困县（广西共有4个极度贫困县），有61个贫困村为脱贫摘帽，5.6万人脱贫。

（二）民生发展存在的问题

自古以来，苗族人民因地制宜，充分利用丰富的森林资源美化生活，以优质杉林作为原材料建筑住宅，形成独具特色的木结构吊脚楼群落。这种木楼分上、中、下三层，中层住人，顶层堆放杂物，底层圈养牲畜。木楼依山傍水，干燥通风，冬暖夏凉，居住便利。到目前为止，融水苗族自治县境内的传统苗族民居全部是木楼。然而，由于木楼容易发生火灾，对苗族村寨人民生命财产安全造成严重威胁。据粗略调查统计，从1950年到1988年的39年间，融水苗族村寨共有12700户苗族家庭木楼毁于火灾，共烧毁木楼62万平方米，直接经济损失超亿元。1990年，良寨乡大寨村发生火灾，全村243间木楼全部毁灭，直接经济损失121万元。建造既有苗族特色，又坚固适用的苗族民居，是苗族村寨小康建设面临的主要难点。

此外，由于山区自然条件的限制，尽管总体上各行政村基本实现了网络和通信信号覆盖，但由于光纤少，通信基站少，很多村屯和道路通信信号不稳定或者没有信号。信息闭塞严重制约了人们与外部世界的交流，成为苗族村寨小康建设面临的难点。

---

[1] 四个切实：切实落实领导责任、切实做到精准扶贫、切实强化社会合力、切实加强基层组织。六个精准：扶持对象精准、项目安排精准、资金使用精准、措施到户精准、因村派人（即第一书记）精准、脱贫成效精准。五个一批：通过扶持生产和就业发展一批，通过易地扶贫搬迁安置一批，通过教育扶贫脱贫一批，通过医疗救助扶持一批，通过低保政策兜底一批。

同时，由于居住分散，交通不便，村医招聘困难，苗族村寨目前还达不到每千人拥有 1 个医生的水平，苗族群众看病求医难的问题还未得到根本解决。隆林县部分苗族村寨饮水困难还没有得到根本解决。

（三）民族教育和民族文化传承面临的问题

1. 教育发展任重道远

随着城镇化建设步伐的不断加快和少数民族人民群众对优质教育资源的需求的日益迫切，融水县每年有 3000 余名中小学生涌入县城各级学校就读，县城各校“大班额”问题普遍存在。为了满足全县村屯学生就近入学，2017 年秋季学期，融水县仍保留了 205 个教学点，学校点多面广，要全面达到标准化优质办学存在难度。如果未来两年不抓紧时间新建学校和招聘教师，根据融水县教育推算，到 2020 年，融水县高中阶段将缺学位约 2200 个，县城初中缺学位约 2000 个，县城小学缺学位约 2100 个。

由于历史原因，苗族地区教师队伍整体年龄老化、结构配置不合理，加上山区条件艰苦等原因，教师数量不足、质量不高问题严重。例如，2017 年融水县计划招聘 240 名中小学教师，由于报考人数少，最后实际招入仅 119 人。

全面建设小康社会，必须实现高等教育普及化。改革开放以来，我国高等教育入学率提高较快，但苗族村寨学生高等教育入学率远低于广西壮族自治区平均水平。此外，家庭经济困难、儿童辍学现象仍然存在，提高九年制义务教育巩固率任务仍繁重。

2. 民族传统文化受到冲击

城镇化步伐的加快、人民生活水平的提高和现代生活方式的普及，使苗族原有的传统生活方式受到挑战。原有的村寨吊脚楼等建筑被砖混式楼房取代，民族习俗、服饰、饮食等方面的民族文化特征逐渐淡化，文化空间也产生变异。

另外，民族文化传承也面临许多困难。一方面，少数民族民间文化大都靠艺人口传身授，一旦老艺人离世，其技艺就会随之消失，如掌握边唱边拉的苗族果哈，苗族芦笙各种曲调，民族手工艺苗锦、刺绣、蜡染、亮布等手艺的民间艺人大多已高龄，不少老人相继离世，传统文化传承面临断档。另一方面，从事民族文化研究、经营的专业人才不多，本土专家屈指可数，民族文化发展缺乏人才支撑。

三、广西苗族地区未来发展的对策思考

（一）坚持和完善民族区域自治

随着经济社会的发展，民族工作领域出现了一系列新情况、新问题。新形势要求推进民族事务治理体系建设和治理能力现代化。而坚持和完善民族区域自治制度，是实现民族事务治理现代化的关键之举。

首先，进一步提高认识，切实增强贯彻实施民族区域自治法的自觉性。习近平同志在中央民族工作会议上强调："民族区域自治是党的民族政策的源头，我们的民族政策都是由此而来、依此而存。这个源头改变了，根基就动摇了，在民族理论、民族政策、民族关系等问题上就会产生多米诺效应。"❶

其次，加强相关政策措施的配套建设，使自治条例的规定更好地落到实处。自治条例是自治县经济建设与社会发展的法律依据，其法律位阶、调整对象决定了其中许多规定原则性、宣示性比较强，结合中央部署的深化改革和简政放权，制定与之相配套的较为完备的政策体系和管理措施，是自治条例顺利实施的基础和关键环节。

再次，打赢脱贫攻坚战统领经济社会发展。重点是加大投入打赢民族地区的脱贫攻坚战。习近平同志在视察广西时强调："广西是革命老区，是贫困地区，也是边境地区、民族地区。脱贫攻坚工作做好了，边疆稳定、民族团结就有了坚实基础；边境建设搞好了，民族事业发展了，对打赢脱贫攻坚战也是极大促进。这几项工作是一个有机整体，要一并研究、同步推进。当前，脱贫攻坚形势依然严峻，必须倒排工期，落实精准扶贫精准脱贫方略。要针对致贫原因分类施策，戒搞形式，戒做虚功，下一番绣花的功夫。对贫中之贫、困中之困，要采取超常规措施。要加快老区建设和发展，让老区人民尽快摆脱贫困，过上幸福日子。"❷

最后，进一步重视民族地区干部队伍建设和人才培养。提高边远山区、

❶ 刘宝明. 深刻把握中央民族工作会议理论创新重大成果［N］. 中国民族报，2014-12-25.

❷ 习近平在广西考察时强调：扎实推动经济社会持续健康发展［EB/OL］.（2017-04-21）［2018-02-03］. http://www.xinhuanet.com//politics/2017-04/21/c_1120853744.htm.

贫困艰苦地区干部的生活待遇，加强各类人才培训工作。加大对民族地区教育投入，落实乡村教师生活待遇的有关政策，继续办好山区民族寄宿班，有序推进民族地区免费中等职业教育。

（二）进一步发展经济社会事业

1. 依托生态优势推动苗区产业发展

（1）积极推动农林业产业化发展

第一，应围绕建设广西生态林业强县目标，推进林业生态体系、林业产业体系建设，重点实施杉木、毛竹速丰林建设和珍贵树种林木建设等项目工程，建设全国最大杉木用材林基地、广西最大毛竹速丰林基地、重要珍贵林木和森林绿色生态食品基地，把广大苗族聚居区建设成为森林环境优美、林业生态效益显著、林业经济发达、人与自然和谐的现代生态林业。

第二，发展现代生态特色农业作为苗区促进农业转型发展、确保农产品绿色安全生产和农民收入持续增长的重要抓手。例如，融水县应以加快建设“融水县现代特色农业（核心）示范区”为重点，推进农产品规模化、标准化、无公害和产业化经营，加快建设全县现代生态特色农业基地，优化特色农业结构布局，促进县域农业产业化现代化发展。

第三，发展生物制药与生态制糖产业。融水苗族自治县厚朴、黄柏、杜仲中药材生产基地和林下中药材资源丰富，可以培育或引进具有苗医特色的中医制药企业，开发植物提取型药品、半合成型药。

（2）统筹发展其他生态加工业

立足资源及产业基础，按照改造升级、做长链条、提质增量、绿色发展的方针，加强传统工业技术更新改造升级，努力提升产品质量档次，统筹发展生态农林产品加工、茧丝绸加工、非金属矿产加工等产业，扩大产业规模，提高经济效益，推动绿色发展。

（3）积极发展战略性新兴产业

立足苗族地区生态实际，把握国家和自治区战略性新兴产业培育发展重点方向，统筹规划和扶持引导，加强招商引资与合作开发，以培育发展新能源、生物制药、健康食品等为重点，积极发展战略性新兴工业，努力培育出新的经济增长点。

以融水县为例，可利用融江、贝江水电资源，开发清洁可再生能源；积极发展风力发电、生物质发电等可再生清洁能源，着重推进实施优能广西融水摩天岭、梓山坪49.5MW风电场等10个风电项目建设，加快布局建设分布式风能发电站。

2. 发展特色旅游业

依据苗族民族特色，积极发展民族园特色旅游，通过以融水县为主的苗族生态风情特色旅游带动全区苗族聚居区旅游产业发展。例如，融水应巩固创建广西特色旅游名县成果，提升“秀美融水·风情苗乡”旅游品牌形象，主动融入粤桂黔高铁旅游经济带和三柳高速、209国道民俗风情走廊、柳州—桂林山水走廊，使其成为桂中北民族特色旅游城市圈上的重要节点，全区最佳自驾游重要目的地，全区生态休闲养生度假旅游、乡村休闲旅游及世界苗族特色民俗文化旅游胜地，以此推进区域资源有机整合、产业深度融合发展和社会共同参与，使旅游业成为融水最重要的扶贫产业，成为经济新常态下融水经济发展新的增长点和战略支柱产业。

3. 因地制宜，探索具有苗区特色的城镇化发展路径

城镇化是现代化发展的必由之路，其目的是让广大农民共享现代化发展成果。然而，我国城乡之间发展仍存在不协调和不平衡的矛盾，因此必须依据当地实际来探索具有地方特色的城镇化发展之路。结合苗区实际情况，建议以县城为依托，建立名镇名村协同发展的新格局。明确各村镇发展特色与定位，加强基础设施建设，加快特色产业发展支撑，逐渐形成特色各异的特色村/屯，带动一般村/屯加快发展。注重保护古村古寨民族特色和原始风貌，坚持因地制宜，探索各具特色的就地城镇化发展模式。把县域城镇和新型农村社区建设作加快推进新型城镇化的抓手和重点，结合扶贫生态移民工程实施，加快小城镇和新型农村社区建设，推动农村富余人口就近就地城镇化，促进县域新型城镇化发展。

（三）加快推进民族教育发展

1. 扎实做好扶贫扶智工作

认真落实国家对少数民族地区学生的资助政策，让苗区学生学有保障，学有所获。狠抓控辍保学工作，让适龄儿童少年“进得来、留得住、学得

好”，确保“九年义务教育巩固率为 95% 以上，建档立卡贫困户和贫困村适龄学生零辍学”目标实现，民族自治地方政府切实履行控辍保学主体责任，组织和督促适龄儿童少年入学，帮助他们解决接受义务教育存在的困难，采取措施防止适龄儿童少年失学、辍学。

2. 深入开展民族团结进步教育，加强民族特色学校建议

首先，进一步推进民族团结进步教育进学校、进教材、进课堂。将苗族芦笙文化、建筑文化、优秀传统礼仪美德等纳入中、小学校校本课程，让学生系统了解本土文化、知晓民族常识，培育民族团结和睦的爱国情感。

其次，在小学校传播和弘扬优秀民族传统文化，编创反映少数民族及民族地区文化特点的校本教材，推广民族传统文化体育项目。

最后，通过广西壮族自治区“广西民族文化教育示范学校”引领，以点带面，努力打造“一校一特色”，使更多民族学校发挥传统优势，打造民族教育特色项目，建构民族教育特色课程，使其办学特色更为鲜明。

3. 加快推进苗族地区教育信息化

加强苗族地区教育信息基础设施建设，依托国家教育资源公共服务平台优先向民族地区学校开放倾斜政策，开发、引进、教师培训和民族文化等数字资源并推广应用，积极推进信息化教育教学水平。

（四）传承与发展苗族优秀传统文化

传统与现代化是民族文化发展过程中的主要矛盾。没有现代化，民族便不能繁荣发展，文化也失去了存在的根基；而丢失传统则意味着民族的消亡。因此，在发展经济过程中应尽力保护苗族优秀传统文化，使之为经济发展提供不竭动力。民族文化的保护和传承是一项长久的事业，它不仅需要成熟的文化理念更要有正确、合理的文化操作。结合广西苗族自身特点，建议从以下四个方面来加强民族文化传承与保护工作。

1. 切实加强对民族文化传承保护工作的领导

建立民族文化保护传承工作领导小组和部门协调机制，真正齐抓共管，推动资源整合。加强对群众的教育引导，提高民族自豪感和自觉保护传承意识。抓紧制定民族文化保护传承的政策制度、办法措施、奖惩机制等，强化执法检查，走上制度化、规范化、法治化、科学化轨道。

2. 培养群众对苗族民族文化的自信与自觉

激发群众对苗族民族文化的认同与热爱，增强中华民族共同体意识。同时，保护好民俗这块土壤，让群众从民俗活动中感受到生活的愉悦、快乐，让他们在传统的文化活动中感受到独特的文化魅力，感受到传统文化与他们的生活是紧密相连的，是他们的物质生活和精神生活中所需要的，从而提升他们保护和传承的自觉性，为此要使苗族群众充分认识民族文化的价值，加大宣传保护民族文化的力度。

3. 走文化与经济相融合的经济发展之路

充分利用苗族文化优势，发展特色文化产业，为文化传承与保护注入持久的活力。广西苗族拥有丰富的少数民族文化资源，下一步应当充分利用少数民族自然生态与文化资源的优势，寻找民族文化保护与经济发展的契合点，走文化与经济相融合的发展道路。推动文化开发与旅游发展融合进行，把浓郁的民风、民俗特色文化推向市场，积极引入市场机制，包装民族文化产品，打造民族文化精品，大力推动民族文化产业发展，助推民族文化的保护与传承。

4. 积极创新民族文化工作理念

要认真贯彻落实党的十九大精神和中央关于民族文化建设的决策部署，抓住当前实施优秀传统文化传承工程的政策机遇和有利时机，既要保护传承，又要开放包容，更要取长补短，推动创新发展，多出新品、精品，促进民族文化与时俱进。同时，创新文化投入机制，鼓励当地群众积极发展文化产业，实现文化创收，从而激发人们传承文化的热情；引入社会资本参与到民俗文化的发展中，为民俗文化的发展和传承注入新的力量。

广西侗族地区60年发展报告

覃丽丹*

侗族是岭南地区的世居民族。如今，侗族主要聚居在黔、湘、桂三省（区）交界及鄂西地区。广西侗族主要聚居在三江侗族自治县的良口、洋溪、富禄、梅林、八江、同乐、老堡、独峒、林溪9个乡镇，融水苗族自治县的滚贝侗族乡[1]、怀宝、四荣、安太、大年、拱洞、良寨、洞头、三防、汪洞、安陲等乡镇，以及龙胜各族自治县的平等河流域和宝赠、乐江乡地灵、石甲一带。此外，还分散在罗城仫佬族自治县、融安县、柳州市、桂林市、南宁市及广西壮族自治区其他地区，呈现大分散、小聚居的特点。本报告的侗族地区特指龙胜各族自治县、融水苗族自治县及三江侗族自治县，其中又以三江侗族自治县为重点。

一、广西侗族地区60年发展历程

（一）坚持民族区域自治制度，民族立法逐步完善

中华人民共和国成立后，中国共产党在民族地区大力推行和实行民族区域自治。1951年8月，中央人民政府派出以费孝通为副团长的中央民族访问团到龙胜访问。为了更深入地贯彻党的民族区域自治政策，中央民族访问团

* 覃丽丹为广西民族研究中心副研究员。

[1] 滚贝侗族乡成立于1984年10月。

与桂林地委、龙胜县委经过调查与研究，拟在龙胜建立一个县级自治区。经请示中央并获批后，访问团抽出骨干力量，协助当地县委和政府成立了龙胜各族联合自治区筹备委员会，开展民族区域自治的宣传工作。1951 年 8 月 16 日，龙胜县各族各界人民代表大会召开。经过各族代表民主协商，一致同意由于侗族在少数民族中人口较多，特选举县长 1 人，壮、瑶、苗族各选副县长 1 人，按照各族人口比例选举各族各界代表会议常务委员 35 人，选举人民政府委员 23 人。自此，龙胜各族联合自治区成立，并于 8 月 19 日进行了选举。龙胜各族联合自治区成立后，中央民族访问团协助龙胜各族群众共同起草了《龙胜县自治区人民政府暂行组织条例》《各族各界人民代表会议暂行组织条例》等。1951 年 10 月，中央民族访问团到三江县访问。他们深入侗乡，召开各种会议，宣传中国共产党和国家“民族平等、民族团结、共同繁荣”的民族政策。根据《中国人民政治协商会议共同纲领》和 1952 年广西省民族工作会议精神，三江县第七届人民代表会议充分讨论协商，认为三江县侗族人口占 50% 以上，还有相当数量的苗、瑶、壮等少数民族，建立一个县一级的侗族自治区符合中央的精神。为此，中共三江县委于 1952 年 3 月，抽部分干部组成工作队到侗寨苗乡开展建立区域自治的调查。11 月 28 日至 12 月 3 日，三江侗族自治区首届人民代表会议在古宜召开，出席会议代表 240 人，列席代表 88 人，正式代表中，侗族 129 人，汉族 52 人，苗族 33 人，壮族 13 人，瑶族 13 人。会议讨论通过了三江侗族自治区的名称、《三江侗族自治区人民代表大会暂行组织条例》草案、《三江侗族自治区人民政府暂行组织条例》草案，以及《三江侗族自治区人民政府三年施政工作报告》《民族团结公约》。会上，还选举了县长、副县长及人民代表大会常务委员会委员等。自此，在国家的统一领导下，在一系列的章程保障下，侗族地区建立自治地方，设立自治机关，行使自治权，实现了真正当家做主的权利，开启了侗族地区民族自治的历史新篇章。龙胜各族联合自治区和三江侗族自治区在 1955 年先后改称为龙胜各族自治县和三江侗族自治县，一直沿用至今。

党的十一届三中全会以后，全国进入了社会主义现代化建设新时期，党的工作重点转移到社会主义现代化建设上来。党的民族政策在侗族地区得到进一步贯彻落实，民族区域自治制度也得到逐步加强与完善。民族自治地方自治条例的制定工作在全国的自治地方陆续展开。1980 年，根据广西壮族自治区人大常委会的部署，广西侗族地区的龙胜各族自治县、三江侗族自治县及融水苗族自治县着手组织自治县条例的起草工作。

在加强和完善自治条例的同时，侗族地区各自治县还不断完善单行条例的制定和实施。如制定并实施了《城镇道路管理条例》《三江侗族自治县少数民族特色村寨保护与发展条例》《龙胜各族自治县森林资源管理条例》。这一系列单行条例的制定和实施有利于保障侗族地区各民族人民群众的自治权。此外，还制定了变通或补充规定，如《三江侗族自治县实施〈中华人民共和国森林法〉的补充规定》，这种变通或补充规定和单行条例一样同属于自治法规，适用于民族自治地方，都是对自治权的一种延伸。

（二）经济快速发展，人民生活水平显著提高

1949 年，龙胜全县工农业总产值 1715.7 万元，其中农业产值 1611.8 万元，工业产值 103.9 万元。1957 年，全县工农业总产值 3133.5 万元，其中农业产值 2734.7 万元，工业产值 398.8 万元。1980 年，全县工农业总产值 6683 万元，其中农业产值 2930 万元，工业产值 3753 万元。2010 年，全县地区生产总值 316963 万元，其中第一产业产值 63252 万元，第二产业产值 166186 万元，第三产业产值 87525 万元；人均生产总值 17317 元；城镇居民人均可支配收入 17068 元，农村居民人均纯收入 3440.5 元。2017 年，全县地区生产总值 66.63 亿元，城镇居民人均可支配收入 31172 元，农村居民人均可支配收入 10572 元。

三江侗族自治县 1950 年全县工农业总产值 1444.6 万元，其中农业总产量 1441.9 万元，工业总产值 2.7 万元。1987 年，全县工农业总产值 8884.9 万元，其中农业总产值 6486 万元，工业总产值 2398.9 万元，农民人均纯收入 209 元。1995 年，全县生产总值 231396 万元（1990 年不变价），其中工农业总产值 49458 万元，农民人均纯收入 1092 元。2010 年，全县地区生产总值 285384 万元，其中第一产业产值 84016 万元，第二产业产值 124828 万元，第三产业产值 76540 万元，人均生产总值 9427 元，城镇居民人均可支配收入 14997 元，农村居民人均纯收入 3562.3 元。2017 年，实现地区生产总值 51.7 亿元，城镇居民人均可支配收入 27298 元，农村居民人均可支配收

入11195元。

滚贝侗族乡1984年农业总产值18万元，固定资产投资12万元，财政收入3万元，农民人均纯收入460元。2004年农业总产值3051万元，固定资产投资2780万元，财政收入147.3万元，农民人均纯收入1401元。2013年农业总产值7477万元，固定资产投资25591万元，财政收入392万元，农民人均纯收入3820元。2016年，全乡实现农业生产总值8512万元，同比增长11%；农民人均纯收入5541元，同比增长7%，财政收入完成150万元。

以上数据说明，侗族地区经济快速发展，农民收入大幅增长。尤其是近几年，农民的收入增长速度很快，这基于侗族地区一直致力于寻找一条适合自己的发展道路。

侗族地区的龙胜、融水、三江三县是国家级贫困县。为了找准适合侗族地区农业发展、为农民增收的路子，侗族地区的各级党委、政府和群众不断摸索，结合自身自然条件，大力发展特色农业，重点抓好茶叶、茶油等农产品的生产。例如，三江县在稳定粮食生产的前提下，抓好“一片茶、一桶茶油、一根竹、一个果、一头牛”工程，建设五大农业基地，创建无公害茶叶基地。截至2008年3月，全县茶叶产量达6.8万吨，成为广西第二大产茶县。

在特色种养殖业规模不断扩大的同时，围绕特色产业的精深加工，加快产业化发展成为侗族地区农业发展目标。例如，三江侗族自治县先后引进和培育农业龙头企业9家，建立茶叶协会、种稻养鱼合作社等经济合作组织291个，成立了广西茶籽油和茶叶产品监督检验中心、广西三江茶叶研究院、茶叶和茶油研究所，“公司+基地+农户”的特色农业发展模式初步形成。通过举办一系列活动，有效提升了三江茶叶品牌的知名度和市场占有率。“三江茶”被列为国家地理标志保护产品，三江侗族自治县因此荣获“中国名茶之乡”“全国重点产茶县”“全国十大生态产茶县”“广西无公害茶叶生产示范基地县”等称号。如今，特色农业产业已成为侗族地区农业的主导产业和农民增收的最主要来源。

在工业方面，长期以来侗族地区的工业基础薄弱。20世纪50年代以前，侗族地区没有一家工厂。1950 年，侗族聚居的三江县的人民政府召开了首届工业代表大会，制定了 1951 年至 1957 年三江地方工业发展规划，县内首家国营地方工业——三江印刷厂建成投产。1956 年，粮油加工厂建成。1958 以后，电厂、农机修造厂、化肥厂、造纸厂、造船厂、酒厂、合桐伐木场、平辽钢铁厂、老堡磷矿、粮油加工厂、糖果厂 11 家企业相继建成投产，全县工业总产值比 1956 年的 122.45 万元增长了 47.2%。党的十一届三中全会以后，侗族地区工业开始稳定快速发展。1980 年，三江县共有工业企业 20 家，工业总产值 1123.5 万元。1995 年，三江县共有小型工业企业 2516 个，比 1985 年增加 52.5 倍，工业总产值 27358 万元。21 世纪后，为了适应新形势，侗族地区加大对工业的扶持力度，推进国有企业向民营企业转化。例如，滩头铁合金厂、三江县纸厂、三江县油化厂分别以出租或转让的方式，重新组建了信达铁合金有限责任公司、信兴工贸纸业有限责任公司、东方龙山茶油实业公司，重新盘活了闲置资产。近几年，为了加快当地特色农产品的加工与推介，三江县规划了总面积 7920 亩的工业园区，分为龙吉片区和程村片区。龙吉片区面积 6300 亩，是以茶叶、茶油、竹木加工、服装产业为主的绿色生态产业基地，配备相应的物流仓储设施，已具备区域的物流中心功能；程村片区面积 1620 亩，以茶叶加工为主，也配备了相应的物流仓储设施。

在第三产业方面，旅游业已经成为侗族地区第三产业发展的重要组成部分，也是侗族地区经济社会发展的重要组成部分。目前，三江侗族自治县有 4A 级景区 3 个，3A 级景区 5 个，全国农业旅游示范点 1 个，先后获得亚洲金旅奖、中国最佳民族原生态旅游目的地、中国最具民俗特色旅游县、广西优秀旅游县、“美丽中国”十佳旅游县等称号；2016 年，第三批全国旅游标准化示范县和广西特色旅游名县成功创建。龙胜各族自治县有 4A 级景区 2 个，3A 级景区 5 个，先后荣获广西特色旅游名县、首批国家全域旅游示范区创建单位、中国品牌节庆示范基地等称号。近年来，随着民族地区旅游业兴起，广西侗族地区凭借着其悠久的历史和绚丽多彩的民族文化，民族文化旅游发展十分迅速，每年吸引了众多国内外游客前往参观、游览，取得了良好的经济效益。其中，三江侗族自治县取得的成绩尤为突出。据统计，2016

年三江侗族自治县全县旅游总人数 699.78 万人次，同比增长 38%，社会旅游总收入 42.62 亿元，同比增长 42%，其中入境游客 17.98 万人次，同比增长 21%，国际旅游创汇 4319 万美元，同比增长 20%；2017 年 1 月至 4 月，全县旅游总人数 280.82 万人次，同比增长 19.6%，旅游总消费 16.77 亿元，同比增长 19%，其中入境游客 6.07 万人次，同比增长 4%，国际旅游创汇 1324 万美元，同比增长 5%。[1]

（三）民生事业全面发展，脱贫攻坚成效显著

侗族地区长期以来存在"两难"问题。一是交通难。1985 年以前，85% 的行政村不通公路，运输全靠人拉肩挑。由于交通闭塞，山区的农副产品运输不出去，很多木材、竹子、农副产品困在山里，外面的工业品和生产资料运不进来，造成社会经济发展滞后。二是饮水难。特别是居住在农村半山坡上的群众，一到 6 月天，他们常常要在深更半夜去排队挑水。总之，摆在群众面前的最大困难就是基础设施差。

1. 基础设施不断完善

交通设施不断加强。以三江侗族自治县为例。1957 年，三江县修通了县内第一条公路——古宜至沙宜公路，但三江县公路建设速度十分缓慢，至 1985 年只有 209 国道贯通县境，沿线的丹洲镇、周坪乡和斗江镇依靠等级不高的县乡道路与外界联系。2015 年，三江县脱贫攻坚阶段开始后，交通基础设施得到进一步加强，县域农村公路通畅通达工程全面完成。截至 2015 年年底，全县 15 个乡镇均修通了柏油路或水泥路，162 个行政村全部通了公路，行政村通达率为 100%；有 120 个行政村通了柏油（水泥）路，行政村通畅率达 95%；全县等级公路总里程达到 1056 千米，城乡交通一体化基本形成。此外，铁路建设快速发展。2015 年，贵广高速（贵州—广州）铁路全线贯通，三江侗族自治县成为全国首个开通并设置站点的侗族自治县，三江侗族自治县"三纵三横"便捷路网初显雏形。

农村人畜饮水不断改善。1985 年至 2015 年，国家扶持三江县人畜饮水项目款为 10740.20 万元，解决了全县大部分人口和牲畜的饮水难问题。侗族地区将人畜饮水设施建设与消防实施建设相结合。据统计，1954 年至

[1] 数据由三江侗族自治县旅游局提供。

2011 年，全县共发生村寨火灾 624 起，烧毁房屋 25502 间，直接经济损失为 4458.3 万元。人畜饮水管道进村入户后，三江县政府又决定在 50 户以上的村寨配发消防手动泵。截至 2012 年，全县 572 个 50 户以上的村寨配发了 618 台消防手动泵，建了 1506 个露天大水池。人畜饮水工程不但极大地改善了侗族地区人畜饮水状况，而且也对防火安全发挥了巨大的作用。

2. 社会保险覆盖面不断扩大

社会保险包含养老、失业、医疗、工伤、生育保险。随着国家社会保险制度的推行和完善，侗族地区社会保险事业得到相应发展，各种保险项目的覆盖面不断扩大。以三江侗族自治县为例，2011 年新型农村和城镇居民社会养老保险参保人数 8.4 万人，参保率 64.8%，60 周岁以上养老金发放 44371 人、1464 万元。各项社会保险待遇按时足额发放，人民群众得到了更多的实惠。2014 年，全县“五险”参保总人数达 17.4 万人次；发放低保金、城乡医疗救助金、优抚金等共计 7880 万元，惠及 4.76 万人；实施老人关爱工程，为全县 6210 名 80 岁以上老人发放生活补助 166.9 万元；关爱计划生育“失独家庭”，给女方 49 周岁以上的“失独家庭”每人每年发放扶助金 16320 元。2017 年，居民生活保障得到强化，发放生活保障资金 3.93 亿元，惠及 81.58 万人次；居民医疗保险成效明显，兑现报账资金 4906.01 万元，惠及 22.27 万人次。就业政策有效落实，新增城镇就业人数 1270 人，农村富余劳动力转移就业 12536 人，城镇登记失业率 3.26%。安居工程加快推进，建成保障性住房 390 套。民政救助深入开展，发放各类救助资金 1.37 亿元，惠及 81.06 万人次。此外，随着居民最低生活保障水平进一步提高，乡镇福利敬老院和农村“五保村”建设也得到推进，残疾人事业健康发展；社会救助救灾工作有效开展，城乡社会救助体系逐步完善，社会保障体系逐步建立健全。

3. 扶贫攻坚力度不断加大

广西侗族地区由于历史和自然等原因，贫困人口多、贫困面大、贫困程度深。1986 年，侗族聚居县三江侗族自治县、龙胜自治县及融水自治县均被列为国家级贫困县。以三江侗族自治县为例，1985 年全县贫困人口有 19.78 万人，占全县总人口的 65.8%。2015 年年底精准识别时，全县共有贫困户 21709 户，贫困人口 92406 人，贫困发生率为 25.22%。2017 年年底，脱贫户

2703 户，未脱贫户 15969 户，68311 人，贫困发生率为 19.6%。龙胜各族自治县 2015 年有贫困人口 47323 人，占全县人口总数的 26.44%，占农村户籍人口的 32.41%，贫困发生率 26.39%。滚贝侗族乡建档立卡贫困户为 971 户 3811 人。其中，2016 年脱贫 248 户 983 人，2017 年脱贫 157 户 676 人。目前，未脱贫的建档立卡贫困户有 566 户 2152 人。

2015 年开展精准扶贫后，扶贫对象的确定和扶贫项目的实施较之前几个阶段更为精准。扶贫方式主要包括产业开发扶贫、教育扶贫、异地安置、对口帮扶等。在产业开发方面，主要开发特色农产品和旅游业。2017 年，三江侗族自治县新增茶叶种植面积 5570 亩，茶叶总面积达 17.5 万亩；新种优质油茶 4750 亩，油茶总面积达 61.7 万亩；建成稻鱼综合种养示范基地 2000 亩，完成种稻养鱼建设 7.66 万亩。“公司 + 基地 + 农户”模式成效明显，新型农业经营主体增至 493 家，实现两茶一竹、种稻养鱼产值 17.94 亿元，增长 24.07%。同时，三江县紧扣贫困地区丰富的旅游资源狠抓扶贫攻坚，通过“项目 + 培训 + 订单”的工作模式，使旅游业成为三江县贫困地区的支柱产业，完成了《三江侗族自治县“百里侗乡”休闲旅游带总体规划》和《三江县高友、高秀乡村旅游扶贫开发规划》。此外，通过整合资源，完善设施，建成了县城至林溪高秀村、高友村二级公路，加大了对扶贫村步行道、停车场、厕所、标志标识系统等设施建设投入；推进了高秀村、高友村和弄团村停车场、旅游公厕及游客中心项目建设。通过贫困村与旅行社签订协议，三江县利用高秀红薯节、高友韭菜节等特色节庆，拉动贫困村旅游市场，鼓足群众“钱袋子”。2016 年，三江县完成脱贫人口 3313 人，完成年度旅游脱贫计划人数的 100.2%。

龙胜县按照全域旅游的理念，以“生态、旅游、扶贫大环线”为切入点，重点巩固提升南部的“龙脊梯田景区”及瑶、壮民族地区，加快建设北部“南山景区”及苗、侗民族地区。在沿线合理布局建设乡村旅游服务设施，串点成线、串线成面、广泛辐射。利用自身优势，将旅游与扶贫结合起来，把群众身边的一草一木和特色文化、名优特产推向旅游开发一线。通过旅游扶贫，侗族地区实现了贫困地区居民和地方财政双脱贫致富。侗族地区早在 20 世纪 80 年代就开始实施异地安置扶贫，但是效果甚微。进入 21 世纪后，为了能够让异地搬迁的贫困户“搬得出、稳得住、可发展、能致富”，侗族地区更注重搬迁户“定下心”的问题。为此，侗族地区积极推行“易地扶贫搬迁 + 产业 + 扶贫”的模式，促使党员参与并带动身边群众参与到脱贫攻坚中来。在教育扶贫方面，侗族地区坚持“雨露计划”的有关规定执行。三江侗族自治县 2017 年在教育教育扶贫上落实补助资金 6399.89 万元，惠及学生 125253 人次。

4. 教育事业长足发展

一是学前教育方面，三江县有公办幼儿园 1 所、民办幼儿园 88 所。龙胜县有幼儿园 78 所。二是中小学教育方面，三江县共有中小学校 265 所，其中小学 174 所、教学点 73 个，初中 14 所，包括独立民族学校 2 所（三江民族高中、三江县民族实验学校），在校小学生 32428 人，初中学生 12091 人。龙胜县侗族人口聚居的平等乡有平等小学完小 1 所，教学点 11 个；乐江乡有乐江小学完小 1 所，教学点 8 个；瓢里乡有瓢里小学完小 1 所，侗族人口聚居的教学点 2 个。融水县滚贝侗族乡现有中学 1 所，中心小学 1 所、村完小 9 所，教学点 3 个。三是高中教育方面。三江县现有普通高中 2 所，学生 3805 人；龙胜县有普通高中 1 所，学生 2020 人，其中少数民族高中生 1643 人。龙胜县的高中教育分为普通高中教育、民族高中班教育、女子高中班教育三种类型，其中民族高中班每年招生 100 名学生，女子高中班每年招生 50 名学生。

近年来，侗族地区各县不断加大县级财政在教育方面的投入，大力改善办学条件，特别注重充实师资力量。三江、龙胜、融水 3 县采取了一系列强有力的措施，通过特岗教师招聘、人才引进、事业编制招聘、返聘退休教师等途径增加师资力量。尤其龙胜县在充实师资力量上有自己独特的做法：实施县域义务教育学校教师、校长交流制度，均衡校际之间师资水平；在全县推进中小学教师轮换支教与挂职研修制度，县里的龙头学校每年定期定数向薄弱学校派出支教人员，从薄弱学校选派老师到乡镇和县城学校挂职研修，龙胜全县支教、挂职研修已达 400 余人次；组织县级名师、骨干教师送教下乡；执行校长交流制度等。通过这些手段，使薄弱学校的师资力量得到加强，均衡了校与校之间的教师资源。

5. 城乡面貌日新月异

多年来，侗族地区各县全力推进以县城为重点的城镇化进程，城乡面貌日新月异。以三江县为例，1949年以前，三江县所在地古宜镇发展极为缓慢，当时的城镇范围南北仅500米，东西宽不过300米，居民不足300户，人口约为1000人。1949年后，随着社会主义建设的发展，尤其是改革开放后，城区建设不断扩大，1996年城区面积达85.30公顷，城区人口1.466万人。2004年，末古宜镇城区面积560公顷，城区人口16911人。随着基础设施建设逐步完善，侗族地区乡村的水、电、路、通信等设施已逐步完善。近年来，三江县围绕“特色立城、特色建城、特色兴城”理念，出台了《关于加快新型城镇化发展的决定》，修编了《三江县县城总体规划》《三江县土地利用总体规划》，编制了“一江两岸三片区”的控制性详细规划和城市设计方案，在科学合理规划的指导下，城乡承载功能不断提升，先后完成道路、桥梁、垃圾填埋场、污水管网等市政项目建设，完成土地征收近万亩，盘活土地资源，引进了18家房地产企业进驻，城区面积由2010年的4.7平方千米，扩大到2015年的6平方千米，人口增至6万多人。在推进城镇化的进程中，城乡建设不断融入民族文化元素，如三江县成功创建了大侗寨4A级景区；龙胜县结合广西特色旅游名县建设，在城乡建设中将多民族建筑形式融入城乡风貌改造中，以骑楼等历史文化为底蕴建设的瓢里城镇化示范乡镇建设已初显成效，三门镇“百镇建设”示范工程全面启动，龙脊镇推出了大型实景演出《龙脊交响诗》歌舞演艺节目，小镇业态初步形成。

（四）侗族文化保护与发展良性互动

侗族悠久的历史及特殊的居住环境，形成了独具特色的文化。有15个声调的美妙的语言文化，以糯谷种植为主体的稻作文化，以吊脚楼、鼓楼、风雨桥为代表的干栏木建筑文化，以“约法款”为核心的制度文化，以多声部侗族大歌为代表的歌谣文化，以《洪水滔天》和《起源之歌》为代表的神话文化，以《杏尼的传说》和《吴勉王》为代表的传说故事文化，以侗戏《秦娘梅》为代表的戏曲文化，以“多耶”和芦笙舞为代表的歌舞文化，等等。

1. 文化基础设施逐步完善

近年来，为有效保护民族文化，侗族地区各级政府十分重视文化基础设施建设。三江县不断加大资金投入用于文化基础设施建设。目前，三江县共有乡镇文化站 15 个，县级图书馆 1 个，文化馆 1 个，博物馆 1 个，8 个乡镇文广站建有站址，15 个乡镇均有文化活动中心。有农家书屋 167 个，村级公共服务中心 16 个，群众自发组织筹资建设了 210 多个村级文化戏台。全县共获国家级非物质文化遗产保护项目 2 个、国家级代表性传承人 3 名，自治区级非物质文化遗产名录保护项目 9 个、传承人 10 名，市级非物质文化遗产名录 11 个、市级民间艺人 11 名，县级首批非物质文化遗产保护名录 16 个、十佳民间艺人 30 名。业余剧团 206 个，芦笙队 219 个，民间歌组 248 个。梅林、独峒两个侗族聚居的乡分别被国家文化部授予“中国民间文化艺术之乡”，程阳永济桥被联合国教科文组织评为“世界十大最壮观桥梁”，程阳八寨获得“中国古村落景观”称号。龙胜各族自治县有专业艺术表演团体 1 个，业余演出和训练队伍 28 支，艺术表演场所 3 个，文化馆、图书馆各 1 个，乡镇文化站 10 个，村级文化室 86 个，广播电台 1 座，电视台 1 座，有线电视网覆盖全县 10 个乡镇 119 个村委会，广播人口覆盖率达 75.52%，电视人口覆盖率达 82.06%。全县现有文化示范村 30 个，农村业余文艺队 196 支。平等乡广南村图书室有藏书 3000 多册，每年借阅图书农民达 5000 人次，学科技、用科技已成为广南村的新时尚。

2. 民族文化产业蓬勃发展

侗族地区的几个县都是民族文化旅游名县，发展民族文化产业对于各地区十分重要。近年来，三江县在侗乡鸟巢文化开发有限公司的运作下，民族文化产业蓬勃发展。大型侗族风情歌舞《坐妹》、牛土争霸赛成为游客在三江必看的节目，为当地发展取得了良好的社会效益和经济效益。此外，通过挖掘侗族地区丰富的节日文化，以“侗族多耶节”为龙头，开发“富禄三月三花炮节”“梅林侗族大歌节”“高友乡村文化节”“同乐坡会节”“独峒芦笙节”“平流斗牛节”等十多个节日活动，推动了三江县民族文化产业全面发展。其中，在历届“侗族多耶节”活动中，根据各乡民族文化特色特点，推出“一乡一精品，一寨一特色活动”项目，如具有民族性、娱乐性、参与性、趣味性的程阳八寨“送新娘”、平寨的“打南瓜仗”、新民的“抬官人”、独峒的“月地瓦”、老堡的“拨龙舟”、良口的“和里庙会”、高基的“瑶年节”、林溪的“芦笙大赛”等群众喜闻乐见的活动项目，深受观众的欢迎。三江的民族文化与旅游业紧紧联系在一起，既让传统文化与时俱进，又为当地百姓带来了真正的实惠。

3. 文化生态保护区建设日趋成熟

近年来，三江县结合实际，始终遵循非物质文化遗产“保护为主、抢救第一、合理利用、传承发展”的方针，坚持“政府主导、社会参与、明确职责、形成合力、长远规划、分步实施、点面结合、讲求实效”的工作原则，提高认识，明确思路，强化措施，有序推进三江侗族文化生态保护区的建设。林溪乡、独峒乡、同乐乡、良口乡、富禄乡、梅林乡作为非物质文化遗产的主要传承地，亦列为保护区的重点保护区域。重点保护范围辖10个乡（镇）117个村委会，498个自然屯，总面积1400多万平方千米，总人口27万多人。保护内容有侗族干栏建筑文化、侗族制度文化、侗族民歌文化、侗族戏曲文化、侗族歌舞文化、侗族服饰文化、侗族饮食文化，以及侗族百家宴、侗族医药、侗族器乐、三江侗族农民画、打油茶等非物质文化遗产。

4. 侗族语言文字不断推广

侗语属汉藏语系壮侗语族侗水语支。《侗族语言简志》将侗语划分为南北两种方言，三江、龙胜、融水侗语属南部方言。在三江，侗语在全县80%的乡镇和农村通用，苗、瑶、壮族中相当一部分人都能用侗语进行交流，全县会讲侗语的人数达到70%左右。侗族过去没有本民族文字，中华人民共和国成立后，党和政府重视发展少数民族语言文字。1956年，开始组织人员编写调查大纲，对湘黔桂14个县、22个侗族居住点进行调查。1958年，中央批准试行《侗文方案》（草案）。三江县的少数民族语言文字工作于1987年开始，以侗文推广普及及其社会运用为主。侗文试行恢复几十年来，侗族语言文字得到长足发展，取得了很大成绩。

首先，开办各类培训班。从1987年秋至1997年年底，三江县先后在县城和林溪、八江、同乐、良口、富禄、独峒、梅林等乡38个点举办各类侗文班44个，参加学习1331人。1997年以后，除继续抓好农村夜校班外，还根据新形势的要求，办民族文化传承、民族文化进课堂、科技侗文班等。据统计，自恢复侗文试行以来，截至2009年年底，全县共举办各类侗文学习班 67 期。

其次，创刊办报。侗文报刊，主要面对广大侗文学员，为他们提供学侗文、用侗文的园地。1988 年 5 月，《广西民族报》开设“侗文专栏”，不定期刊发侗文作品。1989 年，《侗文专刊》创刊，设“鼓楼文化”“普法园地”“科技天地”“民族风情”“学员习作”等栏目，主要刊登侗文学员作品。《侗文专刊》每年出版 1—2 期，截至 2011 年，已出版 35 期，300 多万字，刊登作品 1400 多篇。

再次，翻译侗族语电影。三江县侗语电影始于 20 世纪 60 年代。1964 年年初，柳州地区电影公司成立了民族语言电影译配音工作组（其中有地方语言、壮语、侗语、苗语等语种）。1965 年 11 月，第一部侗语电影《地道战》译制完成，并在三江县公开放映，引起了极大的轰动。之后，《龙马精神》《鲜花盛开的村庄》《海霞》等 12 部侗语电影相继问世。特别是《龙马精神》译制完成后，在全县进行巡回放映，深受广大人民群众的欢迎。1979 年，三江县电影公司正式成立了侗语电影译配音组，并向社会招收了译配音人员。1979 年年底，第一部完全由三江自主完成译配音工作的侗语故事影片《瑶山春》出炉。据统计，从 1966 年到 2012 年的 46 年间，三江县电影公司侗语配音组共译配胶片电影故事片 216 部、科教纪录片 44 部；数字侗语电影故事片 16 部、科教纪录片 15 部；总计完成译配故事片 232 部，科教纪录片 59 部，共放映 31000 多场次，观众达 930 多万人次。

最后，开办侗语广播电视。三江县广播电视台自 2010 年 3 月开办《侗语新闻》节目至今，已有 8 年多时间，共播出《侗语新闻》400 多期。节目覆盖全县 15 个乡镇，166 个行政村，受众人口达 30 多万。为满足少数民族群众的要求，三江县广播电视台于 2012 年 1 月又增设了一档侗族娱乐节目《多耶广场》。该节目主要以侗族的民俗文化为主，包括饮食文化、服饰文化、楼桥文化、歌舞文化、风土人情等。节目播出后，得到广大观众的肯定。

（五）生态文明建设卓有成效

建设生态文明，是关系人民福祉、关乎民族未来的长远大计。20 世纪 90 年代后，侗族地区通过转变经济增长方式，提升工业运行质量，采取退耕还林、禁伐天然林、加大珠江防护林建设等有效措施，使区域生态环境逐年变好。2004年，三江侗族自治县的主要河流水质状况总体良好，水质达到或者优于国家标准。城乡整体空气质量良好，城乡空气环境质量达到或优于国家二级标准，废水排放量达标率93.5%，工业废水重复利用率达45.2%，工业锅炉整顿烟尘、二氧化硫达标率分别为95.6%、90.9%，工业固体废物综合利用率达68.2%，工业“三废”综合利用产品产值达到180万元。

2012年11月，党的十八大从新的历史起点出发，做出“大力推进生态文明建设”的战略决策。侗族地区把美丽、清洁和生态文明建设结合起来，从城市到乡村，掀起生态文明建设的热潮。近年来，三江县深入实施“美丽三江·清洁乡村”活动，以“五边五好”为目标，投入资金1.27亿元，推进村寨基础设施建设，农村人居环境明显改善；全力推进生态环境建设，圆满完成“绿满八桂”造林绿化工程任务，森林覆盖率达78.2%，成功创建自治区级生态村21个、市级生态村48个；县城污水处理厂、垃圾填埋场运行良好，污水处理率、生活垃圾无害化处理率分别为95%、100%；节能减排成效也十分显著，单位GDP能耗年均下降5%，空气环境质量保持国家一级标准，地表水环境质量保持国家Ⅱ类标准以上，饮用水源水质达标率100%。2017年，三江生态县创建有序推进，成功创建区级生态乡镇6个、生态村11个，完成造林1.68万亩，森林覆盖率保持78.2%以上，成功创建广西园林城市；节能减排扎实开展，单位GDP能耗下降5%；空气环境质量保持国家一级标准，地表水环境质量保持国家三类标准。

龙胜各族自治县则坚持“生态立县·绿色崛起”战略不动摇，坚决把好生态“红线关”和“底线关”，将生态文明建设融入经济社会发展全过程，推进生态文明建设迈上新台阶。加强保护生态自然系统，对全县65座跨流域、长距离、高水头引水式电站生态水放流情况实行严厉的整治和管理；在全县480多条河道全面禁止采砂挖石，关闭采砂场71家，有效保护江河流域生态环境；继续落实好禁伐杂木的政策，依法严厉打击破坏水源林行为，关停转县内杂木加工厂，保护好水源涵养林；培育鼓励绿色低碳经济，坚持在保护中发展，推动龙胜生态建设与产业建设协同发展；着手组建南山牧场管处，加强对5万余亩高山草场的保护开发。滚贝侗族乡围绕“清洁家园、清洁水源、清洁田园”三大任务，大力实施“百日大会战”“清理母亲河”“美丽滚贝从我做起”等系列专项活动，农村环境卫生得到明显改善。侗族地区通过一系列的保护措施，生态环境展现出天蓝、山绿、地净、水清、空气新的美丽胜境。

（六）民族团结进步事业蓬勃发展

侗族地区居住着侗、苗、瑶、壮、汉等多个民族，自古以来，各个民族在这一地区共同生活，共同生产，和睦相处，共同创造了灿烂的文化。龙胜各族自治县、三江侗族自治县、滚贝侗族乡自成立以来，始终重视和贯彻党的各项民族政策，民族团结进步事业蓬勃发展。

首先，认真贯彻落实党的民族干部政策，大力培养和选拔少数民族干部，使少数民族干部队伍不断得到壮大。以三江侗族自治县为例，1952年，全县有干部735人。其中，少数民族干部177人，占干部总数24.1%。1978年，全县各类干部总数3237人。其中，少数民族干部1624人，占全县干部总数的50.17%。少数民族干部大专以上文化程度294人，占全县干部总数的9.08%；中专（含高中）文化程度450人，占全县干部总数的13.9%；初中以下文化程度1040人，占全县干部总数的32.13%；少数民族干部获中级职称的10人，初级职称204人。2004年，全县各类干部总数5500人。其中，少数民族干部4630人，占干部总数的84.18%。少数民族干部大专以上文化程度2385人（包括研究生4人，大学421人，大专1960人），占少数民族干部总数的51.51%，中专文化程度2032人，占少数民族干部总数的43.89%；高中以下文化程度213人，占少数民族干部总数的4.6%；少数民族干部获高级职称53人，中级职称981人，初级职称2279人。2012年，全县各类在职在编干部5392人，其中少数民族干部4573人，占全县在职在编干部总数的84.81%。由此看出，侗族地区少数民族干部队伍由少到多，由多到强，由强到优，由优到精，不断发展壮大，结构得到明显优化。

其次，民族团结进步创建工作逐渐健全。开展民族团结进步创建工作，是贯彻落实党和国家民族政策创新的方式。多年来，侗族地区坚持结合自身实际情况开展一系列活动。例如，三江侗族自治县在1988年10月首次召开民族团结进步表彰大会，会上授予23个单位民族团结进步先进集体称号，授予79人民族团结进步先进工作者称号。据统计，目前三江、龙胜、融水共获得全国民族团结进步先进集体4个，先进个人14人。三江侗族自治县自2014年开展创建自治区民族团结进步示范县活动以来，将创建工作与节庆文化结合起来，依托中国侗族多耶节、侗族大歌节、芦笙节、花炮节、茶文化节、敬牛节、吃冬节等，广泛开展民族团结进步创建“进机关、进企业、进学校、进社区、进乡村、进寺庙”活动，取得显著的效果。

在注重民族团结示范县创建的同时，加强县域内民族团结示范点的建设，目前建设的示范点有冠小民族工作示范点、良口乡和里村侗族特色村寨保护与发展示范点，以及高友民族团结进步示范点。示范点对推动当地旅游发展、增加群众收入具有很大的推动作用。冠小屯依托程阳八寨作为国家4A级景区的优势，以“百家宴”为主要载体，大力发展旅游产业，使旅游产业成为农民增收的新亮点。村内有10户设有农家旅馆，全屯参与“冠小百家宴”活动从业人数500多人。每年接待国内游客及法国、日本、泰国、马来西亚、印度等国际游客2万多人次，旅游收入达100多万元，冠小先后被评为“全国美德农村示范点”“全国农业旅游示范点自治区巾帼示范村”“桂北木楼民居消防工作示范点”“柳州市卫生村”及三江“十佳生态文化寨”。

最后，民族文化进校园、进社区、进企业有序开展。多年来，侗族地区循序渐进开展民族文化进校园、进社区、进企业活动。该项活动不仅使得民族文化得到很好的保护与传承，更重要的是能够增强各民族之间的交流，受到社会各界广泛好评。2005年至2009年，三江县共投入资金近50万元，支持县民族实验学校、三江中学、民族高中、梅林小学、同乐中学等中小学校购买民族服装、芦笙、侗笛、被服，举办侗族大歌、侗族琵琶歌培训班等，为学校传承民族文化提供条件，2010年，三江县投入10万元建设三江县中学300米长的民族文化长廊项目，使校园文化与民族文化相结合。同年，三江县投入14万元组织实施三江县民族高中风雨桥民族文化长廊，把侗族传统的木结构建筑搬进校园，让学生感受民族文化的博大精深，热爱民族文化。龙胜县各学校因地制宜，打造“一校一特色”校园品牌活动，将竹竿舞、多耶舞、侗族大歌、舞草龙草狮等传统民族体育运动和非物质文化遗产项目引进校园，融入课堂，增加了学生传承民族文化的自信心和自豪感。

二、广西侗族地区发展中的制约因素及有利条件

侗族地区在广西壮族自治区成立 60 年来的经济社会发展中取得了巨大的成就，在实践中积累了许多宝贵经验：一是坚持党委领导，自觉接受各级人大、政协监督，强化政府执行力建设；二是坚持特色发展道路，围绕特色产业、特色城建，超前谋划，创出特色，创出优势，推动发展；三是坚持项目带动，积极谋划、储备、实施大项目建设，以大投资拉动大发展；四是坚持重点突破，集中力量全力突破重点工作，以此带动发展；五是坚持依法行政，严格按照法定权限和程序行使权力、履行职责。

在总结成绩和经验的同时，也必须认识到，侗族地区经济社会发展依然面临着诸多困难和问题：经济基础仍然薄弱，发展压力大；产业发展有待加强，特别是工业发展滞后，城镇化、产业化水平低，粗放型发展模式尚未完全转变；财政收入缺少财源支撑，财政收支压力大；贫困面大，贫困人口多等。其中，最为突出的困难和问题是：一是经济基础薄弱，产业结构不合理。如前所述，三江侗族自治县第一产业增加值占全县地区生产总值比重逐年上升，比重过大，第二产业增加值占全县地区生产总值比重逐年下降，第二产业比较薄弱，第三产业增加值占全县地区生产总值比重逐年上升，第三产业发展势头较好；龙胜各族自治县和融水苗族自治县的情况则与三江侗族自治县情况相反，第一、第三产业发展相对薄弱，第二产业增加值占全县地区生产总值比重过大。由此可知，侗族地区各县的经济社会发展各有特点，但是都存在着产业发展不平衡、产业结构极合理的问题。二是居民收入低，贫困形势依然严峻。随着经济的发展，侗族地区城乡居民的收入水平虽然有了较大幅度的提高，侗族群众的生活水平得到极大改善，但由于基础薄，城乡居民收入仍处于较低水平，特别是农民人均纯收入总体偏低。据统计，2017 年，三江侗族自治县城镇居民人均可支配收入 31172 元；农村居民人均

可支配收入10572元，城乡居民人均可支配收入比为2.95：1；龙胜各族自治县城镇居民人均可支配收入27298元，农村居民人均可支配收入11195元，城乡居民人均收入比为2.44：1。由此可见，侗族地区的城镇居民和农村居民人均可支配收入与发达地区相比仍比较低，区域内的城乡居民人均可支配收入差距大，农村居民人均可支配收入偏低，与全面建成小康社会的指标要求还有相当一段差距。三是基础设施有待进一步完善。历经30多年的扶贫攻坚，虽然侗族地区的基础设施建设不断完善，但是依然存在着交通路网不发达，公路等级低，公共文化基础设施相对滞后，设施建设配套不健全、规模偏小等问题。

然而，我们在看到制约因素的同时，也应当看到侗族地区经济社会发展的机遇与优势。侗族地区独特的地理环境和人文环境，是其经济社会发展的重要资源。独特的地理环境使侗族地区历史上比较适合发展农业。随着水、电、路等基础设施逐步完善及水稻种植技术不断改良，侗族地区的农业逐渐从种植水稻转向其他经济作物，如茶叶、茶油、毛竹等。近年来，三江县依托自身资源优势，以“两茶一木，种稻养鱼”特色产业作为农民增收的主导产业，取得了很大的成效。目前，三江县茶叶种植面积17.5万亩，占广西柳州市茶叶面积的80%；年干茶产量1.34万吨，年产值13.46亿元，现有茶农6.5万户，贫困户覆盖率达到72%，是三江农民脱贫致富的主要产业。2017年1月，中国三江茶城（一期）建成使用，茶叶日成交量达30吨，日交易额达240万元，年成交易额达7.8亿元以上，成为桂湘黔交界处规模最大、最专业的茶叶交易市场。三江县种植油茶历史悠久，全县15个乡镇每个村寨都种有油茶林，现有面积61.5万亩，居全国第三、广西第一，有“中国油茶之乡”“广西油海”之称。当前，三江县的油茶产业已经覆盖全县所有行政村、33万农村人口，农业人口人均油茶林面积1.8亩，人均增收2500元以上，其中86个贫困村种植油茶34万亩，贫困户覆盖率达61.36%以上，成为贫困户增收脱贫的有效途径。除“两茶”外，三江县依托自身区位优势、自然优势、产品市场优势，创新产业模式，以整乡推进和示范带动方式，大力实施种稻养鱼。目前，全县种稻养鱼面积达7.5万亩，高山稻鱼年产量2656吨，年产值1.21亿元，高山鱼稻（再生稻）年产值1500万元，稻田综合种养产业已覆盖 70% 以上的贫困户，贫困人口每人每年稻渔增收 1000 元。2018 年，全县大力实施鱼坑建设“春风行动”。截至目前，全县已完成鱼坑建设 6900 个，发放鱼亩 38 万尾，发放田螺 5500 千克，为打赢脱贫攻坚战打下夯实基础。此外，侗族地区丰富的民族历史和文化，将成为侗族地区旅游业发展的重要资源。因此，在旅游业发展中，应当持续推进文化旅游大发展战略。

三、侗族地区全面发展的建议

（一）抓好文化旅游这个最大的产业精品工程，全力推进第三产业发展

持续推进文化旅游大发展战略，加快发展全域旅游，促进产业优化升级。首先，以项目建设为抓手，坚持政府主导、企业为主、市场化运作的原则，深化与旅游公司业务实合作，实施整体打包、成片开发方式，实现互利共赢、企业与地方共同发展。其次，加快推进程阳八寨景区 5A 提升工程、丹洲景区提升工程、侗寨人家、布央茶山景区、鸟巢“百千万”工程、三江南站旅游集散中心、三江湾旅游综合体等重点旅游项目建设，完善功能区建设，提高旅游产业发展层次。再次，加快发展以生态休闲为主的乡村旅游，推进旅游扶贫村建设，探索发展民宿生态旅游，拓展产业发展领域，打造公路沿线的民族民俗生态旅游带。最后，擅于依托“互联网 +”，加大宣传推介力度，凝聚旅游人气，提高旅游市场占有率。当然，在进行旅游资源开发中，要持续开展旅游资源保护的一系列活动，严格执行旅游发展总体规划，最大限度保护好原生态旅游资源。

（二）抓好生态农业这个最大的增收增效工程，全力加快产业转型升级

坚持以打造广西重要茶叶基地、茶油基地和种稻养鱼基地为目标，持续推进生态产业大提升战略，提高农业发展的质量、效益和竞争力，带动更多农民增收。首先，要全面推进产业基地建设，围绕“两茶一竹”、种稻养鱼等特色产业，发展壮大产业规模。其次，要加快产业化步伐，重点引进和培育龙头企业，规划建设农产品、竹木产品精深加工园区、特色生态农业产业园，延长产业链条，提高产品附加值。再次，充分发挥农产品地理标志的作用，如三江茶、三江茶油、三江稻田鲤鱼等，做大做强“三江春”茶叶、

“三江茶油”“三江高山鱼稻”“三江高山稻鱼”等品牌，做优效益。最后，要推动农产品营销方式变革，加大特色产业与电子商务的融合力度，加快“互联网＋农业”发展，深化大数据在农业产业的创新应用，策划电子商务创业园，推进线上服务资源与线下产业资源深度融合，形成横向相连、纵向贯通的市场信息服务渠道，突破特色农产品销售瓶颈。

（三）抓好基础设施建设，全力加快全域经济社会发展

第一，完善区域内的交通路网建设与改造升级，改善交通条件，夯实发展基础，有效提升农村公路建设、管护和运营水平，为实施乡村振兴战略、加快农业农村现代化提供有力支撑。第二，完善公共文化基础设施建设，建设或者改造公共文化设施和场馆，丰富人们的文化生活。

参考文献

[1] 广西壮族自治区地方志编纂委员会编. 广西通志·民族志［M］. 南京：广西人民出版社，2009.

[2] 广西壮族自治区统计局编. 广西统计年鉴 2011［M］. 中国统计出版社，2012.

[3] 广西壮族自治区统计局编. 广西统计年鉴 2015［M］. 中国统计出版社，2016.

[4] 广西壮族自治区统计局编. 广西统计年鉴 2017［M］. 中国统计出版社，2018.

[5] 三江侗族自治县民族事务局. 三江侗族自治县民族志［M］. 南京：广西人民出版社，2012.

[6]《龙胜各族自治县概况》编写组. 龙胜各族自治县概况［M］. 北京：民族出版社，2009.

[7]《三江侗族自治县概况》编写组. 三江侗族自治县概况［M］. 北京：民族出版社，2008.

[8]《融水苗族自治县概况》编写组. 融水苗族自治县概况［M］. 北京：民族出版社，2008.

广西毛南族地区 60 年发展报告

李　妍*

广西毛南族主要聚居在环江毛南族自治县（以下简称环江县），该县是我国唯一的毛南族自治县。2017 年全县人口 37.82 万人，有毛南、壮、苗、瑶、侗、水、仫佬、布依等 33 个少数民族 25.81 万人，其中毛南族人口 6.40 万，占总人口的 16.92%。环江县的上南、中南、下南一带的“三南”地区，既是毛南族的发祥地、定名地，又是毛南族人口分布最密集的地方。2010 年，下南乡总人口为 19701 人，其中毛南族有 19180 人，占其总人口的 97.36%；上南乡总人口为 5884 人，毛南族有 4934 人，占其总人口的 83.85%。

一、广西毛南族地区 60 年所取得的成就

60 年来，特别是近 10 年来，环江县抢抓全国脱贫攻坚、国家西部大开发、“一带一路”建设、广西壮族自治区实现“两个建成”等重大战略实施的宝贵机遇，全面贯彻落实民族政策，举全县之力谋毛南民族发展的新篇章。

* 李妍为广西民族研究中心副研究员。

环江县始终坚持“54321”[1]长远发展思路，开创了经济发展、政治安定、民族团结、社会进步、人民群众安居乐业的良好局面，并先后获得喀斯特世界自然遗产地、国家重点生态功能区、全国绿化模范县、中国最美文化生态旅游名县等荣誉称号。2017年，全县地区生产总值51.53亿元，比1987年增长1121.4%；固定资产投资34.76亿元，比1987年增长10583.7%；财政收入4.01亿元，比1987年增长4967.5%；社会消费品零售总额23.49亿元，比1987年增长3353%；农民人均纯收入8930元，比1987年增长4265%。[2]

（一）政治发展

广西壮族自治区成立后，环江县各级人民政府认真贯彻落实党的民族区域自治政策和毛南族聚居区的基层干部政策、知识分子政策、民族政策和侨务政策，有效地调动了各界人民群众的积极性，促进了改革开放和社会主义现代化建设事业的发展。

1. 充分发挥民族区域自治制度优越性

民族区域自治是党和国家解决民族问题的基本政策，是国家的一项基本政治制度。环江县各级人民政府始终坚持在中国共产党的领导下，把民族区域自治作为推动毛南族地区发展的基础，依法行使自治权，确保全县人民充分行使当家做主的权利，激发各族人民谋求发展的内生动力；健全完善民族区域自治制度和相关配套政策措施，不断发展毛南族文化事业，有效管理毛南族地区的各项事务，妥善处理民族间的各种矛盾；始终加强民族团结的教育和民族自治法律宣传，坚持民族团结平等；不断增强全县各族人民对伟大祖国的认同，对中华民族的认同；充分保障民族的自治权力，推动毛南民族自治地区各项事业发展。

2. 利用县庆宣传党的民族政策，维护民族团结

建立民族自治县，是自治县各族人民政治生活中具有历史性意义的大事。举行自治县成立逢十周年县庆活动，体现了党和政府对少数民族的关

---

[1] “5”即牢固树立“创新、协调、绿色、开放、共享”五大发展理念；“4”就是要坚持生态立县、旅游兴县、工业富县、文化活县的四大发展战略；“3”就是要坚定不移地实施“三靠拢、三融入”的发展策略；“2”就是要在全社会唱响世界自然遗产和多彩毛南文化这两大品牌；“1”就是要坚定不移地建设生态宜居、休闲养生、文化绚丽的区域性国际旅游目的地。

[2] 数据由环江县民族事务局提供。

怀，能够展示自治县各族人民团结进步的巨大成就，有利于宣传《中华人民共和国民族区域自治法》和民族区域自治政策，鼓励各族人民为巩固和发展平等、团结、互助的社会主义民族关系做贡献，对于维护祖国统一和加强民族团结都起着积极的作用。多年来，环江县坚持和完善民族区域自治制度，利用举办县庆宣传党的民族政策、维护民族团结、促进自治县经济社会发展。1987 年 11 月，环江县召开万人大会，隆重庆祝建县。30 年来，环江经济发展突飞猛进，产业发展显著提速，脱贫攻坚卓有成效，旅游产业风生水起，城乡面貌焕然一新。2017 年 11 月 18 日至 19 日，环江毛南族自治县本着“隆重、节俭、务实”的原则，以县庆改善民生项目建设为抓手，成功举办了自治县成立 30 周年庆祝活动，充分展示了党的民族政策的伟大和民族区域自治制度在环江毛南族自治县的成功实践，充分体现了环江毛南族自治县成立 30 年来特别是近 10 年来经济社会发展的辉煌成就，充分展现了环江毛南族自治县各族人民团结和谐、奋发向上、自强不息的时代精神风貌。

3. 坚持发展社会主义民主政治制度

坚决贯彻新时代中国特色社会主义思想，坚持以人民发展为中心，充分保障人民的各项权利。不断健全和完善自治县人民大代表大会制度，认真开展人大代表换届工作和立法工作。中华人民共和国成立后，毛南族人民真正能够参与政府决策、管理国家大事。1955 年 11 月 16 日，在环江县首届人民代表大会第三次会议上，毛南族公民韦壮德当选为副县长，这是毛南族有史以来第一位副县长。之后，在历次环江县人代会上，又有毛南族公民先后当选为副县长、县长。

4. 加强民主协商，推进社会主义现代化建设过程

环江毛南族自治县成立以来坚持加强自治县民主协商，不断推进社会主义现代化建设进程。目前，共制定自治条例 1 件，修订 1 次，单行条例 2 件。2013 年，经自治县七届人大三次会议审议通过《环江毛南族自治县自治条例（修订稿）》（以下简称《自治条例》），经报请广西壮族自治区人大常委会审议批准，于 2013 年 11 月 12 日正式颁布施行。2014 年，自治县人大常委会以强化宣传和贯彻落实《自治条例》为重点工作，利用新闻

媒体、广播电视、印发资料等多种形式进行宣传，包括在各乡镇组织开展以宣传《自治条例》为主题的山歌演唱活动、组建工作组到各乡镇对《自治条例》宣传贯彻落实情况进行检查等，努力使条例规定转化为干部群众的自觉行动。2015年2月开始，自治县人大常委会指导自治县人民政府及其有关部门开展《环江喀斯特世界自然遗产管理暂行办法》（简称《暂行办法》）调研、论证和审定。制定《暂行办法》，为世界自然遗产保护管理立法奠定了坚实基础。《暂行办法》的实施，将为自治县依法保护世界自然遗产、更好地利用资源优势及促使自然优势尽快转化为经济优势提供有效的法律保障。

（二）经济发展

1. 工业实力显著增强

实施“工业富县”战略，推进传统产业转型升级，启动建设农林产品加工业“亿元财税”工程、林产加工业“双十”工程、茧丝绸产业提质增量“1625”工程等“六大经济翻身工程”，成功打造“中国优质蚕丝生产基地”县，成功摘掉了“全国煤矿安全重点县”帽子。实施“一园二带三区”[1]产业发展战略，河池·环江工业园区晋级自治区A类产业园，逐步形成农林产品加工、茧丝绸、有色金属、新能源、饮用水等产业并举的新格局。

2. 特色农业优化升级

立足本县特色，重点发展林产加工、蔗糖、桑茧（蚕）、香猪、菜牛、核桃、特色水果、中草药等八大扶贫产业；现代特色农业迅速发展，目前全县成功创建自治区级现代特色农业示范区1个，中国·毛南柚美环江（核心）示范区、环江花山果海休闲农业（核心）示范区、环江万亩现代特色农林扶贫产业园等自治区级特色农业核心示范区3个，其中有2个示范区已被广西壮族自治区分别认定为四星和三星级示范区；“双高”甘蔗生产基地1.14万亩，水果种植面积13.5万亩，核桃种植面积16万亩，环江红心香柚获得农业部农产品地理标志登记证书。2016年，在央视“1号线上”评选活动中，

[1] 一园即“河池·环江工业园区”；二带即以思恩—洛阳—驯乐的传统工业企业为主的“新型工业经济带”和以大才、思恩、洛阳、川山为中轴，大安和长美、水源和下南为主的“现代农业产业带”；三区为“北部特色产业集中区、华山林产加工区、都川工业区”。

环江荣膺中国十大“最美收获地”。其盛产的香牛、香猪、香鸭、香菇、香米“五香”产品，以绿色原生态的“香气”声名远播，环江也因此获得“飘香之乡”的美称。

3. 旅游产业风生水起

实施“旅游兴县”发展战略，努力打造“世界自然遗产地和多彩毛南族文化”两大旅游品牌，坚持向河池市中心城区靠拢、向世界自然遗产地荔波靠拢、向山水名城桂林靠拢，主动融入河池半小时经济区、巴马长寿养生国际旅游区和黔桂世界自然遗产生态旅游区建设，与贵州省荔波县，广西桂林市阳朔县、河池市巴马县共建喀斯特旅游联盟，奋力建设生态宜居、休闲养生、文化绚丽的区域性国际旅游目的地。启动旅游基础设施大会战，景区基础设施建设和旅游公共服务能力大幅提高。推进“创星建 A”工作，成功创建 3A 景区一家（牛角寨景区）、自治区三星级乡村旅游区两家、自治区四星级农家乐两家。目前，环江县正在按 5A 级设计标准建设木论喀斯特生态旅游景区和文雅天坑群景区，2017 年文雅天坑群景区入选全国优选旅游项目。环江旅游业从无到有，推动了现代物流、通信、电子商务产业快速发展，成为县域经济增长新亮点，其先后荣获“中国最美文化生态旅游名县”“自治区生态旅游示范区”等称号。

（三）社会发展

坚决贯彻全面深化改革各项措施，认真开展各项改革活动，深化供给侧结构性改革，全县农村土地确权登记、国有林场改革、学前教育改革等工作成效明显；统筹推进财税、金融、行政审批等重点领域改革，着力破解发展难题，不断释放改革红利，持续增强经济社会发展活力，切实推进全面深化改革到基层到一线，让全县人民共享改革成果。

1. 基础设施建设步伐加快

交通等基础设施得到明显改善，仅 2010—2015 年共投入公路建设资金 9.8 亿元，一批等级公路和通乡、通村公路得到建设。截至 2015 年年底，全县通村公路硬化率达到 100%，148 个行政村（社区）全部通硬化公路。交通基础设施建设实现了从“滞后”到“基本适应”的历史性跨越，全县农村公路的通达率和通畅率明显提高，路网结构得到进一步优化，农村公路的发展基本满足了沿线群众的生产、生活需求。防灾减灾体系建设得到加强，农村居民饮水安全率超额完成任务，水库除险加固工程项目建设提前完成，全县大小江河河道整治加快推进，农田水利工程建设成绩喜人，水土保持综合治理效果显著。农村饮水安全项目、坡耕地水土流失治理项目及河流治理项目得以实施。至2017年，全县贫困户通电率为100%，宽带网络覆盖率达97%以上。

2. 城乡面貌焕然一新

全面实施城市扩容战略，从根本上优化了环江在广西经济发展中的空间布局。全面实施城乡统筹建设，如县城区“三横六纵”路网建设、城西新区建设、城中村改造、绿化美化等基础设施项目建设86项，县城规划建设面积由2007年的10平方千米扩大到25平方千米，城区人口由2007年的3万人增加到4.95万人，全县城镇化率达40%。狠抓少数民族特色村寨创建工作，下南乡南昌屯和思恩镇陈双村先后被国家民委命名为“中国少数民族特色村寨”。

3. 基本公共服务保障有效提高

教育方面，学前教育成为全国五个少数民族自治区唯一的国家学前教育改革发展实验区；义务教育阶段学校的办学条件得到极大改善，义务教育巩固率达92.63%且2017年顺利通过自治区义务教育均衡发展的评估验收；高中教育教学质量位于全区同类学校前列，近10年来，环江高中共有19名学生被清华、北大录取。医疗卫生方面，深入推进医疗卫生改革，全县参加医疗保险率达98.64%，“看病难”等问题得到有效缓解。

4. 脱贫攻坚实现新突破

1987年以来，环江认真贯彻落实国家不同阶段的扶贫政策，探索创新扶贫模式。一是易地扶贫搬迁进程不断加快。全国“八七扶贫攻坚计划”实施期间，环江县在全国率先实施易地扶贫搬迁工程，20多年来，坚持县城、乡镇集中安置为主，村级分散安置为补，“有土安置”和“无土安置”相结合的方式，推动易地扶贫项目从“移民新村”向“移民新城”迈进，易地扶贫搬迁进程不断加快，先后接纳外县6万多名贫困群众到环江安置。二是“整乡推进”项目促农增收。2012年，环县在全区率先实施“整乡推进”开发扶贫项目建设，开发扶贫“大安模式”开了广西先河并在全区推广。三是大力实施“扶贫 +”创新攻坚模式，脱贫攻坚各项工作取得显著成效。第一，扶贫产业取得新突破。八大特色扶贫主导产业覆盖贫困户达 93.1%；大力推进“5321”脱贫产业工程，全县农村土地经营权流转总面积达到 13.18 万亩，2017 年新增 2.8 万亩；2017 年发放产业扶贫资金 8680 万元，受益贫困户 15437 户；特色农业产业覆盖贫困户 2 万户以上，其中有“5+2”特色产业（桑蚕、柑橘、杉木、核桃、香猪、菜牛、油茶）户数为 13522 户，全县贫困户“5+2”特色产业覆盖率 66.44%；万亩现代特色农林扶贫产业示范园正在全力推进。第二，精准脱贫成效显著。2016 年和 2017 年，环江两次代表广西圆满通过国务院精准扶贫成效第三方评估，全县农村贫困人口从 1986 年年底的 20.74 万人减少到 2017 年年底的 4.48 万人，贫困发生率由 55.94% 下降到 13.1%。第三，贫困人口公共服务保障有效提高。举办农民技能培训班 43 期，培训 2365 人，发放误工补助 11.82 万元；发放学前教育免保教费，义务教育补助，普通高中、中职教育国家助学金共 8611 人 1653.23 万元；发放雨露计划补助 672.355 万元。贫困户参加医疗保险 100%；在册贫困人口门诊补偿 8.34 万人次，补偿费用 433.68 万元；在册贫困人口住院补偿人次 0.76 万人次，住院补偿 2733.43 万元。选聘 2016 年和 2017 年建档立卡贫困人口生态护林员 2381 名，落实贫困人口生态护林员劳务费 1568 万元。第四，贫困户配套基础设施逐步完善。2017 年共整合各类资金 29106 万元，投入到交通、饮水、住房、用电、宽带网络、公共服务等基础设施项目；投入 615.55 万元完成村级道路项目建设 6 条 24.64 千米，竣工率 100%；投入 9787.91 万元建设屯级道路 181 条 291.51 千米，竣工 148 条 239.06 千米，竣工率 81.76%；2017 年建档立卡贫困户危房改造指标 1245 户，竣工 1245 户，竣工率 100%；投入 3090 万元完成农村饮水安全巩固提升工程建设项目 177 处，项目覆盖 36 个贫困村，受益总人口 42842 人，其中贫困户 1879 户 6599 人；投入 574.06 万元建设宽带网络项目 37 个，2017 年全县 145 个行政村（社区）有 141 个实现了宽带网络覆盖；按照“七有皆有”（有办公场所、有宣传栏、有卫生室、有篮球场、有文化室、有戏台、有宽带网络）标准要求，投入 2013 万元，实施 61 个项目，竣工 44 个，竣工率 72.13%；投入

847.2万元建设电网提升改造项目19个，竣工19个，全县贫困户通电率为100%。

（四）文化传承绽放异彩

第一，大力促进毛南族文化绽放异彩。实施“文化活县”战略，突出民族特色，打造文化品牌，通过挖掘、汇编毛南族民歌、毛南族书籍，举办民间手工艺花竹帽培训班等，非物质文化遗产的挖掘、保护和传承工作得到加强，毛南族花竹帽编织技艺、毛南族“肥套”被列入国家级非物质文化遗产目录，民族文化特色日益彰显。其中，毛南族“肥套”傩舞《三娘与土地》《顶卡花》成功登上德国、泰国、日本等国家的舞台并获广泛赞誉。第二，成功举办一年一度“广西环江·毛南族分龙节暨世界自然遗产文化旅游节”活动，毛南族分龙节龙舟赛扩大为国际邀请赛，分龙节成为广西民族节庆文化十大品牌之一，被评为“中国最具特色的民族节庆”。第三，通过将旅游与文化深度融合、共同推进，努力打造“世界自然遗产地和多彩毛南族文化”两大民族旅游品牌，使文化旅游产业逐渐成为新的经济增长点。

（五）生态文明建设成效显著

不断巩固生态文明建设所得的成效。坚持实施“生态立县”战略，大力发展绿色经济、循环经济，统筹抓好生态公益林管护、石漠化综合治理、重点生态功能区和自然保护区管理等工作，全面建设生态文明；完成造林19220公顷，治理石漠化面积17945公顷，建设农村沼气池3051座；深入开展“美丽广西”清洁乡村系列活动，有效提高了生态环境质量和人民生活水平。2014年6月，环江喀斯特地貌正式列入世界自然遗产名录。2015年6月，首届“国际地学遗产大会”在环江成功举办，形成会议成果《环江宣言》，反映了环江生态建设的显著成果。此外，积极推进农村环境保护和生态示范创建，“美丽环江·清洁乡村”活动深入推进，农村环境综合整治成效突出。目前，全县森林覆盖率达74.48%，环境空气质量达到国家一级标准。污染综合整治进一步强化，实施7个重金属治理项目，5年来累计减少化学需氧量1550多吨，二氧化硫减排5300多吨，各项重金属完成减排15%的目标，重金属污染得到有效控制，节能减排任务全面完成。

（六）民族工作和民族团结大力发展

环江县促进民族团结和社会和谐稳定形成新格局。大力开展“六联六促”[1]民族团结主题实践活动，促进全县各民族团结互助、和谐相处、共同发展；尊重少数民族风俗习惯，大力弘扬民族传统文化，不断加强民族干部队伍培养，充分保障少数民族当家做主权利，有力地推进了民族团结进步模范县的建设。环江县还积极筹集国家有关民族地区扶持人口较少民族发展项目、以工代赈项目、以工代赈示范项目、巩固退耕还林成果项目、易地扶贫安置工程项目等专项经费、补助资金及其他经费，为全县各项事业发展提供了强有力的资金保障。同时，加强社会治安综合治理，把依法治县当作重中之重，不断加强对全县 38 万各族人民的法制教育，积极构建平安环江、法治环江建设，全县社会大局保持和谐稳定，群众幸福感、安全感不断提升，环江县由此多次被评为全区全市平安县（区）。

二、广西毛南族地区发展面临的制约因素

（一）脱贫攻坚任务繁重

由于环江县在“八七扶贫攻坚”期间接收了大量县外移民，安置点分散于各乡镇，点多面广，加上自然条件制约，全县经济社会发展还很滞后，仍然是国定贫困县之一，是广西脱贫攻坚的主战场。目前，全县尚有贫困人口 4.48 万人，贫困发生率达 13.10%，脱贫攻坚任务十分艰巨。

（二）基础设施建设滞后

环江县连接外界的道路特别是与贵州省荔波县连接的道路和通往县内各乡镇、各景区景点的道路等级低、可通达性差，使环江县的区位优势和生态资源优势得不到应有的发挥，严重制约全县经济社会发展。群众饮水、农田灌溉等水利问题较为突出，全县尚有 2.3 万人存在饮水困难；农田水利灌溉渠道还有 386 千米需要兴建修复。农村贫困人口住房条件急需改善，2017 年仍有 3117 户需要进行危房改造；农村公共服务设施建设滞后，农村学校、

[1] 即屯务联管，促屯貌建设换新颜；生产联营，促群众脱贫奔小康；文艺联演，促进民族文化融合；婚嫁联姻，促进民族感情；治安联防，促进社会和谐；品牌联创，促进民族文化传承。

村级医疗、村屯公共文化设施严重不足。

（三）产业转型升级难度大

环江县特色农林产业以初级产品加工为主，附加值偏低，产业转型升级难度大，市场竞争力有待提高；电子商务、现代物流、社区服务业、文化产业等现代服务业刚刚起步，对县域经济贡献率比较低，产业转型升级任重道远。

（四）专业化人才匮乏

当前环江县缺少城建、规划、国土、旅游、金融及科技信息技术等方面的专业人才，现有人才学历普遍偏低，年龄偏大，理念相对落后，创新力和活力不足，严重制约了少数民族地区的发展。

（五）少数民族文化和工艺的保护与传承机制不健全

当前，环江县对少数民族文化和工艺的保护和传承缺少健全的管理制度。例如，环江的花竹帽编织技艺虽然列入国家级非物质文化遗产名录，但是全县掌握花竹帽编织技艺的人寥寥无几，民族工艺和文化存在失传的风险。此外，对保护和传承少数民族文化和工艺的财力投入不足。

三、广西毛南族地区发展的有利条件和机遇

（一）申遗成功给环江带来重大发展机遇

2014年6月23日，由广西桂林、环江和贵州施秉、重庆金佛山四部分组成的“中国南方喀斯特”二期作为“中国南方喀斯特”扩展项目列入《世界遗产名录》，环江由此走向世界，成为世界自然遗产地家族的新成员。环江申遗成功，一是极大地提高了环江的知名度，其丰富的自然资源将按照国际标准得到永久保护，从而为环江带来巨大的经济效益和社会效益，为可持续发展打下坚实的基础；二是有利于以此为契机，大力推动旅游兴县；三是有利于提高环江开放经济的融入度，能够促进环江县域特色经济的发展壮大。环江物产丰富，有“飘香之乡”“中国兰花之乡”“中国菜牛之乡”的美誉。申遗成功，有利于招商引资，通过世界自然遗产品牌，把丰富的特产资源变成发展优势，从而推动民族文化产业、地方特色经济可持续发展，进一步促进环江县域特色经济的发展

壮大。

（二）生态资源优势和毛南族文化品牌为环江发展创造有利条件

环江最大的优势是生态资源优势。申遗的成功，为环江打造生态产业提供了千载难逢的机遇，有利于其将生态产业做大做实：一是加强生态公益林建设，增加农民收入，维护农民利益，提高农民管护生态林的责任感和积极性；二是引导和鼓励群众进行珍贵植物品种的育种和栽培，使其成为一条当地农民增收致富的黄金道；三是大力发展林下经济，依托优越的林下生态资源，引导和扶持农民大力发展种养业。

环江毛南族特色文化丰富多彩，尤其“傩文化”和“花竹帽文化”的特色文化内涵有待充分挖掘，通过加大投入开展非遗普查和保护名录项目申报。为此，要抓好毛南族文化传承的硬件建设，加强文化遗产保护管理机构和专业人才队伍建设，全力做好毛南族特色文化的保护和传承工作，精心打造毛南特色文化品牌。

四、对策建议

（一）加大对毛南族地区的财政倾斜和政策倾斜

由于历史原因，毛南族地区经济十分薄弱，基础设施落后，建议出台更多有利于当地教育、就业、基础设施建设等方面的优惠政策，同时加大上级重大项目的投入，从根本上促进毛南族地区的发展。

1. 扶持创建世界自然遗产（环江）生态旅游试验区，打造广西旅游新一极

环江喀斯特列入世界自然遗产名录，有助于河池乃至广西进一步走向世界，并为创建世界自然遗产地（环江）生态旅游试验区及打造广西旅游新一极奠定基础。环江旅游集民俗、美景、美食于一身，资源多、品位高、特色浓，开发潜力巨大。此外，“贵阳—南宁”高铁将于 2022 年建成通车，规划建设的桂林至百色高速铁路也将在环江附近设站，位于两条高铁交汇处的环江将成为桂粤黔三省（区）旅游交通中枢。以上地缘优势有利于桂黔世界自然遗产旅游圈的形成，有利于民族团结和实现精准脱贫。

2. 加大在政策和资金投入力度给予六个方面的扶持

一是给予减少或免除配套资金，加大财政转移支付。环江县是新时期

国家开发扶贫工作重点县，财政十分困难，基础设施落后，亟待加大建设力度，相关部门在安排基础设施建设项目和重大经济发展项目时给予减少或免除配套资金的照顾，并适当增加财力性转移支付补助力度。

二是加大对环江国家重点生态功能区转移支付补助。环江县是“中国南方喀斯特”世界自然遗产地、国家重点生态功能区，也是珠江流域生态屏障，生态保护任务异常艰巨，仅靠环江县财力支撑难以落实到位，要保证在现有的基础上每年逐步增加环江县国家重点生态功能区转移支付补助1.2亿元。

三是解决易地扶贫移民搬迁资金问题。自1993年以来，通过建立移民安置点进行“有土安置”，环江县先后接收安置了都安、大化、东兰3县及县内部分贫困移民共6.6万人和2002年原广西红茂矿务局因政策性关闭破产，通过“无土安置”方式安置了红茂矿务局下岗职工及家属2万多人。但由于迁入的异地安置人口数量大、安置点多、分布广、安置点投入标准低。目前，环江县异地安置场存在的问题和困难已十分突出，主要是道路、房屋、饮水等基础设施还相对落后，发展后劲严重不足，群众增收难，县级财政负担过重。要积极争取上级协调解决环江县易地扶贫移民搬迁巩固建设资金。

四是给予“河池·环江工业园”区自治区工业园区发展专项资金支持。解决用于园区基础设施、公共服务平台等建设的工业园区发展专项资金、有利于加快工业园区基础设施建设，引导产业资源向工业园区集中，提高园区承载能力，推动园区向特色化和生态化转型升级，加快扶贫产业发展，以带动更多贫困户早日实现脱贫摘帽。

五是支持发展林下经济产业。环江县境内拥有木论和九万山两个国家级保护区，森林资源得到了有效保护，然而保护区内农村群众生活还很困难，充分利用保护区内森林资源开发林下种养业是一条很好的脱贫致富路，尤其是2016年7月环江县列为全国服务精准扶贫国家林下经济及绿色产业示范基地之一，要在资金方面对下经济产业项目予以扶持。

六是对教育给予扶持。加大环江县普通高中、职业学校基础设施和教育资源建设的投入，满足广大群众对优质教育的需要。尤其要及时解决学前教育改革实验区实验经费。

（二）加强对少数民族人才的培养

人才是第一资源，通过举办少数民族人才培训班，加大少数民族教育，用新发展理念武装、教育少数民族地区党员干部群众，使少数民族地区真正拥有一支强有力的队伍，带领少数民族地区发展壮大起来。此外，需制定少数民族地区人才长远发展规划，加大引进优秀专业技术人才力度，支持偏远少数民族地区工作。

（三）加强对少数民族文化的传承力度

加大对少数民族工艺的保护和传承，提升少数民族手工艺人和文化工作者的社会地位，号召更多的人参与到少数民族文化传承事业上来。引导和支持少数民族特色产品走向市场，不断提升少数民族工艺品和产品的文化价值和经济价值，保持少数民族文化和工艺的长久生命力和活力。

广西仫佬族地区 60 年发展报告

罗仁惊瑜 *

罗城仫佬族自治县位于桂西北九万大山南麓，原为罗城、天河两县，1953 年天河县并入罗城县，1983 年撤销罗城县，设立罗城仫佬族自治县，成为全国唯一的仫佬族自治县。2017 年年末，罗城全县总人口 37.61 万人，有仫佬、壮、苗、瑶、侗等少数民族 27.75 万人，占总人口的 73.78%；其中仫佬族人口 12.47 万人，占总人口的 33.16%。[1] 广西仫佬族主要聚居于河池市罗城仫佬族自治县和柳州市柳城县古砦仫佬族乡，长期与壮、汉、苗、瑶、侗等民族生活在一起，与其他各民族共同涵养了多元一体的民族文化。

一、广西仫佬族地区 60 年发展历程

（一）政治发展

1983 年，罗城仫佬族自治县设立。罗城仫佬族自治县成立后，坚决贯彻落实民族区域自治制度，充分行使自治权，自主管理本民族、本地区内部事务，不断扩大自治法规的制定范围，努力完善自治法规体系，依法维护全县各民族平等权利。县人大常委会在广泛征求意见和深入调查

* 罗仁惊瑜为广西民族研究中心研究人员。

[1] 数据来源于罗城仫佬族自治县政府网络公布的《罗城仫佬族自治县简介》（2018 年更新）。

研究的基础上，制定了《罗城仫佬族自治县自治条例》。经过多次论证修改，于 1985 年 4 月 13 日经自治县一届人大三次会议通过，1988 年 11 月 24 日经广西壮族自治区七届人大六次会议批准实施，成为广西第一个获准实施的县级自治条例。此后，又制定实施了《关于城镇规划、建设、管理暂行办法》及实施《森林法》《教育法》《旅游管理实施条例》的补充规定等自治法规，有效地推动了自治县经济和社会事业的发展。为使民族自治工作与国家法制建设进程相适应，自治条例先后于 1996 年和 2014 年两次修改完善。新修定的《罗城仫佬族自治县自治条例》于 2014 年 9 月 1 日公布实施，对涉及当地资源开发利用，改善生态环境、金融、财政、文化、教育、卫生、基础设施建设等有关条款，依据自治法做出了相应修改，使自治法的贯彻落实工作不断深入，也使党的方针、政策在自治县的贯彻落实有了更坚实的法律保障。

罗城仫佬族自治县成立以来，共选举产生县人大代表 2077 人，其中，少数民族代表 1645 人，仫佬族代表 740 人，少数民族代表比例和仫佬族代表比例均超过相应人口比例（见表 1）。[1] 各级人大代表充分行使代表权利，认真履行代表义务，依法参加行使国家权力，使各项工作体现人民共同意志、保障人民民主权利、维护人民根本利益。

表 1　罗城仫佬族自治县人大代表民族情况统计

届期	代表总数（人）	少数民族代表（人）	占代表总数比例（%）	仫佬族代表（人）	占代表总数比例（%）
第一届	281	216	76.87	117	41.64
第二届	257	200	77.82	91	35.41
第三届	265	206	77.74	85	32.08
第四届	269	215	79.93	97	36.06
第五届	201	159	79.10	74	36.82
第六届	201	166	82.59	77	38.31
第七届	201	160	79.60	69	34.33
第八届	201	160	79.60	65	32.34
第九届	201	163	81.09	65	32.34
合计	2077	1645	79.20	740	35.63

[1] 根据《罗城仫佬族自治县志》和罗城仫佬族自治县人大选联委提供的有关数据统计。

（二）经济发展

广西壮族自治区成立60年来，特别是自治县、民族乡成立以来，仫佬族地区坚持以经济建设为中心，依托资源优势大力发展经济，现代特色农业提速发展，工业转型升级步伐加快，现代服务业蓬勃发展，各项主要经济指标持续增长。罗城仫佬族自治县地区生产总值从1984年[1]的0.82亿元增长到2017年的46.46亿元[2]；人均地区生产总值由2004年的3124元增长到2017年的14960元[3]；全社会固定资产投资由1984年的0.03亿元增长到28.37亿元；财政收入由1984年的0.03亿元增长到2017年的3.44亿元；农民人均纯收入由1984年的122元增长到2015年的5323元[4]；城镇居民人均可支配收入由2004年的5410元增长到2017年的21549元；全县规模以上工业总产值由2005年的5.1亿元[5]增长到2017年的12.98亿元[6]。到2017年，罗城仫佬族自治县财政收入和固定资产投资两项指标增速排河池市前列，县域经济发展速度和质量不断提升，综合经济实力进一步增强。

1. 农业发展情况

仫佬族地区的自然条件非常有利于发展农业生产。当地群众因地制宜，将地势较低和邻近水源的土地开垦为水田种植水稻，将地势较高且远离溪河的土地开垦为畲地，种植玉米、花生、麦、薯及豆类作物，形成了以稻作农业为主、以畲地经济作物为辅的经济生产模式。

从1954年起，罗城逐步改单季稻为双季稻耕作制。至1972年，早稻、晚稻种植面积比1953年分别扩大了2.9倍、1.8倍。随着单季稻改双季稻耕作制的成功，土地使用率和粮食增长率得到提高。党的十一届三中全会以后，罗城从1979年冬起试点实行“双包”责任制，1980年后逐步实行家庭

❶ 本段中1984年的数据均来源于《凝心聚力谋发展　豪情满怀谱新篇——广西壮族自治区罗城仫佬族自治县成立30周年发展纪实》(《民族画报》2014年11期)。

❷《罗城仫佬族自治县2017年国民经济和社会发展统计公报》显示，“初步核算，全年全县生产总值464593万元”。为与1984年数据的单位统一，将“464593万元”四舍五入为“46.46亿元”。本段中2017年的数据均来源于《罗城仫佬族自治县2017年国民经济和社会发展统计公报》。

❸ 广西壮族自治区统计局. 广西统计年鉴2005［M］. 北京：中国统计年鉴出版社，2005.

❹ 自2016年起，统计口径更改为“农民人均可支配收入”，各项统计资料中已无“农民人均纯收入”这一指标，因此以2015年的数据作对比。2015年数据来源于《罗城年鉴2016》，第42页。

❺ 见《罗城仫佬族自治县政府工作报告（2006年）》。

❻《罗城仫佬族自治县2017年国民经济和社会发展统计公报》显示，“规模以上工业总产值129827万元”。为与2005年数据的单位统一，将“129827万元”四舍五入为“12.98亿元”。

联产承包责任制，对农业结构进行调整，极大地提高了当地群众的生产积极性。1983 年，粮食总产量达 102772.9 吨❶。1989 年后，罗城贯彻“粮食是基础的基础”战略，在大面积普及推广杂交水稻和杂交玉米种植的同时，地膜防寒育秧、地膜玉米、旱育稀植、水稻抛秧、测土配方施肥、沃土工程、病虫害综合防治等农业科学技术的普及和应用面积也在逐年扩大，粮食总产量连年提高，逐渐从粮食不能自给发展到粮食自给有余。1995 年，全县粮食总产突破 13 万吨❷，比 1983 年增长 26.49%，创历史最高水平。20 世纪 90 年代中后期，罗城开始实施农业产业结构优化调整，狠抓农业综合开发，在重视粮食生产的同时，把甘蔗、春烤烟、林果、冬季农业等产业作为农业综合开发的主要内容，农业开始走上提高农业效益的科学发展道路。

进入 21 世纪，罗城农业发展坚持以市场为导向，以经济效益为中心，紧紧围绕“农业抓增收”“农业稳县”的工作思路，全面推进农业产业结构调整，把毛葡萄、甘蔗、种草养牛及烤烟、桑蚕、木薯等“三大三小”特色农业作为主要产业，加快发展生态农业和特色农业。同时，大力实施科技兴农，在粮食种植面积相对减少的情况下，通过大面积普及推广新型实用的农科技术，保证粮食总产的稳定。此外，其现代农业实现了新发展。“罗城毛葡萄”获农业部中国农产品地理标志登记认证；罗城农业科技园区被评为“首批广西农业科技园”；罗城仫佬族自治县被广西壮族自治区认定为“无公害水果生产基地”，并荣获“全区优果工程行动先进县”。

近年来，罗城重点依靠科技推进现代特色效益农业，在政府 + 科研机构 + 企业等创新体系下，形成以毛葡萄、核桃为重点，粮食、糖料蔗、桑蚕、木薯、茶叶、红心猕猴桃、渔牧等农产品产业化发展的新格局。2017 年，全县糖蔗种植面积突破 17 万亩，毛葡萄面积达 8 万亩，桑园面积达 6.65 万亩，核桃面积超过 10 万亩，林下经济累计达 93.16 万亩❸；创建了一批现代特色农业示范基地（区），其中，中国毛葡萄（仫佬・罗城）示范区被评为广西现代

❶ 罗城仫佬族自治县志编辑委员会. 罗城仫佬族自治县县志［M］. 南宁：广西人民出版社，1993..

❷《罗城仫佬族自治县概况》编写组，《罗城仫佬族自治县概况》修订本编写组. 罗城仫佬族自治县概况［M］. 北京：民族出版社，2009：68.

❸ 数据来自《自治区成立六十年罗城仫佬族自治县经济社会发展情况汇报》，由罗城仫佬族自治县发展和改革局提供。

特色农业（核心）示范区（三星级），小长安镇燕山构树生态种植示范区获评市级示范区，宝坛有机茶示范园获评乡级示范园。同时，古砦仫佬族乡充分发挥“柳城米粮仓”优势，加快推进古砦“稻花飘香”现代粮食核心示范区建设工作，目前已建立高产优质水稻核心示范区 3015 亩，拓展区 6236 亩，辐射区 11269 亩；全程机械化栽培技术应用率 90% 以上，测土配方施肥、病虫害统防统治技术应用率 100%；确立了以提高科技含量、优化种植区域为重点，以提高单产、增加总产为目标的发展思路，进一步推动甘蔗规模化、机械化发展；通过“小地块并大地块”和甘蔗产业扶持，大力实施“双高示范基地”建设，示范面积不断扩大。

2. 工商业发展情况

中华人民共和国成立后，仫佬族地区的工业才开始逐步发展。1957 年，全县工业总产值 293.52 万元[1]，有县属国营企业 3 家（农具厂、火电厂、副食品加工厂），产值 63.72 万元；集体工业企业 24 家，产值 229.80 万元[2]。此后又相继开办九龙煤矿、大米加工厂、糖厂、钨矿厂、炼铁厂、四堡锡矿、氮肥厂、水泥厂、砖厂、汝甲铁矿、茶叶加工厂、制药厂、预制厂、木材加工厂等。到 1985 年，全县有县属国营工业企业 20 个，产值 866 万元；集体工业企业 48 个，产值 303 万元；城镇个体工业产值 20 万元。从 20 世纪 80 年代中期开始，罗城的地方工业加快了发展的步伐，形成了以国有企业为主体，集体工业、个体工业“一齐上”的新格局。20 世纪 90 年代，罗城全县工业以制糖、建材、化工、矿业开采为重点产业，先后投资扩建和新建了县糖厂、山野葡萄酒总厂、宇隆铁矿、金源矿业、一洞锡矿、天宝公司、县水泥厂、化建厂、铁合金厂等骨干企业，同时加大了技改投入，改造了一批重点骨干项目，增强了地方工业发展后劲。到 1995 年，全县工业企业发展到 5396 家，工业总产值 47637 万元，是 1985 年工业总产值 1189 万元的 40 倍。“九五”时期，县内国有工业企业转换经营机制，以建立现代企业制度为核心，加大了企业改革调整力度，全县工业经济保持持续增长态势。2000 年以后，罗城全面推进国有企业改革改制。到 2005 年，全县工业基本实现企业民营化，一

[1] 根据《罗城仫佬族自治县县志》第 328 页相关数据计算所得。

[2] 罗城仫佬族自治县志编辑委员会. 罗城仫佬族自治县县志［M］. 南宁：广西人民出版社，1993：328.

改以往国有企业“一枝独秀”的一元工业经济结构，以制糖、建材、矿山开采冶炼、农副食品加工为主的工业产业得到发展壮大，支柱产业推动作用强劲，当年工业总产值达到 7.83 亿元，工业经济占整个国民经济的比重加大。

近年来，罗城完成了煤炭“关井压产”22 对 112 万吨，保留的两家企业完成了机械化改造；关闭了 27 家采矿和冶炼厂，22 家涉重金属企业正在整合为 4 家[1]；“天龙泉”山野葡萄酒和“九千万”等酿酒和优质饮用水品牌相继在区内外打响；工业园区发展由粗放管理向集中规划转变，印发了《罗城仫佬族自治县工业园区总体规划（2018—2035 年）》。根据规划，工业园区规划总面积约 1010.32 公顷（15154.8 亩），其中城东工业园 317.65 公顷（4764.75 亩）、民族工业园 306.12 公顷（4591.8 亩）、牛毕工业园 386.55 公顷（5798.25 亩）。2017 年年底，整个工业园区共有企业 26 家，园区工业总产值达 10.99 亿元[2]，占全县工业总产值 15 亿元[3]的 73.3%，工业企业“集中入园”已取得明显成效。

罗城在不断加大改革开放力度的同时积极推进供给侧结构性改革，全面落实“三去一降一补”政策，扎实推进煤炭“去产能”工作，2017 年完成 7 对矿井的物理性关闭，化解产能 63 万吨；全面落实降成本 41 条措施和新 28 条措施，累计为企业降低成本 1560 万元；扎实推进营改增工作，在河池市率先实现国税、地税联合办税；深入落实各项商事制度改革，2017 年全县新增市场主体 1592 户，总量达 12946 户，同比增长 14%；总投资 2664 万元（县财政配套 1366 万元）的农村土地承包经营权确权登记颁证工作有序推进，可颁证率达 97%；强化招商引资力度，2017 年在第十四届中国 – 东盟博览会投资峰会等平台签约项目 16 个，投资总额达 49.15 亿元，签约项目数和投资总额均为上年度的 2 倍以上；全县招商引资内资到位 20.43 亿元，外资到位 961 万美元[4]。

（三）社会发展

1. 基础设施日渐完善，城乡面貌焕然一新

为促进民族地区经济发展，罗城大力发展交通运输事业，1955 年先后修

---

[1] 数据由罗城仫佬族自治县发展和改革局提供。

[2] 数据由罗城仫佬族自治县工业园区管理委员会提供。

[3] 数据来源于《罗城仫佬族自治县 2017 年国民经济和社会发展统计公报》。

[4] 数据来源于《罗城仫佬族自治县政府工作报告（2018 年）》。

通了省道浮宜路、县道罗龙路，以及地方公路坝新线、官黄线。1958年，修筑县道四环、天乔线，地方公路龙物线。1985年，全县省道、县道、地方公路、乡村公路（含机耕路）形成了一个以东门镇为起点，往桥头、寺门、龙岸、黄金、四堡、宝坛、乔善、天河、四把复迄于东门镇的县内环形公路网，通车里程788千米，其中省道1条51千米、县道4条88千米、地方公路19条160千米、乡村公路75条489千米。1985年，国家投资修筑岔罗铁路，过境罗城东部地区，成为罗城境内的主要铁路，北起桥头乡，往南至宜山县三岔（今宜州市三岔镇）与黔桂铁路接轨。

2018年，罗城至宜州、融水、柳城等周边县（区）有二级公路通达，实现乡乡通油路、村村通四级路、20户以上自然屯全部通水泥路的目标。融水至河池高速公路、罗城至融水洞头、黄金至罗城港、罗城四把至环江、天河至宝坛等二级公路正在建设中。

1949年，仫佬族地区供电、供水等公共设施十分落后，各乡集镇除街道、圩亭外，其他公共设施寥寥无几。1956年，县城建火力发电厂，仅供23个单位照明。1969年，跌水寨水电站供电，同年接通柳州输电网。1970年，罗城始建自来水厂，设供水点3处，至1975年增至13处。1985年，第二个水厂于1987年投产，供水普及率达95%，13655人受益。[1]1985年，全县各乡镇有圩亭75座，各乡先后建立卫生院12所，文化站11个，广播站8个，有中小学校30所。2009年，罗城县实现所有村屯全部通电。

2018年，全县城镇面积由改革开放初期的2.67平方千米扩大到18平方千米，城区面积由1.12平方千米发展至8.68平方千米，城区人口由1.1万人增长至5.33万人，城镇化率由4.2%提升到30.5%。龙岸镇、怀群镇等特色名镇建设加快推进，城乡面貌焕然一新。

2. 着力保障和改善民生，居民幸福感不断攀升

罗城仫佬族自治县坚持以人民群众得实惠为标准，着力保障和改善民生，坚持每年为民办10件以上实事。5年来，组织各项资金3.92亿元，重点实施了农村电网改造工程、教育惠民工程、医疗惠民工程、村村通广播电

---

[1] 罗城仫佬族自治县志编辑委员会. 罗城仫佬族自治县县志［M］. 南宁：广西人民出版社，1993：462.

视工程、文化惠民工程、农村危房改造工程等，全县广大人民群众深切感受到了党和政府的关怀。科教兴县战略稳步实施，第二轮科技创新计划全面完成，科技对经济贡献率达 45%。教育事业成果显著，2004 年“普九”工作通过自治区验收，罗城高中被确认为自治区示范性普通高中，高考综合实力居全区同类学校前列，职业教育、成人教育、支教工作均取得较好成绩。文化卫生事业长足发展，2005 年罗城荣获“全区文化先进县”称号，仫佬族“依饭节”获得首批国家级非物质文化遗产保护项目。突发公共卫生救治体系初步建立，取得了防控“非典”、副伤寒、禽流感等重大疫情的胜利。国土资源开发、生态和环境保护工作稳步推进。妇儿工作取得新成绩，罗城被确定为全区实施妇女儿童发展规划示范单位。

罗城高度重视改善困难群众生活，2006 年以来，全县得到城镇低保救助 3 万多人次，发放城镇居民最低生活保障金 3600 多万元；农村低保对象 6 万多人次，发放农村低保金 3000 多万元；五保户 2500 人，发放生活补助金 1200 多万元。

仫佬族地区通过长期努力，逐步实现了基本公共服务均等化。罗城组织实施了村村通广播电视、农村基础教育等十项工程，总投资达 7200 多万元，绝大部分项目已完工并投入使用；实施农村基础教育工程，在 8 个乡镇 14 所中小学投资 1700 多万元建成了 21 栋教学楼及学生宿舍、食堂等工程，极大改善了学校的办学条件；实施基层公共卫生建设工程，群众看病就医条件明显改善；实施城乡基层公安派出所和司法所建设工程，建成了 7 个乡镇派出所办公楼、10 个乡镇司法所办公楼。

“十三五”以来，罗城民生保障水平显著提高。全县各类民生支出 24.64 亿元，增长 11.19%，占一般预算支出的 83.75%。教育事业不断发展，抓好教育振兴行动计划六大重点工程建设，实施农村中小学校舍维修改造等项目 45 个，已竣工 19 个。开工建设罗城·深圳小学，积极开展罗城高中、凤凰小学、乡镇中心幼儿园建设前期工作，推进仫佬中学（新民族中学）项目建设，科学规划校园布局。学前教育三年毛入园率达 86.3%，义务教育巩固率达 92.5%，高中阶段毛入学率达 83%。就业创业工作有序推进，城镇新增就业 1323 人，农村劳动力转移就业 5130 人次。社会保障水平不断提高，城乡居民基本医疗保险参保人数达36.88万人，完成目标任务的115.1%，城乡居民养老保险参保率99.48%、养老金发放率100%。发放各类民政补助、救助资金1.5亿元，罗城低保申请网上无纸化审批改革被中华人民共和国民政部评为“2017年度社会救助领域优秀创新实践案例”，县社会福利院被广西壮族自治区评为三星级福利机构。“健康罗城”建设加快推进，总投资1.5亿元的中医仫佬医医院项目进展顺利，投入1780万元实施乡镇卫生院标准化建设。实施和完善村级公共服务中心102个，新建篮球场104个、文化楼45座，罗城县荣获“全国群众体育先进单位”称号。安居工程扎实推进，建成全县保障性安居工程和棚户区改造1424套，完成公租房分配入住2654套。

仫佬族地区坚持发展共享，始终坚持把保障和改善民生作为各项工作的出发点和落脚点。2017年，全县城镇居民人均可支配收入21650元、农民人均纯收入7315元，年均增速均跑赢经济增长速度。持续稳定和扩大就业，城镇失业率控制在3.9%以内。城乡居民基本医疗保险参保人数达36.88万人，完成目标任务的115.1%，城乡居民养老保险参保率99.48%、养老金发放率100%。保障性住房累计建设6000多套。创作了《玉笛情缘》、仫佬族风情歌舞《一声哥来一声歌》等一批优秀民族文化作品，顺利完成国家公共文化服务体系示范项目县创建工作，获得“广西文化县”称号。新增21项县级非物质文化遗产保护项目名录，“欢乐仫佬乡”“农村群众文艺汇演”获广西壮族自治区第十七届“八桂群星奖”群众文化活动项目奖；“仫佬族土布制染技艺”入选第六批自治区级非物质文化遗产代表性项目名录。

此外，罗城坚持把抓社会稳定、安全生产与抓经济工作同时部署、同时落实，严厉打击各种违法犯罪活动，社会治安综合治理得到加强，治安状况进一步改善。

3. 奋力打赢脱贫攻坚战

扶贫工作是党中央、国务院和广西壮族自治区党委、政府的一项重要战略部署，对于仫佬族地区而言，更是一项长期而艰巨的任务。早在1984年，罗城就被列为广西28个国家重点贫困县之一。1985年，罗城农民人均纯收入仅为139.78元，当时仍有27417户145021人生活在温饱线以下，他们的人均口粮不到400斤、现金收入不到200元。其中严重困难的有3079户13771人，人畜饮水困难的有 518 个屯 11822 户 62185 人、牧畜 32819 头，住草房的有 1743 户 8177 人，住三叉房的有 287 户 1549 人，住岩洞的有 3 户 16 人[1]。

党的十八大以来，以习近平总书记为核心的党中央把脱贫攻坚摆到治国理政的重要位置，采取超常规的举措，全面打响脱贫攻坚战。罗城仫佬族自治县紧跟国家和广西壮族自治区扶贫攻坚步伐，以解决和巩固温饱为中心，以增加贫困群众收入为重点，大力实施“开发扶贫攻坚工程”，按照“重点治贫促发展”的理念，转变观念，狠抓落实。“十二五”时期，罗城共安排扶贫专项资金 58 亿元（其中 2.5 亿元用于扶持 2016—2017 年预脱贫摘帽村集体经济发展、贫困户产业发展），累计 12.65 万贫困人口实现脱贫。毛葡萄、核桃、糖蔗等扶贫主导产业发展成效明显，是种植毛葡萄治理岩溶、石漠化的成功经验在国家滇桂黔石漠化片区区域发展与扶贫攻坚推进会上得到推广。完成扶贫生态移民搬迁 1522 户 7024 人。在河池市率先实施通屯公路建设大会战，新建或硬化村屯公路 650 多条 1100 多千米，建成农村饮水安全工程 470 多处，解决 12.87 万人饮水安全问题，实施 1.31 万户农村危房改造，夯实扶贫发展基石。“千企助百村”活动成效显著，35 家非公企业结对帮扶 30 多个行政村，认捐款物累计达 1.2 亿元，帮扶项目 50 多个。2015 年，投入 220 万元，选派 1380 名工作队员开展新一轮精准识别，共识别出 67 个贫困村 8.32 万贫困人口。为此，罗城实施“1086”帮扶全覆盖机制，全县 3094 名干部与 21993 户贫困户结成帮扶对子，为打赢脱贫攻坚战奠定坚实基础。

“十三五”以来，罗城仫佬族自治县把脱贫攻坚作为最大的政治责任、最大的民生工程、最大的发展机遇，精心谋划、精准发力、综合施策，举全县之力开展脱贫攻坚工作。2016 年，罗城有 6 个贫困村实现脱贫摘帽，2017 年超额完成了 9 个贫困村 11579 人脱贫摘帽的年度目标任务；大力扶持村级集体经济发展。目前，全县 141 个村（社区）都成立了村民合作社，为村集体经济长足发展搭建有效载体。按照贫困村 50 万元 / 村、非贫困村（社区）30 万元 / 村标准，罗城仫佬族自治县整合资金 5570 万元用于全县 67 个贫困村和 74 个非贫困村发展村集体经济，以最快速度有效解决了村集体经济

[1] 《罗城仫佬族自治县概况》编写组，《罗城仫佬族自治县概况》修订本编写组. 罗城仫佬族自治县概况［M］. 北京：民族出版社，2009：129.

“空壳”难题。2017年，通过入股企业（合作社）、光伏发电、发展特色养殖项目等，15个贫困村（即2016年6个脱贫村和2017年9个脱贫村）每村都获得了2万元以上的集体经济收入。其余的贫困村集体经济发展项目已通过建设门面、委托企业托管分红等实现营收，确保2018年达到每村3万元以上并逐年提高，到2020年每个贫困村集体经济收入达到5万元以上。东西部（粤桂）协作项目不断深化。深圳众信人力资源公司与罗城就业服务中心签订劳务输出和人才引进协议，提供就业岗位不低于1000个，重点倾斜建档立卡贫困劳动力，确保易地搬迁户后续就业创业全覆盖。截至2017年年底，已建成安置房3000套，已搬迁入住2058户10131人，易地扶贫搬迁累计入住率达84.06%。

2018年1月，罗城仫佬族自治县代表广西接受国家东西部扶贫协作成效考核并顺利通过了省际交叉检查考评，为广西脱贫攻坚成效考核获得一等评价和东西部扶贫协作考核获得“优秀”等次做出了积极贡献。

（四）民族文化传承与发展

1. 不断创新文化活动载体，民族文化生机盎然

罗城自2009年举办首届仫佬族依饭文化节取得圆满成功后，又在2013年、2017年先后举办了第二届、第三届“中国·罗城仫佬族依饭文化节”，活动规模不断扩大，活动内容精彩纷呈，吸引了区内外众多媒体、游客和各界人士前来共襄盛会，罗城仫佬族依饭文化品牌的知名度显著提升，对当地旅游和招商引资起到了极大的助推作用。此外，罗城还充分利用自治县逢十周年县庆、河池铜鼓山歌艺术节、春节等重大节庆文化活动，将仫佬族刺绣技艺、舞草龙、走坡节、仫佬族婚俗、草编、竹编等非遗项目创编成文艺节目进行展演，形成了“风情舞动罗城·多彩仫佬山乡”的非遗展演项目的群众文化活动品牌。在春节、“三月三”“文化遗产日”期间，多次举行非遗展示活动，并在民族文化广场、成龙湖走坡广场、石围屯、相思林、青明山等地开展仫佬族传统体育竞技活动，展示仫佬族刺绣、剪纸、抢粽粑、舞草龙、煤砂罐制作技艺、仫佬医药等，全面推介和宣传仫佬族地区优秀传统文化。柳城县古砦仫佬族乡充分利用仫佬族传统节日推动文化活动蓬勃开展，在每年的秋收时节举办古砦罩村开塘节，得到社会各界的好评，进一步带动

了当地优秀传统文化的发展。通过不断创新文化活动载体，全方位、多角度弘扬优秀民族文化，仫佬族地区的民族文化生机盎然、蓬勃发展。

2. 加大优秀文化遗产保护力度，民族文化焕发活力

罗城仫佬族自治县将文化遗产保护经费纳入该县国民经济和社会发展规划及县级财政预算，组织文化工作者和民俗学专家深入广大农村地区认真完成首次全县非物质文化遗产资源普查工作，为非物质文化遗产的挖掘、整理和申报打下坚实基础。其建立健全了国家、自治区、市、县 4 级非物质文化遗产保护名录体系。截至 2017 年，全县有非物质文化遗产项目 1021 个。其中，仫佬族传统节日依饭节于 2006 年入选第一批国家级非物质文化遗产代表性项目名录，仫佬族古歌、仫佬族刺绣技艺、舞草龙、仫佬族走坡节、煤砂罐制作技艺、仫佬族婚俗 6 个项目先后入选自治区级“非遗”保护名录，罗城仫佬族刺绣、仫佬族土布染制技艺、仫佬族煤砂罐制作技艺又于 2017 年入选了第一批自治区级传统工艺振兴项目目录。另外，罗城四把镇双寨村“非遗”传习基地入选河池市第一批非物质文化遗产生产性保护示范基地，同时也是河池市首个“非遗”扶贫基地；小长安镇“仫佬族草龙”入选河池市第一批非物质文化遗产传承集体。

柳城县在全力保护非物质文化遗产的同时，不断加大对仫佬族古建筑群的保护开发。近年来，柳城县在古砦仫佬族乡古廨村、滩头村、潘村安排少数民族发展项目资金近 900 万元，完成了对广西壮族自治区重点文物保护单位——古廨古建筑群的非主体维修工程；平整、修复了滩头、古廨古建筑群的沟渠、石板路；修建了村中文化室、篮球场、戏台，实施了道路硬化、村寨绿化等项目。通过一系列资金项目的投入和当地各族群众的积极参与，使古砦仫佬族古建筑得以较为完整地保留下来，并成为当地旅游开发的一项重要人文资源。

3. 积极开展少数民族传统体育活动，民族文化精彩绽放

仫佬族是一个热爱体育运动的民族，传统体育活动丰富多彩，别具特色。罗城仫佬族自治县十分注重民族传统体育的弘扬和发展，陆续挖掘整理了“抢粽粑”“滚竹环”“矮桩抢米”等仫佬族传统体育项目。其中，许多项目参加全区、全国性比赛屡获佳绩：“抢花炮”获全区第六届民运会竞技项目比赛第三名；“竹连球”连续获得全区第九届、第十届民运会表演项目

一等奖；“抢粽粑”获全国第四届民运会表演项目一等奖；“竹球”获全国第六届民运会表演项目金奖。此外，积极组织开展各项传统体育竞技活动，2013—2017年连续5年举办了民族传统体育运动竞技比赛。各族群众在欢乐的氛围中加深了对仫佬族传统文化的了解，亲身感受少数民族优秀文化的独特魅力，民族自信、文化自信不断增强，自觉保护本民族文化的意识愈发强烈。2014年，罗城开始实施民族传统体育进校园活动，使学校成为传承弘扬民族传统体育的重要载体，真正实现了在保护中传承，在传承中创新。

如今的罗城，已成为广西的“文化名县”，并创下多个纪录：广西首个实现村级文化协管员全覆盖的县；成功创建广西首个国家公共文化服务体系示范项目，多项管理经验在全区推广；县文化馆获评全国服务农民、服务基层文化建设先进集体，县图书馆获评全国“最美基层图书馆”，等等。随着仫佬族文化品牌的不断发展，“千年仫佬，三尖罗城”（山头尖、筷头尖、笔头尖）的文化形象愈发深入人心，极大地推动了罗城经济产业和扶贫事业的发展。

（五）生态文明发展

罗城仫佬族自治县是珠江源头重要水源涵养区和桂西生态屏障，有着得天独厚的生态资源优势。其北部的九万山自然保护区原始森林山高林密、山清水秀，为罗城仫佬族自治县的绿色可持续发展奠定了良好的基础。

罗城全县林地面积从1959年的17933.33公顷逐步扩大到1985年的36560公顷[1]。1985年，罗城提出“兴县先兴林、林兴百业兴”的可持续发展战略。1988年，全县开始大规模人工造杉木林。1990年，罗城县人民政府作出《力争十年基本绿化罗城的决定》，加强以森林为主体的生态建设。1999年，罗城全县林地面积12.8万公顷，森林覆盖率达46.54%。[2]

进入21世纪，罗城逐步开始实施石漠化治理、退耕还林工程和国家生态公益林补助试点工程，抓好林业产业结构调整，改造低产林，发展经济果林，兴建百里野生毛葡萄长廊，兴建木材加工基地，森林资源大幅度增长，经济效益和生态效益日益显现。到2005年，全县林地面积128565公顷，是

❶《罗城仫佬族自治县概况》编写组，《罗城仫佬族自治县概况》修订本编写组. 罗城仫佬族自治县概况［M］. 北京：民族出版社，2009：68.

❷ 罗城仫佬族自治县县志编纂委员会. 罗城仫佬族自治县志（1986—2005）［M］. 南宁：广西人民出版社，2017：3.

1985 年的 3.52 倍、1959 年的 7.17 倍。“十一五”时期，罗城林产品加工业不断发展，全县林业年产值达 1.5 亿元、税费 3000 万元以上，罗城开始朝着林业强县方向转变。城区污水处理工程和垃圾填埋工程投入运行，污染防治成效显著，主要污染物排放总量比 2005 年削减 10% 以上，城区生活污水处理率和垃圾无害化处理率均达 60% 以上；生态建设取得突破，沼气入户率达 32.2%，森林覆盖率达 65.8%❶，全县空气质量达到国家一级标准。“十二五”时期，罗城确立了以生态建设为主的林业可持续发展道路，大力保护、培育和合理利用森林资源，全面推进罗城林业跨越式发展。同时，以改善环境质量为目标，以主要污染物减排为主线，严把建设项目环境审批关，深化重点行业污染治理，环境质量保持稳定，农村集中式饮用水源水质达标率达 100%，县域空气质量稳定达标❷。古砦仫佬族乡宜居小城镇建设卓有成效，“清洁乡村”常态化推进，生态乡村工作全面铺开，农村面貌焕然一新。

近年来，罗城坚持“生态立县、绿色发展”理念，坚持生态建设与脱贫攻坚相结合、造林绿化与农民增收相结合，坚持产业发展生态化、生态建设产业化，大力发展核桃、油茶、葡萄等经济果木林，把造林绿化从单一的生态效益向生态、经济、社会多重效益转变。此外，紧紧抓住纳入国家重点生态功能区的机遇，全力加快生态文明建设。2017 年，罗城全县完成植树造林 2.2 万亩，治理岩溶面积 42 平方千米、石漠化面积 15.3 平方千米，森林覆盖率达 68.01%，罗城石漠化治理和脱贫攻坚融合发展典型经验在全国石漠化治理现场会上推广；全面落实“河长制”，设立县、乡、村三级河长，辖区内主要河流交界断面及县级集中式饮用水水源地水质达标率均为 100%；稳步推进“美丽罗城·宜居乡村”活动，经费投入量位居河池市前列❸。

（六）民族工作和民族团结大力发展

1. 民族干部的特殊优势和作用显著提升

罗城仫佬族自治县成立以来，采取积极有效措施，强化对少数民族干部的培养、选拔和任用。罗城仫佬族自治县一直由仫佬族公民担任县长，少

❶ 数据来源于《罗城仫佬族自治县政府工作报告（2011 年）》。
❷ 数据由罗城仫佬族自治县环保局提供资料。
❸ 数据来源于《罗城仫佬族自治县政府工作报告（2018 年）》。

数民族干部特别是仫佬族干部占全县干部的比例逐年提高。统计资料显示，2017年年底全县干部6888人，其中少数民族干部5695人，占全县干部总数的82.68%；仫佬族干部2961人，占全县干部总数的43%。乡镇三家班子正副职领导119人，其中少数民族干部97人，仫佬族干部40人[1]。全县干部队伍各层面，少数民族和自治民族仫佬族所占比例较为合理。当地少数民族干部充分发挥自身优势，扎根基层、深入群众，在最艰苦的贫困山区中历练，在最烦琐的基层工作中成长，他们作为党和国家联系少数民族群众的桥梁，作为沟通民族关系的纽带，为民族团结进步事业以及当地经济社会各方面的发展做出了突出贡献，其特殊优势和作用显著提升。

2. 民贸民品优惠政策落地生根

罗城仫佬族自治县在实施国家民贸民品贷款贴息优惠政策过程中，县财政、民族等部门积极与全县各民贸企业、县人民银行及承贷金融机构进行联系沟通、密切合作，积极申报民贸民品贴息资金。同时，建立民贸民品贷款贴息审核沟通联系机制，对政策执行过程中发现的新情况、新问题进行深入探讨和交流，共同制定解决方案和措施，形成监管合力，确保国家民贸民品贷款贴息优惠政策落到实处，发挥最大效应，切实帮助民贸民品企业解决资金流动、网点建设、技术改造等方面资金“瓶颈”，有力推动民贸民品企业和地方民族特色经济健康发展。一批制酒、制糖、制丝、木材加工、食品加工等民族特色企业在国家民贸民品贷款贴息优惠政策支持中不断发展壮大。其中，广西玉麒木业股份有限公司、广西罗城科潮基业科技发展有限公司在天津股权交易所成功挂牌上市，广西天龙泉酒业有限公司“天龙泉”白酒商标成为广西著名商标。民贸企业的发展壮大，在促进当地企业增效、财政增收的同时，为有效推进了全县经济社会发展和农村剩余劳动力转移安置做出了积极贡献。

3. 民族团结大好局面不断巩固

在长期的历史发展过程中，仫佬族与汉、壮、苗、瑶、侗等各民族相处融洽、交流频繁，彼此之间相互尊重、相互支持，形成了民族团结进步的大好局面。《罗城仫佬族自治县自治条例》第五十四条规定：“每年农历立冬日为仫佬族依饭节，放假1天。”其以法定形式将仫佬族传统节日依饭节上升

[1] 数据由罗城仫佬族自治县党委组织部提供。

为全县各族人民同欢共庆的民族节日。在仫佬族地区，各民族像一家人一样过节是非常普遍的现象。无论是仫佬族依饭节、“壮族三月三”，还是春节、端午、中秋等中华民族传统节日，全县各族人民都积极参与各项节日盛会，或载歌载舞或体育竞技或书法绘画或宴请亲朋，随处可见百花齐放、同欢共庆的和乐场面。

1988 年 10 月，罗城仫佬族自治县人民政府和林业局被评为“全区民族团结进步先进集体”。1993 年 10 月，桥头乡党委和罗城高中被评为“全区民族团结进步先进集体”。在国务院于 1994 年和 2005 年召开的第二次和第四次全国民族团结进步表彰大会上，四把镇人民政府和罗城仫佬族自治县人民政府先后被评为“全国民族团结进步模范集体”。罗城仫佬族自治县的吴大选、罗汉玉、吴秋寒、吴家权、潘观宁等先后获评全国民族团结进步模范个人。他们和全县各族人民一道，为促进经济社会各项事业跨越发展，为维护民族团结、社会和谐稳定做出了突出贡献，共同谱写了新时代各民族共同团结进步、共同繁荣发展的新篇章。

二、广西仫佬族地区发展的机遇和瓶颈

（一）有利条件和发展机遇

从未来一个时期的国际国内发展形势看，广西仫佬族地区面临着有利的发展环境和发展机遇。国际上，经济全球化、社会信息化日益深化，和平合作发展仍是时代主流，国际经济环境总体上对县域经济发展有利。在国内，随着我国进入全面建成小康社会决胜阶段，“一带一路”建设加快推进，区域协调有序发展，脱贫攻坚全面展开，民族地区奔小康行动深入实施，国家对民族地区、边疆地区、贫困地区全方位扶持力度不断加大，特别赋予了广西开放发展“新定位”，把加快少数民族和民族地区发展摆到更加突出的战略位置，为广西这样一个典型的边疆少数民族聚居地区创造了非常有利的发展条件。从自治区层面看，广西加快推进“两个建成”[1] 和深入实施“双核驱

[1] 广西壮族自治区党委十届六次全会提出广西“两个建成”的总体目标，即奋力实现与全国同步全面建成小康社会，基本建成面向东盟的国际大通道、西南中南地区开放发展新的战略支点、21 世纪海上丝绸之路与丝绸之路经济带有机衔接的重要门户。

动、三区统筹”[1]“柳来河一体化”[2]等区域发展战略，为罗城、古砦等发展相对滞后的仫佬族聚居地区带来了新的发展机遇。

（二）存在问题与制约因素

受历史及自然地理条件等因素制约，仫佬族地区目前仍是经济欠发达地区，基础差、底子薄，同时还面临着许多困难和问题。一是经济总量小、缺乏重大项目支撑，发展基础薄弱。二是农村贫困人口多、贫困程度深，脱贫攻坚任务艰巨。三是传统产业转型升级难度大，传统增长动力减弱，新的增长动力不足，工业发展水平低、创新能力弱、效益不佳，可持续发展后劲乏力。四是发展不平衡不充分问题比较突出。五是投资环境需进一步优化。六是各级项目扶持机制尚未健全。

经济新常态对仍处于工业化初级阶段的罗城而言，无疑是巨大的困难和挑战。突出表现在以下方面：一是资源、环境、产业短板叠加挤压；二是有色金属、煤炭等资源虽然比较丰富，但受落实重点生态功能区规划及相关产业政策所限生产逐渐压缩；三是在市场及产品单一等影响下，农业主要支柱糖蔗的面积和产量已近于峰值并出现了“拐点”，增量增值难再作为；四是产业发展先天不足，现有主要产业如制糖、林产品加工等总体处于低端，产品链短、附加值低，市场竞争能力弱；五是罗城已被列入自治区重点生态功能区，总体上属于限制开发区域，保护和修复生态环境、提供生态产品成为主体功能任务，工业化城镇化受到较大制约，可选择的产业和产业发展中受到的生态限制大。

三、未来展望或对策建议

“十三五”时期是少数民族地区实现脱贫脱帽、全面建成小康社会的决胜阶段。根据前期打下的基础及当下面临的严峻形势，仫佬族地区在未来五年甚至更长远的发展中应更好地突出创新、协调、绿色、开放、共享五大理念，努力确保如期实现建成全面小康社会目标。

---

[1] “双核驱动”战略即广西北部湾经济区、西江经济带两大发展战略；“三区统筹”即北部湾经济区、西江经济带、左右江革命老区统筹发展。

[2] “柳来河一体化”即柳州、来宾、河池区域一体化发展。

（一）优化脱贫方式推进精准脱贫，着力解决区域性整体贫困问题

一是以产业发展为主导。坚持内生性扶贫理念，挖掘内部潜力，帮助贫困农户找门路、提技能、进市场，促进内源扶贫、内源发展，寻求新的扶贫增长点；加快培育贫困群众增收致富的支柱产业，大力发展核桃、毛葡萄、桑蚕、特色养殖、优质柑橘、糖料蔗六大扶贫主导产业；鼓励有资源、有市场、有岗位的龙头企业开展扶贫活动，扩大扶贫覆盖面；支持贫困户以土地入股、合作经营等方式参与“公司（或合作组织）+ 基地 + 农户 + 金融”经营，最大限度地发挥龙头企业带动群众增收的作用。此外，加强产业承接园区扶贫，并尝试发展多种形式的农民专业合作组织，促进贫困农户在产业化过程中受益。

二是妥善利用移民搬迁。按照方便群众、有利发展的原则，通过集中安置、分散安置相结合的方式进行移民安置；合理整合利用国家扶贫资金、涉农资金及社会扶贫资金，大力支持扶贫移民工程建设，实现“搬得出、留得住、有社保、有出路”的目标要求。与此同时，加强移民职业技能培训，确保每个移民家庭都有人掌握 1 项以上专业劳动技能，有人稳定就业。

三是充分运用转移就业安置、生态补偿、医疗救助、教育、社保及社会扶助等方式。加强驻外劳务服务站和基地建设，对贫困劳动力提供经费开展精准培训；依据国家、自治区的生态补偿制度对九万山重点生态功能区农村贫困人口实行生态补偿，逐步扩大补助范围，提高生态补偿标准，积极探索市场化生态补偿模式，提高生态产品供给能力，增强生态功能区发展后劲；加强农村基层医疗卫生计生服务机构基础设施建设，全面改善贫困村医疗卫生计生服务条件，推动县级以上医疗机构开展对口支援，重点帮助受援单位加强科室基础设施建设；全面落实教育扶贫优惠政策，完善定户定人的教育精准帮扶体系，推进义务教育实现均衡发展，努力从源头上提升扶贫对象自我发展能力；巩固扩大社会保险覆盖面，健全完善社会保险制度，确保农村低保制度健康可持续运行。此外，进一步建立完善社会化帮扶机制，用好上级部门定点扶贫、东西部扶贫协作、企业扶贫、社会组织及公益扶助等政策，激励和引导更多的社会力量参与开发扶贫。

（二）县域经济转型发展，大力实施生态经济发展战略

以生态化、现代化为主题，以发展绿色产业、循环经济及企业生态化

改造为抓手，加快工业园区产业集聚和绿色发展。构建科技含量高、资源消耗低、环境污染少的工业、农业、服务业生态经济体系，助推生态产业不断壮大。

一是构建特色生态工业体系。大力发展天然山泉水、酿酒、制糖、新能源四大工业支柱产业；加快传统矿产业生态化升级转型；推进林产加工业、建林业、仫佬民族医药等一批新兴工业加速发展。同时，强化产业园区绿色发展平台建设，发挥产业聚集效应，提升园区平台承载力。

二是加快生态农业发展。培育生态农林优势产业，以粮食、糖料蔗、毛葡萄、核桃为重点，建设一批优势突出的主导产业发展区，推进农产品规模化、标准化、无公害化和产业化经营；建设特色生态农业基地，重点解决好资金扶持、土地流转和深加工三大问题，探索农户土地入股“底金＋分红＋劳务收入”方式、农户土地合作“公司＋家庭农场”方式、代耕代种等土地流转方式，带动农户开展统一农资供应、统一技术规程、统一生产标准、统一产品质量、统一品牌销售的产业化经营。

三是加快现代服务业发展。充分发挥当地仫佬族文化、喀斯特地貌、生态养生资源的特色优势，加快特色生态旅游、现代商贸物流、健康养老、金融服务、房地产、中介服务等现代服务业发展。

（三）着力保障和改善民生，提高基本公共服务均等化水平

一是促进就业创业，努力增加城乡居民收入。根据劳动力就业趋向的变化和经济发展特色，依托县职业技能教育培训资源，开展各具特色的劳动就业培训。制定和落实促进就业再就业优惠政策和配套措施，创造更多公益事业就业岗位。培育创业示范社区、示范村和青年创业示范点，以创业带动就业。围绕民俗文化旅游、农家乐、农产品加工等具有特色优势的领域以及网购、电子商务、快递服务等新兴业态，推动全民创业。加大惠农支持力度，持续增加农民收入。规范收入分配秩序，努力缩小城乡、行业收入差距，确保收入分配格局合理有序。

二是大力推进教育现代化，提升发展基础教育，发展壮大职业教育和终身教育。应当地产业发展、转型升级要求，实施职业教育质量提升、教育信息化和教育扶贫富民等重点工程，促进职业教育与县域经济社会发展需求的深度

融合。创新人才培养机制，不断提升劳动者的综合素质。逐步完善各类激励机制，加强本地教师人才队伍建设；加大资金投入和对口支援力度，保障民族教育事业优先持续发展；合理调整教育资源布局，积极探索多元文化课程模式，切实解决仫佬族地区师资紧缺、教育经费投入不足与发展不均衡等突出问题。

三是在完善基本医疗服务的基础上，推进城乡卫生医疗基本公共服务均等化。全面加强公共卫生服务体系建设，重点改善疾病预防控制、卫生监督、计划生育、精神卫生、妇幼卫生等机构设施条件；注重培养人才，加大实用型专业技术人才引进力度；合理调整医疗资源布局，实现资源共享、协调互动。

四是加快完善社会保障体系。健全城乡住房保障和供应体系，扎实推进公共租赁住房、经济适用房建设，着力推进城镇棚户区改造，大力实施农村危旧房改造，切实改善人居环境。扩大社会保障覆盖面，扩大城乡居民基本养老保险、医疗保险覆盖面，鼓励、规范灵活就业人员、新业态从业人员参保缴费，全力帮扶低收入困难群体参保，加强城镇各类用人单位职工参加工伤保险工作。统筹衔接城乡最低生活保障、最低工资和特困人员供养，合理提高低保标准。

五是大力繁荣发展文化体育事业。完善公共文化体育基础设施建设，推进大型标志性文体场馆和基础综合文体设施两个层面的建设。加强公共文化体育服务体系建设，开展本土艺术作品创作、民族体育和节庆活动，繁荣文化体育事业，提升文化体育公共服务能力。同时，注重挖掘、保护、传承、创新仫佬民族优秀文化。制定各项专门保护仫佬族民间文学、民俗文化、民族音乐舞蹈、民族戏曲、民族医药等非物质文化遗产的专项保护措施。积极组织开展申报各级非物质文化遗产保护项目工作，并加强对非遗传承人的保护与培养。深入挖掘舞草龙、抢花炮等仫佬族传统体育资源，举办民族传统体育赛事。赋予传统仫佬族文化新的时代内涵，推进文化艺术内容、形式、传播方式和手段创新。设立仫佬族文化艺术创作基金，扶持本民族作者创作更多质量上乘的文艺作品。此外，促进仫佬文化与旅游业融合发展，积极发展具有仫佬族文化特色的演艺娱乐、节庆会展、文化旅游，体育赛事、旅游工艺品，努力扩大文化消费，用仫佬文化提升旅游品质，用旅游带动仫佬文化产业发展，实现二者共赢。

（四）强化科技创新与人才保障，为持续发展注入强大动力

一是大力推动科技创新。进一步加大县级财政对科技的投入，加强科技在经济社会各领域中的引领和基础作用，稳步提高支柱优势产业和特色基础产业科技含量。依托特色产业，广泛与高校建立技术创新联盟等各种形式的合作，积极推动产学研用合作，形成“政府＋科研院所＋企业”的技术创新机制。加大科技项目申报力度，帮助企业申报科技项目，充分利用国家、自治区有关政策，鼓励和引导企业利用高新技术、信息技术、环保技术和先进实用技术，加大生态产品和生态技术开发力度，形成具有地方特色的技术创新。大力推进“互联网＋”创新融合，把信息技术成果与现代农业、旅游、便民服务等领域深度融合。

二是不断强化人才保障。重视各行业的科技创新人才、经营能人的作用，营造和形成崇尚科学、尊重知识、重用人才的浓郁氛围。建立“发展智库”，与区内外高等院校、科研院所各专业高层次人才建立紧密联系，形成跨界合作群体，展开对主导产业的数据收集、案例研究和基地实践。着力培养急需紧缺人才和少数民族人才。以应用型人才为主体，着力培养和引进一批现代农业、循环经济、民族医药、旅游服务、城市建设方面的高层次人才。围绕产业发展，把引才引智工作与招商引资和项目建设紧密结合起来，促进优秀人才和产业项目对接，鼓励支持帮助科研人员、大学生、返乡农民创业，强化产学研合作发展。加强人才信息库建设，建立人才“绿色通道”制度，健全人才向基层、向艰苦地区和岗位流动、在一线创业的激励机制。全面落实人才政策，创新人才发展体制机制，优化人才创新创业环境。

（五）深化改革开放，释放加快发展新活力

一方面，以行政体制改革、经济体制改革、社会治理体制改革、农业农村综合改革为重点，全面深化改革，充分释放改革红利。另一方面，构建开放发展战略支点，不断提高开放合作水平；以工业园区为平台，以项目建设为载体，打造开放经济新高地，不断提高对外开放的承载能力；扩大文化对外交流，以独特仫佬族文化为名片，树立古朴厚重形象，通过各种文化交流活动，扩大影响力，提高知名度。

广西回族地区60年发展报告

农世杰[*]

广西回族分布比较分散，其中60%以上分布在桂林、柳州、南宁三个市，其余分布在河池、鹿寨、永福等市县的城镇、农村，呈现“大分散，小集中”的居住格局。本报告以桂林市区与柳州市区及永福县、鹿寨县、草坪回族乡的回族为研究对象。

一、广西回族地区发展60年历程[1]

（一）人口分布现状

回族自宋代以来陆续迁入广西。桂林白姓回民，其祖先于元朝来广西任廉访副使，尔后定居桂林，是回民入桂林之始。明清以来，到广西从军、仕宦、经商的回民逐渐增多。1949年后，又有不少回族干部群众从外地调动搬迁来广西。据统计，2010年广西全区有回族3.23万人。居住在农村的回民多集中在交通方便的城镇郊区，城市回民散居于各个街区。其中桂林市回族人口最多，有1.75万人，占全市总人口的0.35%，主要分布在城区西门民族路周边及灵川县、永福县、阳朔县等郊县，以及草坪回族

---

* 农世杰为广西民族研究中心研究人员。

[1] 本部分数据由桂林市伊斯兰教协会和柳州市伊斯兰教协会提供。

乡。2017年，草坪回族乡总人口5187人，其中回族人口1971人，占总人口的38%；永福县有回族1267人，主要分布在永福镇（676人）、罗锦镇（352人，其中星草村板仗屯110人）、苏桥镇（149人）。柳州市2017年回族人口共计6442人，占全市总人口的0.16%，其中城区5423人，鹿寨县950人（鹿寨镇730人，黄冕镇220人）。回族群众长期与广西各族人民杂居在一起，经济文化相互交融。

（二）政治发展

广西回族虽然居住人口较为分散，但作为世居民族，仍有居住较为集中的村屯。桂林市潜经村即为一个有300多年历史的回民聚居村，全村2017年共有446户1946人，其中回族人口有1312人，占全村人口的67%。依托潜经村及附近的大田村、草坪村等回族聚居区域，1984年9月29日草坪回族乡成立。草坪回族乡距桂林市区37千米，位于漓江东岸，东北面与灵川大圩镇相毗连，南面与阳朔县接壤。全乡总面积34平方千米，下辖3个村委会和1个居委会，11个自然村，22个村民小组。人均耕地面积0.9亩，2017年总人口5187人，其中回族人口占38%，是广西唯一的回族乡。

柳州市最早的回民群众组织为1922年前后成立的“回民董事会”。中华人民共和国成立后，党和政府一直很重视回族的群众组织建设，于1951年开斋节期间成立了柳州市民主回民联合会；后经柳州市人民政府批准，又于1954年6月开斋节期间成立了柳州市回族学习委员会，简称“学委会”。1980年6月，柳州市第一届回民代表会议召开。1988年8月，柳州市第三届回民代表会召开。

（三）经济发展

中华人民共和国成立初期，广西回族多从事饮食业、小商品销售等。1954年，桂林市回民有1032户，4007人，占全市人口的2.76%。其中，有私营工商业82户，473人；手工业212户，921人；商业、手工业者占了总户数的52.58%，总人口的55.55%。商业包括了杂货、饮食、苏杭铺、中医药、米庄等，其中有一些历史悠久的老字号，如桂林市的东利全、裕利祥、宋厚兴、白同和、仁和诚等，都是桂林回民有名的商号。这些回民商号收购农副土特产品供应桂林市场，或以水运经梧州运往广州、香港，再从广州、香港运回日用品销售，他们的经营活动对促进桂林和广东的经济关系起了重要的作用。

广西回族手工业以竹器手工业为主，以开磨坊制面、磨香油、制香为辅。桂林市回族的竹器手工业是桂林一项重要的传统手工业，具有悠久的历史和民族传统，在桂林市民族手工业中占有重要的地位。1949 年以后，由于政府的大力支持和帮助，其在 20 世纪五六十年代有很大的发展，是桂林具有民族特色的主要产业。1958 年，桂林回民竹筷社成立了五金厂，生产锁牌、弯角、钢钎等产品，标志着该厂开始走出单纯的竹器生产，进入综合经营的发展阶段。1974 年，桂林回民竹器合作社转为国有企业。该厂在继续生产竹筷的同时，又兴办了一个金属拉丝厂，全厂拥有职工 360 人，其中回族职工 207 人。20 世纪 80 年代，桂林回民竹筷厂和皮件厂合并为桂林市皮件厂，开始逐渐转产其他产品，主要生产皮箱、皮衣、皮手套。

随着改革开放的深入推进，桂林市回族的经济越搞越活，进入了新的发展阶段。他们不再局限于竹器加工等传统的手工业，而是抓住桂林旅游经济繁荣、城市蓬勃发展的有利时机，充分施展自身长期以来养成的灵活商业智慧，在餐饮旅游、交通运输甚至房地产等商品经济各个领域都取得了亮眼的成就。

草坪回族乡于 1984 年成立时，农业生产完全停留在自然经济状态，人均收入不足 180 元。回族乡建立后，各级党委政府高度重视草坪的经济发展，桂林市把草坪回族乡作为全市 33 个乡镇扶贫点的重中之重，实行特殊优惠政策。1986 年，草坪回族乡粮食总产达 246 万斤；水果种植面积 1100 亩，其中挂果 250 亩，总产量 47 万斤；种植各种经济作物油料、甘蔗、木薯、蔬菜、西瓜、生姜 486 亩，总产量约 194.25 万斤；畜牧业年底存栏耕牛 946 头、山羊 52 只、家禽 2.1 万余只；渔业全乡养殖面积 62.5 亩，养殖鱼类 30 万尾，年产 2.65 万斤；林木种植面积 17.73 万亩，其中经济林 200

亩，风景林1.75万亩；乡镇企业总产值达21万元[1]。随着生产条件不断完善，草坪回族乡加快农业产业结构调整步伐，走上养殖—沼气—种植三位一体的生态农业路子，大力发展高效、高产、优质农业。全乡至2001年已建立银杏、沙田柚、月柿、无核黄皮果、朱沙李等名优水果基地及蔬菜基地近5000亩，2001年沙田柚、月柿产量分别达到110吨、150吨。1994年至2001年，草坪回族乡先后引进外资5000多万元，成功开发了漓江沿岸的冠岩地下河游览景区、田园观光轻轨滑道车、千亩观光休闲农庄、云雾山庄等一批规模较大的旅游项目。其中，冠岩景区年接待游客超过50万人次，旅游营业收入达3000多万元。旅游业的发展，带动了农业及其他第三产业的发展。2002年，草坪金乡商贸、住宿、运输等旅游服务行业发展至60家，营业收入达600万元，全乡旅游从业人数达200多人，使广大群众的生活水平大幅度提高，草坪回族乡人均纯收入由1990年的315元增长到2002年的1908元，而到了2013年，则实现人均收入6870元，是1984年建乡时的38倍。

党的十八大以来，草坪回族乡经济发展更是步入了快车道，在各项经济政策的实施下，迅速改变了缺产业、缺政策、缺发展内生动力、底子薄、贫穷落后的偏僻山乡面貌，整乡发生了翻天覆地的变化，人民走上了快速致富的康庄大道。2012年11月，国家发改委批复的《桂林国际旅游胜地建设发展规划纲要》中明确提出“建设草坪休闲旅游主题小镇”这一目标；2013年上半年，草坪回族乡列入第一批“桂林市城镇化示范乡镇”；2013年8月，乘着桂林建设国际旅游胜地的东风，依托桂林市城镇化示范乡镇建设，雁山区启动了实施草坪休闲旅游主题小镇建设。草坪回族乡地处漓江精华段，自然风光优美，民俗民风独特，旅游资源丰富，是漓江东岸重要的旅游目的地，休闲旅游业和生态农业的融合发展自此成为草坪城镇化的原动力。2015年，草坪纳入桂林市漓东百里生态示范带、城市棚户区改造范畴。在这样的政策背景下，雁山区结合草坪回族乡的区位特点、资源优势、产业基础和民族特色，将草坪规划定位为漓江东线旅游集散中心、南方喀斯特地形区自驾车旅游目的地、中国乡村旅游的民宿基地。2016年1月，草坪依托原有

[1] 粟健宁. 桂林市草坪回族乡经济发展的报告［J］. 广西民族研究，1987（4）.

农业资源、旅游特色、回族风情，打造“溢彩草坪”特色生态休闲观光品牌。同时，结合农业休闲旅游发展，在草坪农业原有基础上，整体包装推进草坪休闲农业（核心）示范区建设，对示范区内的提子、竹子、黄皮果、柿子种植基地进行全方位改造和提升，注入现代农业生产要素和经营理念，以农民专业合作社为载体，以国家农业科技示范园区、相关科研院所为技术依托，推进生产标准化，打造产业新特色。由此，草坪逐渐形成了包括冠岩青石、漓江绿道、潜经白祠、兰口蓝调、大田红柿、明村黄皮、草坪水墨在内的特色生态休闲观光品牌，并完成了观景平台及核心示范区内景观道路的建设，顺利通过验收，获得了桂林市级特色农业核心示范区的荣誉称号。

2014 年，草坪镇区（即草坪街）被评为广西第一批名村名镇。2015 年，成立小镇管委会，对草坪镇区实行景区化、市场化日常管理，镇区卫生、交通、旅游环境日趋良好。同年，成立草坪东岸漓江小镇旅游投资公司，接收、开发旅游资源；2015 年年底实现旅游接待游客同比增长 30%，财政收入同比增长 10.2%，固定资产投资同比增长 24.7%，居民人均收入同比增长 10%。2017 年，草坪围绕休闲旅游做文章，推进特色农业发展取得成效，大田生态农业旅游区、潜经旅游通道观光农业示范带已初步建成，基本形成了“一村一品”的特色格局，全乡有果树面积 5950 亩，其中无核黄皮果种植面积 300 亩，早蜜梨、南方优质梨种植面积 350 亩，优质柑橙种植面积 580 亩，优质提子种植面积 280 亩，优质桃、李种植面积 1400 亩，月柿 1600 亩，柑橘类 900 亩，埃及甜橙 310 亩，沃柑 230 亩，蔬菜种植面积 3300 亩。2017 年，全乡财政预算总收入为 606.93 万元，比 2016 年同比增长 9.28%；全社会固定资产投资 800 万元；接待游客近百万人次，同比增长 30%，营业收入 1725 万元（不含冠岩景区），同比增长 5%，全乡经济持续稳步发展。

永福县城镇回族居民主要从事第二、第三产业，改革开放以后从事经商及饮食服务行业居多，生活水平略高于本镇人均收入，到 2008 年时人均纯收入为 5000 元以上。而回族农业人口较多、较集中的罗锦镇星草村板仗屯，回族群众主要从事第一产业，以种田及养鸭为特色。2008 年，全屯有养鸭专业户6户，全屯劳动力就业率达95%，农民人均纯收入达4300元，全屯基本实现小康。

1953年，柳州回族有274户1120多人，主要散居在柳江路（沙街）和解放中路一带，主要从事饮食、小商品销售及竹器生产等手工业。改革开放后，柳州市区回族群众同汉族和其他各民族人民之间互相尊重，团结友爱，共同融入社会各项经济建设之中，在柳州各行各业都涌现出了杰出的代表，从过去主要依靠小商业及手工业向从事经济技术类工作转变。几十年来，柳州回族培养出很多大学生、教授、工程师，他们活跃在各行各业。生活在鹿寨县黄冕乡的回族以从事农业为主，主要农作物是桑蚕、水果、水稻、蔬菜等。近年来，种桑养蚕成为当地回族主要经济来源之一，而黄冕乡历来是鹿寨桑蚕最主要的乡镇，处处种桑、村村养蚕是该乡的特色，桑蚕业由此成为该乡传统的特色产业，黄冕乡被誉为“桑蚕之乡”。2005年，黄冕乡完成地区生产总值24100万元，农民人均纯收入3214元。

（四）社会发展

重视教育一直是广西回族的优良传统。早在1935年，回族聚居的现桂林市雁山区草坪回族乡潜经村即建立潜经回民基础学校，1940年改为“北平成达师范附属第四实验小学”，1951年改为潜经小学，由于学校65%以上的学生为回族，1995年桂林市政府批准定名为“桂林市潜经回民小学”。草坪回族乡建立以后，各级政府对回族教育更加重视。经过多年的投入，潜经回民小学各项硬件指标全部达标，毕业生全科合格率多年保持100%。桂林市回民小学始建于1940年，创办时校名为“桂林市私立复兴小学”。1954年3月，学校由市文教局接办，并与原清真女子小学合并，命名为桂林市回民小学，教师由原来的7名增加到12名，学生由100多人发展到300多人。党和政府的深切关怀，给桂林市回民小学创造了极为有利的办学条件，学校的社会声誉、师生的整体素质、教育教学的质量不断提高，到2000年6月，学校各种教学设备齐全，已达到了国家教育部要求的城市小学一类标准。

草坪回族乡建乡后，各级政府十分重视其基础设施建设，多方筹措资金，加大投入。1992年，桂林市制定了《草坪回族乡经济社会发展规划》，确立了“优先建设扶贫公路”“加快乡村供电设施建设”“解决人畜引水工程”等基础设施发展的重点，先后投资 37 万元在草坪回族乡的潜经、兰口、大田、草坪、明村、碧岩阁、河伯源、下村等地修建人畜引水工程八处，当年即实现了草坪回族乡村村通电、村村通自来水[1]。1997 年，投入 1320 万元，全乡村修通了四级公路，全面实施了农网改造，彻底改变了草坪交通闭塞的状况。近年来，草坪完成了潜经村碧岩阁管网改造工程、潜经村民族文化广场工程、潜经村回族文化长廊项目建设工程、潜经村村委会场所改造和垃圾池的迁移改建工程、冠岩引水渠修建工程、潜经村竹根井头至大草公路及竹根井头至白塘公路建设、潜经村莲塘至连根上道路建设及大田村甜橙基地基础设施建设等工程。2014 年，雁山区从国际旅游胜地建设的高度出发，投入资金 1.6 亿元，对草坪回族乡进行了全新的规划，启动了碧草二级公路扩建工程、兰口至大田二级公路改造、草坪老街风貌改造、潜经民族特色村寨改造等近 80 个建设项目，致力于打造国际范和民族特色有机融合的休闲旅游主题小镇。2015 年，碧草公路、大田旅游公路相继建成通车。碧草公路是桂林市第一条融交通、旅游观光特色功能为一体的旅游通道。为满足游客徒步和骑自行车观光的需要，草坪在道路两侧建设了 2.25 米宽的慢行道，同时还在沿途设置了休息驿站、公交车停靠站等，为游客和行人提供方便。2017 年，草坪全乡共有县道、乡道、村道等道路共 7 条，里程共 24 千米，全部实现了道路硬化。草坪镇区老街房屋立面改造完成 191 户，面积约 5 万平方米，成为一座兼具桂北民居和岭南民居风格的漓江山水小镇。2017 年，以改造农村旧貌为重点，草坪先后投入资金 750 多万元，打造了 3 个示范亮点（即农业核心示范带、改厨改厕和风貌改造示范乡），全面完成了改水、改房、改厕、绿化、硬化等工程，展现了新时代农村的形象。同时，还完成了投资 300 万元的 5 个自治区级绿化示范村屯建设。草坪基础建设的不断完善，既优化了旅游环境，也大大方便了人民群众的生产生活。

近年来，草坪建立了农村基层卫生服务网络，全面推行新型农村合作医疗，提高了全乡医疗卫生服务水平。2013 年全年，草坪卫生院门诊住院为群

[1] 丁玫．草坪乡的变迁［J］．民族团结，1998（4）．

众新农合报销120多万元。2017年年底，草坪全乡新农合参合人数为4255人，参合率为99.3%，实现了全乡新型农村合作医疗制度全覆盖，还建立了覆盖全乡的疾病预防控制和救治体系，卫生服务水平得到了进一步的完善和提高。

（五）文化传承与发展

党的十一届三中全会之后，党的民族宗教政策得以落实。桂林市崇善寺作为广西现存最古老、最完整的清真寺，桂林市政府于1979年将其列为桂林市文物保护单位，并于1979年至1982年间多次拨款维修。1998年和2009年，政府又两次拨款对其进行了全面加固维修。此外，草坪回族乡潜经村的潜经清真寺2000年被批准为临时宗教活动场所，2014年桂林市伊斯兰教协会投入200多万元将该清真寺大殿进行扩建，并新建接待用房，使其功能更趋完善。1996年，柳州市清真寺及寺内历代石碑被定为市级重点文物保护单位；2000年，柳州市政府又将临近清真寺的437平方米土地使用权划为清真寺建设用地，投入560万元资金用于清真寺的改扩建工程；2014年，柳州市又划拨财政资金40余万元维修清真寺大殿，使这座具有300多年历史的古寺焕然一新。

开斋节、古尔邦节（宰牲节）、圣纪节是回族的三大传统节日。中华人民共和国成立后，根据宗教信仰自由政策和尊重少数民族风俗习惯政策有关规定，每逢开斋节和古尔邦节，各地会给回族干部职工放假并供应节日特需商品。开斋节时回族家家户户炸油香，油香除自己吃食和招待客人外，还赠送给和睦相处的其他民族邻居，以增进民族间的团结友爱。古尔邦节时，清真寺里会宰牛会餐，回族群众不分贫富，共庆节日，传承着优良的民族传统。

草坪回族乡建乡以来，民族体育事业成绩显著，曾在全国、自治区、桂林市各级少数民族传统体育运动会上多次取得好成绩。2012年8月，在桂林市第二届少数民族传统体育运动会上，以潜经村选手为主的雁山区代表队共获得4个第一名、5个第二名的可喜成绩。草坪回族乡先后被评为“全国民族体育模范集体”“自治区民族体育模范集体”“桂林市文化先进乡”。桂林市回民小学在20世纪80年代至90年代初，学校体育工作成绩优异，1990年被授予“体育田径传统项目学校”称号。

（六）生态文明发展

草坪回族乡境内山清水秀，环境优美，是桂林东线旅游景点交汇的中心区域。为了保护好漓江水，草坪一直注重生态环境保护。在加强农业有效灌溉的同时，草坪实施乡村水资源可持续利用与保护战略，通过兴建水坝、采用埋管取水的方式抽取、引流冠岩地下河水进行灌溉，并禁止网箱养鱼以提高水质，保证漓江流域水资源生态不受影响。同时，运用水利灌溉的作用，草坪还将 400 多亩的田地改种为果树，并申请成立了竹林种植基金，以每亩 1000 元的扶持基金鼓励村民在漓江周边种植竹林，保持漓江流域周边生态环境的稳定，同时也带动了草坪竹笋产业的飞速发展，实现了生态效益与经济效益相结合。

草坪回族乡 2000 年投入 60 万元，推进农村新型能源沼气池的建设，当年草坪全乡 70% 的农户用上了沼气。至 2017 年，草坪各村已经全部设立了垃圾处理站，形成了一体化垃圾处理模式。2017 年，草坪实施饮水净化工程，为村民的用水提供了保障。

（七）民族工作和民族团结发展

广西壮族自治区成立以来，党和政府一直非常重视培养回族干部。不论是专门开办的少数民族干部培训班，还是举办的各种类型的干部培训班、学习班，都注意吸收一定数量的回族干部参加。

党和政府对于回族群众的清真饮食习惯一直给予了尊重和关怀。在计划经济供应时期，柳州市城镇回族每人每月定量供应食用油 1 斤，即使在三年自然灾害最困难时期，仍保证了回族群众每人每月定量供应食用油半斤，比普通市民配给的多一些。改革开放后，城市职工实行副食品补贴，回族职工比普通职工每人每月多 1.5 元的补贴。近年来，针对回族大学生日益增多的情况，广西各地政府与伊斯兰教协会积极配合，努力与各高校协商，分别在广西科技大学、桂林理工大学等多所高校建起学生清真食堂，解决了回族大学生的就餐问题。各地清真饮食供应也日趋丰富，清真牛羊肉在各地供应充足。

广西壮族自治区成立以来，广西回族群众逐渐打破传统观念，不再局限于族内婚，回族与汉族、壮族及其他各民族通婚都很普遍。通婚后的家庭都能互相尊重对方生活习惯，充分体现了各民族大团结。

草坪回族乡自成立以来，对回族民族风情、传统节日、手工艺等非物质文化资源进行了有效的保护与利用。围绕回族古尔邦节等节庆活动弘扬回族节日文化，强化民族古村及古建筑的保护，加大特色村镇的保护和建设力度，挖掘、保护潜经村白氏宗祠历史文化和清真寺宗教文化，突出草坪回族文化特色。2013年，草坪回族乡被评为广西民族团结进步模范先进集体。

二、广西回族地区发展存在的制约因素

广西城镇回族具有高度散居与经济生活高度城市化的特点，其发展已融入所在城镇的经济发展之中。而农村回族地区所面临的主要问题为发展资金较为匮乏，如草坪回族乡近年来重点发展旅游产业，需不断对乡内基础设施进行改造升级，但由于资金的缺口较大，对项目建设及产业发展造成一定困难。同时，由于地处漓江环境保护带，本身又山多地少，广西回族地区还面临着规划和建设用地指标限制等瓶颈问题。

三、广西回族地区发展的有利条件和机遇

广西回族大多居于城镇，长期以来重视教育，大部分城镇回族都从事商业、行政和技术工作，整体生活水平、人口素质较高，所享有的社会资源也较为丰富，能够更好地提升自身，适应时代的发展，更快更好地融入城市发展中去。同时，农村回族也都居住在相对平坦便利的地区，自然环境较好，如草坪回族乡，地处漓江精品旅游区核心地带，是桂林市打造国际旅游胜地过程中重要的一部分。目前，草坪客栈集中区、自驾车营地、休闲论坛永久会址等一大批特色旅游项目正在紧锣密鼓地推进，正在朝着建设成为漓江东岸旅游集散地、中国喀斯特地貌区自驾车游目的地和乡村旅游民宿基地大踏步前进。

四、展望

未来，草坪回族乡可以继续以实施《桂林国际旅游胜地建设发展规划纲要》为契机，整合开发周边丰富的旅游资源，同时以项目为支撑推进生态农业示范区建设，加快推进经济结构调整，建成漓江东岸重要旅游目的地。此外，可以以回族文化小镇为中心，形成主题区域组团模式，辐射周边区域，连接桂林主城区和阳朔县旅游资源，助力桂林漓江旅游带形成一条完整的高端旅游线路。

广西彝族、仡佬族地区 60 年发展报告

——以隆林各族自治县为例

冼 奕*

隆林各族自治县内拥有全自治区接近半数的彝族人口和 2/3 的仡佬族人口[1]，彝族、仡佬族长期与苗、壮、汉等民族杂居，形成了“平等、团结、互助、和谐”的社会主义民族关系。广西壮族自治区成立 60 年来，隆林各族群众和睦相处、和谐发展，经济社会取得了前所未有的发展和进步。

一、广西彝族、仡佬族地区发展 60 年历程

（一）政治稳定发展

1. 民族区域自治制度逐步落实

隆林各族自治县成立的时间稍早于广西壮族自治区。1950 年，西隆县人民政府宣告成立。1951 年 8 月，西隆

* 冼奕为广西社会科学院民族研究所助理研究员。

[1] 据 2010 年第六次全国人口普查数据显示，广西彝族总人口 9700 人，其中隆林彝族人口 4403 人，约占彝族总人口的 45.39%；广西仡佬族总人口 3885 人，其中隆林仡佬族人口 2625 人，约占 67.57%。数据来源：广西壮族自治区人口普查办公室自治区民委民族理论政策研究室联合课题组：《广西壮族自治区 2010 年人口普查广西世居民族人口资料》（内部资料准印证号：2002610）。

县改称隆林县。1952年，隆林各族联合自治区各族各界代表会议在县城隆重召开，出席会议代表237人，其中彝族2人，仡佬族4人（其中俫人[1]3人）。1953年1月1日，隆林各族联合自治区（县级）人民政府成立，开始实行民族区域自治。1955年9月18日，隆林各族联合自治区改称隆林各族自治县，1997年被命名为“革命老区县”。目前，隆林是全国仅有的两个各族自治县之一，也是百色革命老区唯一的少数民族自治县。

数十年来，在自治县党委的领导下，自治县历届人大常委会以坚持和完善人民代表大会制度为己任，紧紧围绕全县经济建设这一中心，认真履行宪法和法律赋予的各项职权，较好地发挥了地方国家权力机关的作用，为隆林的改革、发展、稳定作出贡献。

历届人民代表大会的代表，都按照各民族人口比例分配民族代表名额，由各民族民主选举产生，各族人民的代表，都以平等的地位，共同协商解决地方政务和民族事务问题。1980年起，按照1979年7月1日国家颁布的《中华人民共和国全国人民代表大会和地方各级人民代表大会选举法》《中华人民共和国全国人民代表大会和地方各级人民代表大会代表法》的规定，县人民代表大会代表由选民直接选举。自治县历届人民代表大会代表自觉服从服务于改革发展稳定大局，密切关注人民群众生产生活的热点难点，积极调研、建言献策，加强与广大人民群众的联系，积极参与支持人大工作，充分发挥了桥梁和纽带作用。

2. 民族法制建设逐渐完善

1989年8月19日，隆林各族自治县第八届人民代表大会第四次会议通过《隆林各族自治县自治条例》（以下简称《自治条例》），并于1990年1月16日由广西壮族自治区第七届人大常委第十四次会议批准实施。1996年3月，隆林各族自治县人大常委会会议作出了关于修改《自治条例》的决议，接着自治县人大常委会在上级人大常委会的指导下，进一步深入调查研究，结合本县实际，历时一年多对《自治条例》进行修改和补充，于1997年11月20日经自治县第十届人民代表大会第七次会议审议通过。为了认真贯彻落实好《自治条例》，2003年自治县出台了《关于正确处理新形势下影响民

[1] 1990年俫人民族识别归属仡佬族，下同。

族团结问题的实施意见》。

2015年，《自治条例》再次进行修订补充，2016年1月22日，广西壮族自治区十二届人大常委会第二十次会议批准颁布实施。修改颁布的《自治条例》对隆林各族自治县的民族团结进步事业发展具有重要的时代意义，为自治县的社会经济发展提供了强有力的法律保障。

中国人民政治协商会议隆林各族自治县委员会于1984年8月14日成立并召开第一届委会会议。政协成立以来，积极开展调研和发挥政治协商、民主监督和参政议政职能，对自治县贯彻实施国家宪法、法律和法规情况，对中共中央与国家领导机关制定的重大方针、政策的贯彻执行情况，对国家机关及其工作人员在履行职责、遵纪守法、为政清廉等方面的情况，通过建议和批评进行监督。对政治、经济、文化和社会生活中的重要问题及人民群众普遍关心的问题，开展调查研究，反映社情民意，进行协商讨论。通过调研报告、提案、建议案或其他形式，向党委、政府和国家机关提出意见和建议。在经济和民族文化工作上，先后向自治县党委、政府提交了《增进民族团结，加快经济发展》《实现民族山区农业结构调研及对策》《民族文化资源在西部大开发中的价值和作用》等调查报告，产生了积极的影响，对推进全县各项事业发展和社会主义现代化建设，调动积极因素，增强民族团结，维护和发展安定团结的政治局面，不断促进社会主义物质文明、政治文明和精神文明的协调发展发挥了重要的作用。

1990年，自治县成立了政府法制局，机构改革后改为自治县法制办公室，承担的职责是起草或审查一般规范性文件、行政赔偿、行政复议及政府法律事务等工作职责，从而实现了自治县的政府法制工作从无到有、从小到大，对象从单项到多项的飞跃，完善和提高了自治县的法制建设。自治县1990年以来制定的规范性文件主要有《隆林各族自治县水土保持设施补偿费、水土流失防治费征收使用管理暂行规定》《隆林各族自治县县城绿化管理办法》《隆林各族自治县人民政府强化依法行政措施》《隆林各族自治县人民政府行政执法过错责任追究制度》《隆林各族自治县自治条例》《隆林各族自治县执行〈中华人民共和国森林法〉的补充规定》《隆林各族自治县民族教育管理条例》等。

（二）经济快速发展

1. 财政收入稳步增长

中华人民共和国成立后，自治县财政坚持取之于民、用之于民的原则，做好增收节支，财政收入逐年增长。其财政主要来源是征收企业税、工商税、农业税、农林特产税等以及上级的补贴。从历年数据来看，隆林各族自治县的财政收入从 1955 年的 99.37 万元到 1985 年的 1536.66 万元再到 2017 年的 6.33 亿元，前 30 年平均每 10 年增长 5.15 倍，后 32 年平均每 10 年增长 13.73 倍。

2. 农业现代化水平全面提升

（1）种植业

党的十一届三中全会以后，农村推行家庭联产承包责任制，粮食生产、农业总产值大大提高。“三张叶子一株蕉”（桑叶、茶叶、烟叶、西贡蕉）已成为隆林种植业中的特色支柱产业。隆林板栗获批国家地理标志保护产品，三冲“翅东”牌茶叶获得广西著名商标称号，“公司 + 基地 + 农户”的农业产业化模式逐步形成。隆林为了推进脱贫攻坚工作，努力实现决战贫困决胜小康奋斗目标，确定了“5+2”特色产业，即 5 个主导产业（优质稻、猪、鸡、杉木、桑蚕）和 2 个非主导产业（油茶、板栗）。

（2）林业

1953 年自治县成立后，制订了开发林业生产的计划，并提出“保护森林，严禁放火烧山”的措施。1982 年开始，自治县建立健全林业工作机构，加强林业经营管理，基本形成了生产、销售、经营管理、监督、节能、燃料供应相配套的林业体系。1984 年，自治县组织林业调查队，对全县林业生产基础进行全面调查研究，并根据实际情况，将全县划为 4 个造林大区，规定石山区侧重于发展经济林、薪炭林和水源林；泥山沿南盘江畔的低山地区侧重于发展果、桐、茶等；泥山的高中山地区要侧重发展水源林、用材林等。1989—1995 年，自治县先后制定了《奋战十二年，基本绿化隆林的决定》《关于开展封山育林的决定》和《实行改燃（灶）节柴，以电以煤代柴的决定》等，并制定了一系列发展林业的措施。1995 年，隆林全县共有森林面积 283 万亩，比 1974 年增加 71.1%，覆盖率为 53.34%，比 1974 年上升 22.14

个百分点。2002年实施退耕还林后，隆林全县共完成退耕还林造林26.85万亩，完成“路、城、点”生态群带建设工程3万亩，森林覆盖率逐渐上升。2008年，广西金钟山黑颈长尾雉保护区正式晋升为国家级自然保护区。2018年，隆林全县森林覆盖率为69.35%。

（3）养殖业

1955年，自治县成立了畜牧机构，兴办公社牛场、大队养猪场，同时鼓励社员家庭饲养，畜牧技术人员广泛宣传，加强防疫治病措施，有效地控制了畜牧疫病流行。1995年，隆林全县畜牧业总产值3655万元，占农业总产值的20.61%；渔业产量418吨，产值169万元。2001年以来，隆林县积极调优水产畜牧业结构，发挥优势、突出特色、择优发展，区域化布局、规模化生产、产业化经营，在山区重点发展牛、羊等节粮型牲畜，在库区重点发展网箱养鱼和库湾围栏养鱼，使水产畜牧业结构逐步趋于合理，推动了水产畜牧业生产的快速发展。2005年年底，全县渔业养殖面积达9.8万亩，其中，大水面鲢、鳙鱼养殖0.9万亩，库湾围栏养鱼0.5万亩；网箱养鱼达2226箱，比2000年增长84.9%。渔牧业产值实现1.57亿元（其中牧业13550万元，渔业2191万元），比2000年增长15.2%，渔牧业产值在隆林全县农业总产值中的比重达到了28.5%；农民在渔牧业方面纯收入366元，比2000年增加100元，水产畜牧业已成为农牧民增收的主渠道。2007年来，隆林县实施了圈养山羊、种草养猪和种草养牛等示范项目，建立健全隆林黄牛养殖示范场1个，种草养猪示范点5个，隆林山羊养殖小区5个，山羊圈养示范户50户。2016年，隆林确立了“两黑一黄一清一白”（即黑猪、黑山羊、黄牛、清水鸭、渔业）等特色养殖业，实现了小规模散养向规模化、集约化发展。2017年，建设养殖集中区14个，富凤、红谷、鑫坚等龙头企业辐射带动作用逐步显现。规范发展渔业养殖，完成渔业禁养区、限养区、适养区规划，建成标准化大水面养殖基地1个。

3. 工业转型步伐加快

基于资源和区位优势，“九五”时期隆林县政府提出“依托资源优势，发展特色工业，全面推进工业化、城镇化”，实施“以工业富县，工业强县”为首要目标的发展战略，采取“以电力为基础，以有色金属冶炼为龙头，水泥建材及矿山开发并重”的工作方针，加大工业投入和工业产业结构调整力度，从而使隆林县工业进入新的发展平台。进入“十五”时期以后，在推进工业化进程中，隆林始终围绕“建立特色工业，以项目为中心，做大做强优势产业”的原则，同时依托原有的工业基础，围绕壮大县域经济，发展工业的辐射拉动，对全县工业布局进行科学规划，以前瞻性打好工业发展基础，以开放性不断培育新的经济增长点。2006 年，隆林县累计完成工业总产值 20 亿元，比 2005 年增长 52%；开工建设了隆林电解铝厂保安电源、那达河流域水电站等项目 66 个，总投资 30.23 亿元；储备了隆林火电厂等项目 119 个，投资额达 100 多亿元；初步形成了以有色金属冶炼和能源为主的东部工业经济区域带。近年来，隆林县坚决打好工业攻坚战，落实优惠电价政策，加大招商引资力度，组建投融资平台，有效化解环保、电价、融资等瓶颈障碍，铝硅锰等支柱企业服务不断加强，工业发展势头强劲，成效喜人。2015 年以来，隆林县着力打造和推进“两个园区”建设，即打造铝业精深加工园区和推进桂黔（隆林）产业合作园区建设，实施“工业攻坚战”，推进工业高质量快速增长。2017 年，实现工业总产值 45.93 亿元，比 2016 年增长 10%，走出了一条以电力为基础，水电结合、矿电结合、硅电结合、铝电结合、煤电结合的隆林特色工业发展路子。

4. 第三产业活力增强

隆林县下定决心补齐服务业这块短板，不断发展旅游、商贸物流业，进一步激发第三产业发展活力。《隆林各族自治县旅游发展总体规划》和德峨、天生桥特色旅游名镇概念性文本编制完成，县城至天生桥、县城至德峨景区规划顺利推进。依托传统民族节庆及“两赛一展”活动发展旅游，商贸业态呈现多元化，财富广场、大众超市、金龙湾农贸市场、龙江百货等区域商业圈基本形成。积极发挥互联网作用，建立电子商务企业孵化基地，实施电子商务进农村工程，有效地解决了工业品下乡难、农产品进城难的问题，使城乡居民产购销通道更加便捷。2017 年，隆林全县接待游客 96.96 万人次，同比增长 13.83%；实现旅游总收入 10.86 亿元，同比增长 20.83%；全年完成社会消费品零售总额 17.21 亿元；电子商务在孵企业 5 家，电商总交易量达 4400 万元，在百色市排第三；新增限额以上商贸企业 5 家、服务业企业 1 家；投资 7.6 亿元的

35 万吨玉柴中重化油库等项目落地，第三产业迎来跳跃式发展机遇期。

5. 非公经济蓬勃发展

隆林县进一步加大引导扶持力度，放宽登记条件，优化办事环境，提高服务质量，支持、引导个体工商户和私营企业大力发展种植业、养殖业、加工业，把发展个体私营经济与下岗职工再就业结合起来。同时，帮助少数民族群众摒弃“轻商”的传统观念，鼓励他们投入市场经济的大潮中，成为提高贫困地区发展能力、促进贫困群众脱贫致富的主力军。据统计，隆林全县个体工商户已从 1995 年的 2000 户发展到 2016 年的 8858 户；注册资金从 1995 年的 1200 万元增加到 2016 年的 4.8 亿元；私营企业从 1995 年的 8 户发展到 2016 年的 1433 户；注册资金从 1995 年的 320 万元增加到 2016 年的 48.6 亿元。

（三）社会全面发展

第一，以交通水利为重点的基础设施明显改善，由高速公路、干线公路、村级公路、屯级道路、水路组成的复合网络及出县通边、连接南北的骨干路网基本成形，融入南宁、贵阳、昆明 4 小时经济圈。

第二，教育整体水平持续提高。教育基础设施建设继续推进，实施全面改薄[1]、校改、初中改造、学前改造、高中改造等 7 大类，切实提升教育硬件水平，切实改善办学条件；大力发展普惠性幼儿园，按照公开、公平、公正，统筹兼顾、均衡发展，合理划片、就近、免试的原则组织招生，缓解了义务教育阶段择校热问题，依法保障流动人口子女接受义务教育权利。学籍管理不断规范，建立中小学电子学籍管理体系，实现了小学、初中、高中学籍全部电子化管理；留守儿童关爱成果明显，实现了全县村完小以上学校建立有“留守儿童之家”；积极推进文明校园创建工作，隆林第二中学被广西壮族自治区授予“文明单位”称号；推进科普示范校创建，全县青少年科普参与率达到 90%，民族中学、隆林二中、隆林三中等学校成为青少年科普特色学校。中、高考上线率均稳中有升。

第三，建立健全覆盖城乡居民的基本医疗卫生制度，促进基本公共卫生服务均等化。全力做好各项农村卫生工作，抓好新一轮的农村初级卫生保健；

---

[1] 广西实施的“全面改善贫困地区义务教育薄弱学校基本办学条件项目”的简称。

加大各种传染病和地方病的监测和控制工作力度。不断提高对公共突发事件的综合应急能力；加大卫生执法力度，严厉打击非法行医行为，切实维护广大群众的利益；人口和计划生育各项管理机制进一步健全，各项优质服务深入开展，出生人口性别比升高问题治理力度加大，认真完成全县各项人口和计划生育工作任务。2005 年，隆林县人口出生 6345 人，计划生育率 70.32%。放开二孩政策全面实施，计生服务水平不断提高；县级公立医疗体制改革有序推进，国家基本药物制度全面落实，家庭医生签约服务工作全面推进。2018 年，全面实行城乡医保制度，有效解决“看病难、看病贵”问题。

第四，脱贫攻坚卓有成效，全县贫困人口从 2010 年年底的 21.5 万人减少到 2017 年年底的 56133 人，全县贫困发生率从 57% 下降到 16.57%，进入了减少贫困人口最多、农村面貌变化最大、贫困群众增收最快的历史时期。

（四）文化繁荣发展

文化方面，图书馆、博物馆免费向市民开放。2000 年以来，每年举办“苗族跳坡节”“彝族火把节”“仡佬族尝新节”“壮族三月三排歌节”等民族特色浓郁的文化活动，各族人民共同欢庆节日，促进了民族大团结。建立民族非遗文化传承基地，民族文化习俗得以传承和推广。“彝族放布谷鸟习俗”“仡佬族尝新”列为自治区级非遗保护项目名录。

体育方面，随着社会的不断发展，隆林人民在传统节庆的基础上又发展出了许多具有新时代气息的现代节庆活动——“两赛一展”，即桂滇黔三省（自治区）南盘江杯龙舟邀请赛、中国隆林南盘江杯钓鱼大赛和苗、彝、仡佬、壮、汉 5 个民族文化展示周活动，形成了传统与现代节庆活动交相辉映的局面。现今，隆林的节庆活动方兴未艾，展现出了巨大的资源整合、经济拉动等功能，不仅为全国各地搭建了一个促进交流、共谋发展的平台，同时为隆林赢得了更加广泛的支持、更加广阔的空间和更加良好的声誉，开创了民族文化体育产业助推经济社会发展的崭新篇章。

（五）生态绿色发展

改革开放以来，自治县党委和政府高度重视环境保护工作，制定出台相关法律法规，采取了一系列保护和改善生态环境的重大举措，加大了生态环境建设力度，使自治县生态环境得到了有效保护和改善，环境质量稳步提高。

在立法方面，制定了《隆林各族自治县饮用水水源保护区污染防治管理办法》《县城环境噪声污染防治管理规定》《隆林各族自治县区域烟尘限制分级管理办法》等法规文件，有助于在积极治理环境旧污染源的同时，防止新污染源的产生。具体措施有：扎实开展环境保护巩固提升年活动，加强生态建设；持续开展矿山整治行动，大力治理大气、水、土壤污染；划定千人以上农村饮用水水源地保护区范围；全面推进“河长制”；实施宜居乡村建设，评选自治区级生态示范村等。

取得的成绩有：2015年地表水新州河达Ⅲ类水质标准，县城饮用水源地冷水河达保持在Ⅱ类水质标准；大气环境质量达到国家二级标准，空气质量达标率为97.5%；城市区域声环境质量昼间平均等效声级分别为56.8分贝和55.7分贝，昼间声环境质量水平为一般，夜间分别为44.8分贝和44.6分贝，夜间声环境质量水平较高；2017年，全面完成中央环保督察反馈意见整改销号任务并按规定时间处置中央环保督查“回头看”迎检和环境信访投资案件；2018年，完成万峰湖水面综合整治工作，还湖于清，有效实现珠江源头水面水质保护。

（六）民族工作健康发展

隆林认真落实党的民族政策，充分发挥民族区域自治制度优势，切实保障各族群众合法权益，少数民族干部和各类专业人才培养力度不断加大，平等团结互助和谐的社会主义民族关系不断巩固和发展。

1. 民族干部的培养、选拔和任用科学化

60年来，隆林县委、县政府充分认识到，要实现一个民族县域的经济发展、民族团结、政治稳定和社会繁荣进步，必须培养造就一支全身心热爱本民族县域，立志扎根奋斗在本民族县域的政治可靠、素质优良的民族干部队伍作为中坚力量。因此，在少数民族干部的培养和选拔任用工作中，隆林在不同的历史阶段都注重坚持“五强化”培养干部的理念。

一是强化组织领导机制。历届县委、县政府一直把培养少数民族干部作为重要工作来抓好抓实，专门成立民族工作领导小组，制定工作制度、责任制度，研究解决民族工作特别是民族干部培养方面的实质性问题；近几年来，面对干部人事制度改革的新形势，领导小组进一步充实力量，完善各项工作制度，加快机制运转，使民族干部培养工作的组织领导机构职能不断得到加强。

二是强化民族政策保障。县委、县政府结合《中华人民共和国民族区域自治法》和县域实际，先后出台了《隆林各族自治县自治条例》《关于正确处理新形势下影响民族团结问题的实施意见》等地方性法规和制度，为民族干部的成长营造良好的政策环境。

三是强化源头培养基础。通过抓好干部培养源头，使少数民族干部队伍迅速发展，其中有不少彝族、仡佬族干部纷纷成长起来，走上了各级领导岗位。1949 年后培养的彝族行政干部中处级 13 人、科级 48 人；仡佬族行政干部有处级 10 人、科级 38 人。

四是强化在职干部的教育培训。自治县成立后，人民政府采取考试与保送相结合的办法，将一批彝族、仡佬族学子送入大专院校深造，使之成为隆林彝族、仡佬族历史上第一代大中专生。同时，充分利用党校阵地，采取进修培训、函授学习和自学考试等方式不断提高民族干部文化素质。彝族、仡佬族干部在培养过程中从无到有，从少到多，不断壮大。

五是强化干部实践锻炼。长期以来，隆林县有计划地选派少数民族青年干部下基层锻炼和到经济发达地区挂职学习，把基层班子建设工作与培养年轻干部工作结合起来，在实际工作中注重传、帮、带，不断提高各级干部的工作能力。

2. 民族团结进步成效显著

为了总结民族团结经验，弘扬民族团结的精神，隆林县政府经常召开不同类型的座谈会，总结民族团结的经验和不足，对民族团结作出卓越贡献的单位和个人给予表彰。1988 年 10 月 30 日至 11 月 2 日，自治县在县城首次召开了民族团结表彰大会，表彰先进集体 22 个，先进个人 130 名，其中彝族 6 人，仡佬族 8 人。60 年间，隆林县涌现了一批又一批民族团结进步先进集体和个人，先后受到国务院、国家民委、自治区、百色市、自治县党委和政府的表彰，具体见表 1。

表1 隆林各族自治县获得民族团结进步表彰情况

获奖时间	奖项名称	奖项级别	授予单位	授予对象
1988年10月	隆林各族自治县民族团结进步先进集体和先进个人	县级	中共隆林各族自治县党委、隆林各族自治县人民政府	先进集体：22个 先进个人：130名
1992年12月	广西壮族自治区第三次民族团结进步表彰大会先进集体	自治区级	中共广西壮族自治区委员会、广西壮族自治区人民政府	隆林各族自治县民族事务委员会
1994年9月	全国民族团结进步模范单位	国家级	国务院	隆林各族自治县民族事务委员会
2002年1月	隆林各族自治县民族团结进步先进集体和先进个人	县级	中共隆林各族自治县委员会、隆林各族自治县人民政府	先进集体：32个 先进个人：80名
2002年7月	百色地区民族团结进步先进集体	市级	百色地区行署	中共隆林各族自治县委员会、隆林各族自治县人民政府、隆林各族自治县民族事务局
2006年2月	广西壮族自治区民族团结进步先进集体	自治区级	中共广西壮族自治区委员会、广西壮族自治区人民政府	隆林各族自治县党委、县人民政府、县民族事务局

二、广西彝族、仡佬族地区发展存在制约因素

60年来，隆林县在经济、政治、社会文化各方面都取得了可喜的成绩，这些成绩是彝族、仡佬族和其他各族群众同心同德、艰苦奋斗、开拓进取的结果。但是，我们在调查中看到，彝族、仡佬族地区的经济发展中依然存在不少困难和问题，如果解决不好，势必会影响该地区全面建设小康社会的进程。

第一，贫困面广、贫困人口多、贫困程度深，脱贫攻坚任重道远。

目前，阻碍隆林发展最大的“绊脚石”就是贫困问题。按照2011年调整后的人均2300元贫困标准线，2015年底隆林管辖的16个乡（镇）179个行政村（社区）中仍有88个贫困村19006贫困户79553贫困人口，贫困发

生率 23.57%。2016—2017 年，通过产业、助学、搬迁、务工等精准扶贫方式，累计帮助农村贫困人口 27672 人实现脱贫，贫困发生率由 21.09% 下降至 16.24%。目前来说，扶贫工作主要存在以下难点。一方面，整体脱贫难度较大。扶贫对象分布在各乡（镇），点多面广、居住分散，贫困村大多为隆林各族自治县西部、南部乡镇偏远石山区，且多数为少数民族村寨，自然条件差，自我发展能力弱，扶贫难度大。另一方面，致贫因素多样，返贫现象时有发生。现有贫困户中，影响贫困的因素较多，尤为突出的是因病致贫、因病返贫。此外，还包括因生产要素不足，特别是人多地少致贫、土地贫瘠致贫、因灾致贫等，受上述因素影响，返贫现象屡见不鲜。

第二，民族语言文字发展困难多。

语言方面，在隆林境内仡佬族三大支系[1]方言差异很大，各支系之间基本不能交流，且会母语的人数情况不尽相同，多罗方言已濒临失传。文字方面，尽管彝族、仡佬族都有与本民族语言相对应的文字，但历史上彝文、仡佬文并不普及，只遗存在极少量的古籍文献里。彝文早在明朝前就已传入隆林，并在彝族民间广泛使用，到 1949 年，仅有屈指可数的几个毕摩（主理宗教等活动仪式的人）能译读和掌握彝文，特别是在处理丧葬事、嫁娶、择宅及一些重大节日活动时均必须使用彝文经书，这些彝文经书在“文化大革命”中被毁于一旦。至今，流传在民间比较完整的馆藏彝文古籍不到 10 册，仅五六万字。而仡佬族古文字，目前专家学者发现的仅有《九天大濮史录》和《濮祖经》两部手抄本。

第三，基础设施建设落后，发展缺乏后劲。

目前，隆林基础设施建设仍较落后，行路难、饮水难、用电难等问题突出，农村群众住房条件差，教育科技卫生事业发展缓慢。同时产业少，内生动力不足，导致发展缓慢。

第四，民族传统文化传承面临断层危机。

隆林被称为“少数民族活的博物馆”，彝族、仡佬族与其他民族共同创造了灿烂多彩的民族文化。彝族的毕摩文化和独具特色的“火把节”，仡佬族的树崇拜和“尝新节”，以及饮食、服饰、建筑、文化艺术、人生礼仪等

[1] 隆林仡佬族三大支系分别是多罗、哈给和俫人。

都是民族瑰宝，具有极高的经济价值和文化价值。但是，彝族、仡佬族对自己的优秀传统文化自信心不足，地方政府在对彝族文化和仡佬族文化的挖掘、整理、保护和开发利用方面也面临各种难题，彝族文化和仡佬族文化至今没有树立文化品牌。与此同时，传承人老龄化问题加剧，专业人才缺乏，一些传统项目后继无人，文化传承与发展面临困境。

三、对策建议

（一）求发展，加快推进小康社会进程

按照国务院《“十三五”促进民族地区和人口较少民族发展规划》要求，把加快少数民族和民族地区发展摆到更加突出的战略位置，确保隆林县在2020年与全国同步全面建成小康社会。

第一，有效整合资源。

依托扶贫大格局推进脱贫攻坚。脱贫攻坚涉及大石山区的石漠化综合治理、基础设施的改善、基础产业的培育、基本保障水平的提高，以及贫困群众基本内生动力的转变等，对财力、物力、人力投入都提出了更高的要求。为此，要坚持以打赢脱贫攻坚战统揽经济社会发展全局，继续完善资源、资金大整合，社会大参与，整县村大推进的投入格局和扶持机制，强化统筹整合涉农资金用于扶贫，引导争取金融资源、社会扶贫资源支持脱贫攻坚工作。

第二，加快基础设施建设。

切实改善贫困村发展环境。水、电、路、通信等基础设施建设落后是制约隆林发展的最重要因素，也是该县脱贫攻坚需要着重突破的瓶颈问题。要在深入实施易地扶贫搬迁基础上，从彻底改善深度贫困地区群众生产生活条件、促进经济社会发展、民族团结角度，扎实推进脱贫攻坚“六大”基础设施建设。同时，结合脱贫攻坚“十三五”规划，合理规划项目建设，分年度有序推进贫困村、面上村基础设施建设。

第三，持续稳定脱贫。

依托产业发展推进贫困人口增收脱贫。要坚持走“发展产业富民”的道路，实施特色产业富民行动，重点发展贫困人口能够受益的特色产业，力

争每个乡镇发展 1 个主导产业，每个村发展 1 个特色产品，实现贫困村产业扶贫全覆盖。坚持宜农则农、宜牧则牧、宜工则工的原则，鼓励扶贫产业多元化共存。加大培育“三张叶子一株蕉”“两黑一黄一清一白”等特色优势产业，着力打造西贡蕉、板栗、油茶、种桑养蚕“四个万亩”特色种植产业园，隆林黑猪养殖、万峰湖渔业养殖两个养殖产业示范园及建设保惠冷链物流产业园区、特色农产品加工产业园区。加大力度引进产业龙头企业，培育种养专业合作社，依托“公司 + 合作社 + 贫困户”产业脱贫模式，充分发挥扶贫龙头企业辐射带动能力，使贫困群众实现持续稳定脱贫。

第四，强村固基。

培育壮大村集体经济。村集体经济是贫困村脱贫的“硬指标”和强村固基的“金钥匙”。要因地制宜、因村施策，统筹实施好村集体经济项目，坚决打好村集体经济攻坚第一战。

第五，完善社会保障体系。

编织一张新的“安全网”。要实现低保政策、救助政策和扶贫政策相互衔接，对贫困人口应保尽保，发挥社保“托底”作用。创新探索运用保险机制完善公共服务的方式，按照政府购买、市场运作的模式，采取先行赔付、定额保险的模式，解决“两保一孤”（农村低保户、农村五保户和农村孤儿）特困群体在发生意外伤害及重大疾病时无力承担自付费用的问题。同时，积极拓宽保险种类和保险范围，推进农村小额人身保险、养老保险、健康保险、外出务工人员意外伤害保险、农房保险和机动车保险等。另外，还需建立贫困人口的动态监测机制。

第六，激发内生动力。

坚持扶贫与扶智、扶志相结合。注重发挥贫困群众在脱贫攻坚中的主体作用，激发贫困地区和贫困群众脱贫致富的内在活力，提高贫困群众的自我发展能力和“造血”能力，加强教育和引导贫困群众通过自己的辛勤劳动脱贫致富。同时，注意纠正基层干部的不良作风，使他们真正成为贫困群众脱贫帮扶的实践者和最值得信任的人。

（二）促和谐，纵深推进民族团结进步创建工作

开展民族团结进步创建对于增强中华民族凝聚力、向心力具有重大意

义。为此，隆林县要紧紧抓住广西壮族自治区成立60周年暨隆林各族自治县成立65周年有利契机，扎实开展创建全国民族团结进步示范县工作。要围绕“中华民族一家亲、同心共筑中国梦”的总目标，贯彻人文化、大众化、实体化要求，通过组织开展民族团结进步宣传月活动、召开民族团结进步创建工作观摩交流推进会与民族团结进步表彰大会，丰富创建内涵，提升工作效能，发挥好典型示范作用。要与推动本地区发展相结合，精准帮扶、政策倾斜，增强自我发展能力，加快脱贫致富奔小康步伐。要大力改善本地区各民族的教育、医疗、就业等民生事项，推进基本公共服务均等化，让各族群众得实惠、心连心。要促进各民族交往交流交融，推动形成相互嵌入式的社会结构和社区环境，创造共居、共学、共事、共乐的社会条件，让各族群众在中华民族大家庭中手足相亲、守望相助。要依法治理民族事务，用宪法、法律保障民族团结和谐。要健全共创联动格局，重在平时，重在交心，提高创建工作水平。

（三）抓落实，积极弘扬民族优秀传统文化

第一，增强对民族传统文化的保护意识。

文化部门要不断创新工作方式，运用传统手段与现代手段相结合的方式，如建立具有少数民族文化特色的精品网站和微信公众号，利用互联网对外宣传少数民族传统文化，通过鼓励和支持新闻出版、广播电视、互联网等媒体对少数民族传统文化的保护传承工作进行广泛宣传，营造良好氛围，在全县上下形成共识。作为民族传统文化主体的少数民族群众，特别是非物质文化遗产传承人要主动摒弃“等、靠、要”的陈旧思想，进一步增进文化认同感，不断增强民族自信心，以“我的文化我做主”的主人翁姿态，积极投身于保护和弘扬本民族文化事业中。

第二，健全工作机制，加大立法保护。

一定要充分发挥政府的主导作用，切实加强文化部门、民族宗教部门在民族文化管理方面的政策调节、市场监管、社会管理和公共服务等职能。加强对少数民族传统文化的立法保护，制定民族文化保护和开发的可持续发展战略。设立工作机构具体负责民族文化产业的工作，做到机构落实、人员落实、责任落实、形成强有力的组织工作保障。进一步加大对发展少数民族文化事业的投入，设立少数民族文化发展专项资金，解决少数民族文化发展中的特殊困难。

第三，加强民族传统文化人才队伍建设。

大力培养少数民族干部和民族文化专业人才。一方面，积极引进专业人才，强化工作力量，建立一支高素质、具有实干精神的专业队伍；另一方面，充分利用高等院校的人才优势和科研优势，努力培养文化专业人才，让更多的人走近民族民间文化。另外，要加强民间非物质文化遗产传承人的评定工作，要建立文化传承人名录体系，对传承人制定具体的保护措施，使民族文化传承与发展后继有人，使民族民间文化艺术瑰宝流传千秋。

第四，坚定不移地走民族节庆文化与旅游产业相结合的道路。

首先，要在尊重、扶持、帮助少数民族节庆文化传承的基础上，使传统文化为发展旅游、发展区域经济所用，扩展外延的活动要关照节庆文化主题和旅游市场需求两方面。其次，少数民族传统节庆是该民族文化的集中体现，其中有很多内容都是非物质文化遗产，因此在节庆活动中，尽可能多地展示非物质文化遗产，对提升节庆活动的吸引力非常关键。最后，联合相邻民族地区抱团发展，形成以隆林为中心的民族节庆文化旅游圈，不仅有利于旅游形象的塑造，更有利于资源体量的提升。

第五，深化交流合作，推动共同发展。

隆林少数民族文化只有走出去、请进来，融入文化大环境，与其他民族优秀文化相互融合，才能不断创新和发展。为此，要积极开展少数民族文化对外交流，参与各地举办的“非遗日”、文化节、艺术周、展览会及各种演出活动；要精心打造一批少数民族文化对外交流精品，充分展示隆林少数民族文化魅力，不断提升隆林少数民族文化的影响力；要组织高层次艺术人才到民族地区开展文化下乡服务活动，帮助基层开展文化活动，培训基层文化工作人员，传播先进的文化发展理念。

广西京族地区60年发展报告

罗柳宁*

据2010年第六次全国人口普查数据，京族现有人口28199人，其中广西的京族人口有23283人。京族是我国唯一的依海而居、靠海而作、以海为本的民族，也是我国22个人口较少民族（人口在10万人以下）之一。在党的领导下，京族充分利用国家西部大开发政策、沿海地区开放政策和边境地区开放政策等多种政策优势，成为我国率先进入小康阶段的少数民族。

一、广西京族地区60年的发展成就

（一）政治发展

1949年中华人民共和国成立后，京族三岛的渔民结束了依靠租用鱼箔生存的历史。1954—1958年，通过土地改革和渔业民主改革，京族逐步走上了互助合作化的道路。20世纪60—70年代，京族同胞在全国“以粮为纲”的农业产业政策和“农业学大寨”潮流的影响下，为了增加粮食生产掀起了轰轰烈烈的围海造田热潮。1978年以后，京族地区传统渔业生产模式得到新的发展，1993年，京族村落成立了村民委员会，由村民实行自我管理、自我

* 罗柳宁为广西民族研究中心副研究员。

教育、自我服务，依法办理本村的公共事务和公益事业，调解民间纠纷，协助维护社会治安，向人民政府反映村民的意见、要求和提出建议。传统的“翁村”组织的很多职能让位于村民委员会，“翁村”在社会主义村落民主管理改造中积极规避其历史局限性，充分发挥其调节京族乡土社会各种关系的作用，共同营造京族社会在政治局面上的稳定和谐。随着基层民主制度的日益健全，京族村务决策日益民主化、科学化、透明化，村民的自治权益得到了切实保障，不属政治范畴。

（二）经济发展

“靠山吃山，靠海吃海”，海洋捕捞是京族主要的传统生计方式。中华人民共和国成立后，京族地区致力于粮食生产，以此改变了京族人仅靠海产品与周边汉族、壮族交换粮食的历史，一些家庭实现了粮食生产的自给。20 世纪 60—70 年代，“以粮为纲”的思想迫使京族人放弃了渔业生产这一传统生计方式和优势，转而大力发展种植业，“以农代渔”导致经济发展失衡。改革开放后，在社会主义市场经济的潮流下，京族人民淘汰了发展潜力低效的种植业，调整适合的农业产业结构，依靠现代渔业生产拓展致富空间。特别是在我国对外开放政策及沿海沿边地区开放开发的政策红利引导下，京族人民充分发挥毗邻越南的区位优势及与越南主体民族同源的族缘优势，逐步探索出了发展边境贸易的新思路。进入 21 世纪，京族三岛得天独厚的自然条件和浓郁深厚的民族文化氛围，为本地抢占全国旅游市场打下坚实的基础，为京族地区优化产业结构调整开创了另一条新路子。

京族聚居区在一系列的政策倾斜和大量资金的投入下，人均地区生产总值不断创新高。澫尾村民从事海上捕捞、海产品收购加工销售、水产品养殖、边贸互市、餐饮服务、交通运输等行业，多样化的生产经营方式为京族家庭财富的积累打下了坚实基础。巫头村充分利用沿海滩涂及咸酸田、中低田进行农业产业结构调整，改田建塘，发展对虾养殖业，坚持走“农商结合、养捕并举”的经济发展路子，全面实施“3331 致富工程”（即全村 30% 的劳力搞边贸，30% 的劳力搞养殖，30% 的劳力搞海洋捕捞，10% 的劳力搞农业综合开发），通过调整优化产业结构，对虾养殖业已逐渐成为巫头村的特色产业和支柱产业。京族与汉族、壮族交错杂居的竹山村，充分利用自身地理、气候优势，对农业产业结构进行了适宜的调整，农作物种植以水稻为主，红薯、花生为辅，在种植优质农业经济作物的同时，利用浅海滩涂、咸酸田发展优质水产养殖，形成红树林套养海鸭蛋等优势产业，实现了从传统农业、渔业升级转型为传统产业、特色产业和旅游业并存的产业结构。据2007年的调查数据，㵲尾村全村人均纯收入5800元，2013年达到了12500元，2017年农民人均纯收入高达16800元，其家庭生活质量达到了小康水平。

（三）社会发展

东兴市根据国家统计局2013年制定的全面建成小康社会监测指标体系中的经济发展、民主法制、人民生活、资源环境五大类，39项监测指标进行监测考评，多项小康指标提前达到国家标准。城镇人口比重、城乡居民收入、失业率、基本社会保险覆盖率、人均住房面积等24项指标达到或基本达到目标值，全市全面小康社会实现程度达87%左右，具体为：经济发展指标实现程度86%左右，民主法制实现程度90%左右，文化建设实现程度70%左右，人民生活实现程度86%左右，资源环境实现程度98%左右。

京族三岛通过筹措“人口较少民族发展”补助资金、“兴边富民行动”补助资金、边境转移支付项目资金等款项对全村的人畜饮水、道路交通、农业水利、文化设施等基础项目进行了全面夯实，基础设施不断发展和完善，东兴市23个京族村落几乎所有村道均已完成硬化工程，实现了混凝土村道户户通。同时，京族地区以广西壮族自治区“特色村镇名村”建设为契机，全力推进特色村寨建设，不断完善农村的社会公共服务体系。2013年年初，广西壮族自治区决定在全区开展“美丽广西・清洁乡村”活动，京族地区的群众紧紧围绕清洁家园、清洁水源、清洁田园三大任务展开“清洁乡村”各项活动，农村环境面貌得到了极大改善，其中巫头村、㵲尾村等村成为防城港市新农村建设的典范。

京族村寨标志性建筑“哈亭”作为文化展演实体平台得到进一步改善。目前，政府投入共计投入300多万元对巫头村、㵲尾村、山心村的“哈亭”及附属建筑进行改造和扩建，全面完善“哈亭”等公共广场设施，为京族人民祭祖、祭神和日常娱乐提供重要场所，为整合京族文化资源，保护和传承京族优秀文化奠定了坚实基础。在国家民委和广西壮族自治区党委及有关部门的大力支持下，结合东兴市的实际情况，作为广西民族生态博物馆“1＋10”工程项目之一的京族生态博物馆采取京族博物馆和京族生态博物馆合二为一的方式进行建设。京族博物馆项目位于东兴市江平镇澫尾风景区名胜区，占地 26 亩，建筑面积达 3000 平方米，投入建设资金 600 多万元，于 2008 年 4 月动工建设，2009 年 7 月建成投入使用。展馆运用翔实的资料、艺术的构思和科技的手段，通过实物、场景、图片、音像来展示京族古朴而浓郁的民族文化。京族博物馆的建成使用，改变了京族地区过去文化基础设施相对落后的局面，填补了京族地区没有专题博物馆的历史空白。

至 1965 年年底，京族三岛的全日制小学已经有 6 所，京族在校学生数与 1949 年相比增加了 4.5 倍。1995 年，澫尾村村民自愿捐资兴办初中澫尾中学，两年后该校升格为东兴市直属学校，定名为“东兴市京族中学”，成为九年一贯制的学校。目前，京族地区有完全小学 6 所（巫头小学、山心小学、潭吉小学、江龙小学、竹山小学、江平中心小学）。适龄儿童入学率达 99.9%，初中入学率达 100%，高中入学率达 90%。在师资队伍建设方面，京族地区中小学教师学历合格率、专任教师合格率达到 100%。学校严格落实各项免补政策，教育教学质量持续稳步提升。

东兴市卫生事业不断加强，县级医院综合改革全面启动，市、镇、村三级医疗卫生服务质量管理和控制体系进一步完善，镇村一级医疗机构标准化建设进入全区先进行列。京族地区现有卫生院一所，开设有门诊、急诊、住院及预防保健服务，基本满足群众一般就诊需求，且新农合参保率达 100%，续保率达 100%。

（四）文化传承与发展

京族人民世代在海边生活、繁衍，形成了海洋般吸纳、包容的民族个性。以“京族文化”为代表的具有“山、海、边”特色的精品文化旅游路线，打响了北部湾滨海休闲度假品牌、中越边境跨国旅游品牌、京族民俗独特风情品牌、十万大山生态健身品牌等，树立了以海洋文化为内涵的滨海旅游胜地形象。“哈节”是中越跨境民族京族（越族）共享的具有多重社会功能的仪式性民俗节日，它包含祭神、拜祖、族宴、生育、民间信仰、乐舞、娱乐等京族文化表征。2008 年，传统的京族“哈节”升格为区域性的节日，哈节庆典正式由民办转为官办，成为防城港市的重点节庆，促进了多渠道、多形式、多层次的对外文化交流，增强了京族传统文化的感召力和影响力。

京族有着丰富的民族文化资源，现收入国家级非物质文化遗产名录2项、收入自治区级非物质文化遗产名录5项、收入市级非物质文化遗产名录7项、收入县级非物质文化遗产名录8项，还有许多经过普查记录在档但尚未申报的非物质文化遗产。京族独弦琴是国家非物质文化遗产，为了进一步传承和保护这一文化遗产，东兴市于2013专门设立了京族独弦琴培训基地，实行免费培训的方式，让更多的年轻人了解和掌握京族独弦琴艺术。在京族地区，目前能够熟读“喃字”的人寥寥无几，“喃字”正面临着消亡的命运。京族“字喃”研究中心认真开展濒危京族文字的保护与抢救工作，从2013年起经常举办京族“喃字”培训班，出版了专门的《京族“字喃”培训教程》。

（五）生态文明发展

20世纪80年代以前，海洋捕捞是京族人创收的主要来源，但过度的渔业资源开发和包括炸鱼、电鱼等方式在内的不恰当渔业资源开发模式，严重破坏了珊瑚生态系统等海洋生物的生存环境，影响生物多样性的发展。进入21世纪，京族人按照《中国海岛保护法》的规定，规范和改善海岛经济开发秩序，确保京族三岛的可持续利用。同时，政府在京族地区举办民族生态经济教育，有针对性地对渔民进行各种技能培训，推广生态渔业工具的使用，实行休渔或轮渔制度，对渔业资源进行适度的开发，鼓励民众积极参与到生态环境的建设中。

（六）民族团结发展

东兴市有2个民族团结进步屯，分别是江平镇巫头村、马路镇吊应村。东兴市公安局边防大队与两村党支部分别签署《爱民固边和民族团结进步联创联建协议书》，为深化和巩固共建关系，共同维护民族团结、社会稳定、巩固边防打下良好基础。

二、广西京族地区发展存在的制约因素

（一）少数民族特色村寨建设的扶持力度仍需加强，生态问题逐渐凸显

京族地区在民族经济发展过程中，积极吸收外来的先进生产方式，调

整产业结构，将特色优势转化为现实的比较优势，大力发展中越边境贸易和渔业，走出了一条适合自身发展的道路。但是，京族地区努力发展经济的同时，其特色民居消亡的速度也在加快，民族文化得不到传承，特色产业得不到发展。特色产业布局分散、规模偏小、技术含量不高，骨干企业和名牌产品的带动能力弱，特色产业发展的层次仍然偏低，产业竞争力尚有待提高，优势资源向经济优势转化的制度环境还有待改善。

近几年，京族三岛的海洋资源受到严重破坏，浅海的渔业资源已几近枯竭，渔民在近海8～12海里范围内能够捕捞到的鱼虾相比从前的总量缩小近半。京族三岛的自然植被在旅游度假区开发、房地产开发过程中遭到严重破坏，影响经济的可持续发展。

（二）非物质文化遗产传承力度不够

目前，在京族地区，年轻一代能够熟练使用京族语的京族人已不多，能识读京族传统“喃字”的仅剩下10多个古稀老者，抓紧抢救京族口述历史档案已经刻不容缓。

在非物质文化遗产传承工作中，传承人的高龄化是制约非物质文化遗产传承的一个因素，当地政府相关部门在非物质文化遗产保护工作中，在一定程度上重点支持入选名录的项目，降低了年轻人非遗传承的积极性。同时，少数民族传统文化保护需要资金支持，但由于其公益性质，资金投入较小会成为其发展的瓶颈。

（三）旅游资源条块分割，基础设施有待完善

在京岛风景名胜区开发过程中，京岛村民参与内容过于单一，主要集中于旅馆、餐饮和娱乐等方面。东兴市旅游业起步较晚，不管是相关管理部门，还是旅游相关企业，管理人才、经营人才都十分缺乏。大部分旅游企业甚至是“家庭作坊”，旅游企业“小、散、弱”的状况没有得到根本改变。

此外，旅游资源条块分割的状况依然存在，边境旅游、滨海旅游、红色文化、长寿文化等一些特色旅游资源的优势没有实现有效整合，未能很好地转化为具有竞争力的产品和经济优势。同时，缺乏具有一流开发水准、一流服务设施、一流管理水平的旅游精品名牌。东兴市除口岸景区、京岛风景名胜区等景区游客接待量增长较快外，其他景区的接待量增长较小，根本原因

是景区旅游基础设施薄弱，直接影响对游客的吸引力。一些景区旅游各要素没有得到全面发展，旅游综合接待能力跟不上，旅游配套功能不强。京族地区特色产业布局分散、规模偏小、技术含量不高，骨干企业和名牌产品的带动能力弱，特色产业发展的层次仍然偏低，产业竞争力尚有待提高，优势资源向经济优势转化的制度环境还有待改善，这限制着京族特色村寨的特色产业的品牌效应充分发挥，制约着京岛旅游业深层次内涵的深挖，旅游业还不能真正发挥其“一业带百业”的作用。

（四）文化教育事业与经济发展速度不相匹配

在国家就业政策的支持下，京族人突破传统的捕鱼和养殖业，开始发展边境贸易、旅游业、海产品加工业等。但伴随着经济高速的发展，京族地区的民族教育事业却未能显现出与之相匹配的发展速度。京族孩子的学习热情并没有随着当地经济的发展而发展，对读书缺乏积极性，在学业上有提升意愿的人数很少，不少人连初中尚未毕业就急于退学回家从事边贸或海产养殖工作，这直接导致了本土京族干部的断层。东兴市民族局的负责人表示，目前京族民族教育的水平下滑得很严重，读大学的人数越来越少，能够完成大学教育的京族学生在本地的公务员招考中由于没有政策倾斜，竞争不过外地的考生。这样进一步导致京族居民存在较为普遍的教育短视现象，教育观念呈现世俗化与功利化，他们把接受教育仅仅看作为了增加经济收入和找一份好的工作，影响到一个民族的长远发展。随着北部湾经济区的开发，这一地区面临着人才需要与工作种类多元化的变化，对人员的文凭与能力提出了更高的要求。为此，要拓宽民族教育发展思路，充分利用当地优势和学校师资力量开发特色、实用性课程为学生就业拓展途径。

三、广西京族地区发展的有利条件和机遇

（一）得天独厚的自然环境与跨国民族同源文化交流优势，是打造京族旅游文化品牌的有利条件

京族三岛以岛内15千米长的黄金海岸线金滩而闻名。这里海水清澈、无污染，可同时容纳5万人进行海浴和沙滩活动。独特的民族文化成为吸引游客的重要人文资源，例如，“哈节”是中越边境京族共同的传统节日，是宝

贵的文化遗产，已成为一个著名的民族旅游品牌。因此，中越两国共同打造“哈节”品牌，不仅是弘扬民族优秀传统文化的重要方式，也是推动国际文化交流的重要途径。2008 年以来，京族“哈节”已成为防城港市的重要节庆活动，每年的哈节到澫尾的游客达 10 万人次，每年到金滩旅游的游客达 50 多万人次。京岛优质的海景旅游资源及京族“哈节”极富民族特色、极具文化旅游品牌影响力，拓展了京族人民新的就业途径，成为当地农民新的经济增长点。

（二）充分发挥政策红利，走因地制宜之路

20 世纪 90 年代末开始，中央的扶贫开发、西部大开发、兴边富民、生态保护、文化固边等多项战略的实施，是京族地区获得良好机遇加快发展的政策红利。作为国家“十一五”规划之一的《扶持人口较少民族发展规划（2005—2010）》，实施的重点是解决人口较少民族的生存问题，而在作为国家“十二五”规划之一的《扶持人口较少民族“十二五”发展规划》中，对人口较少民族又给予了更多的关注，从项目安排、资金投入等方面给予更多的倾斜。2008 年 1 月 16 日，国家正式批准了《广西北部湾经济区发展规划》，北部湾经济区开放正式纳入国家战略。这是我国首个重要的国际区域经济合作区。广西北部湾经济区的发展目标是：经过 10 ～ 15 年的努力，把北部湾经济区建设成我国沿海重要经济增长区域，在西部地区率先实现全面建设小康社会目标。京族所在区域迎来了难得的发展机遇，因此要抓住政策的红利，形成以沿边开放优势为依托，多元化和多功能化边境贸易为主导，海洋产业、旅游业等多产业协同发展的民族经济发展新格局，走因地制宜的发展道路。

（三）先行先试敢闯敢干，东兴试验区建设稳步推进

“十二五”时期，东兴试验区建设取得阶段性成效。2012 年，国家批准实施《广西东兴重点开发开放试验区建设实施方案》，国务院、自治区分别出台《加快推进东兴重点开发开放试验区建设的若干意见》和《加快推进东兴重点开发开放试验区建设的若干政策》；2014 年，国家发改委批复实施《广西东兴重点开发开放试验区建设总体规划》，创新开放合作模式，探索推进中越跨境经济合作区合作模式，先行启动跨境合作区中方区域。跨境经济合作区控制性规划、金滩旅游岛概念性规划等一批重大规划编制完成。跨境

经济合作区征地搬迁安置工作扎实推进，启动区2.06平方千米征地任务基本完成。防东高速公路等项目竣工投入使用，中越北仑河公路二桥、城市档案馆、标准厂房项目、友好大道等“一桥一楼一馆一厂六路”基础设施加快建设。创造了全国第一个人民币与越南盾特许互换业务试点、第一个东盟货币服务平台、第一家跨境保险业务中心等3个“全国第一”和广西第一个城乡居民医保统筹改革试点、广西第一个企业登记制度试点等2个“广西第一”。进境种苗（风景树）指定口岸、企业登记制度试点、外国人口岸签证业务、边境旅游异地办证业务等一批试验区先行先试政策效应初显。

四、广西京族地区未来发展的对策建议

（一）推进国家全域旅游示范区创建工作

具有海洋文化特点的京族文化，是防城港市和东兴市独有的文化品牌。构筑海洋文化名市就是要在防城港独有的“山、海、边”特色上做文章，发展“上山、下海、出国”特色旅游。防城港市和东兴市要继续开展全域旅游示范区规划，各行业积极融入旅游发展，各部门共同参与，充分利用独特旅游资源，打造国际旅游目的地；通过策划重大旅游项目，加快创建全域旅游示范区的创建工作，加快推进中越跨境旅游合作，打造商贸旅游融合发展的国际旅游名城。

同时，还要积极培养专业的遗产保护和旅游人才，用科学的手段来保护和开发民族文化。在京族三岛居民的社会和学校教育中要加强非物质文化遗产教育，激发京族人发展旅游业的积极性。把优秀的京族文化编进乡土教材，树立京族民族自尊心和优越感，培养遗产保护、文化创意和旅游管理的复合型人才。

目前，京族已成功申报各级非物质文化遗产项目14项，其中两项入选国家级名录。事实证明，京族地区丰富的文化资源必须依靠精妙的文化创意，才能充分体现资源型文化产业的特征，带动当地文化产业的发展。京族的“哈节”、独弦琴文化不仅具有丰富的传统文化价值，还具有极大的市场开发价值。非物质文化遗产的保护和发展可以把古典与现代、文化与经济结合起来，使传统文化在现代语境焕发新的生机，寻找到新的生长点和发展

点。把有条件的非物质文化遗产变为文化商品，推向市场，形成文化品牌效应，把丰富的文化资源转化为优势文化产业。

京族地区丰富的文化资源必须依靠精妙的文化创意，才能充分体现资源型文化产业的特征，带动当地文化产业的发展。京族的传统民居、“哈节”仪式、独弦琴文化、京族传统服饰、京族传统美食等不仅具有丰富的传统文化价值，还具有极大的市场开发价值。非物质文化遗产的保护和发展可以把古典与现代、文化与经济结合起来，使传统文化在现代语境焕发新的生机，寻找到新的生长点和发展点。把有条件的非物质文化遗产变为文化商品，推向市场，形成文化品牌效应，把优秀的文化资源转化为优势文化产业，丰富旅游业的深层次内涵。这也是弥补景区中滨海旅游淡旺季游客数量的明显差异以及游客的逗留时间短等缺陷的重要手段。

在社会转型的过程中，在海洋商业文化的主导之下，市场经济冲击和瓦解着京族的传统文化。京族生态博物馆是景区内除哈亭之外唯一具有京族文化特色的景点。以实物、场景、图片、音像等现代信息手段突破传统的保存文化的方式，虽然具有耐久性、简捷性、直观性和传播迅速与广泛等优点，但要真正地保持传统文化的真实性和原生态的特性，并且世世代代延续下去，更多的是需要当地京族人的亲身传承，一种活态传承的普及。比如，传统京族民居是京族人民生活的主要场所，承载着文化和历史的底蕴。京族过去的民居是一种古老的、具有民族风格的干栏式房屋。这些房屋全用竹木构造，以茅草或竹篾作壁（有的涂上泥土），上盖草或瓦，用石头或砖火压着，预防每年夏秋来自太平洋的强烈台风；屋的四角有四条木桩，用石头垫高离地五六寸许，里面以竹条或木条密排作地板，铺上草席，入屋脱鞋，全家坐卧饮食其上。房屋的周围一般都种有果树、剑麻、仙人掌等，既可美化环境，又可避免风沙。京族三岛等地的村落，树木茂盛，景观独特，体现了京族传统良好的环境观念。但现在的京族民居以钢筋水泥楼房为主，清一色的时尚洋楼从外观上体现不出一点儿京族民居文化特色。

京族传统的服装，朴素美观，独具风格，妇女一般身穿菱形遮胸布，着窄袖紧身对襟无领的短上衣，长而宽的黑色或褐色裤子，外出时加穿窄袖的白色长外衣。但作为一个民族外部标志的京族服饰，其已经从京族的日常生活中消失，京族的民族服饰带给游客的视觉冲击仅仅发生在舞台的展演上或者“哈节”的庆典仪式中。

（二）繁荣边境经济，带动少数民族地区经济发展

国家要给予边境口岸更优惠的政策支持。建议国家执行战后恢复建设资金扶持政策，以利边境地区恢复重建工作；完善国家边民互市贸易政策，不设时间限制，放宽贸易量，简化查验通关手续。提高互市贸易免税额度，因为互市贸易是边民受益最大、最直接的一种贸易形式，对改善边境地区民生、提高边民收入水平、繁荣边境经济有重要的作用。

加强少数民族节日庆典活动的支持，进一步保护好民族特色民居和传统文化。在少数民族特色优势产业的扶持上，加强对“红姑娘”红薯、红木加工业和虾养殖业的扶持，有效带动少数民族地区经济的发展，促进少数民族地区农民增收。

（三）提升教育质量，促进经济社会发展

相关部门要拓宽民族教育发展思路，充分利用当地优势和学校师资力量开发特色、实用性课程为学生就业拓展途径。比如，开发京族三岛旅游课目，让学生掌握更多的旅游知识，培养学生的旅游资源开发意识，大力发展旅游度假项目。职业教育对京族年青一代的培养更能彰显其优越性，也更能贴近其经济发展的需要，因此九年义务教育后的中等职业教育成为当前的热点。大力发展职业教育，培养京族年青一代的工作技能和技术水平，成为京族人就业的新目标。继续加大对东兴京族地区越南语学习的投入，配备专职教师，保证高年级学生基本上能用越南语对话。外语语种的多样化发展必须与当地中小学的越南语教学要求与校本课程的开发联系起来，普及京族传统文化，把民族教育与外语学习有机结合起来，具有很大的现实意义。

参考文献

[1] 袁少芬. 民族文化与经济互动［M］. 北京：民族出版社，2004.

[2] 吴满玉，冼少华，等. 当代中国的京族［M］. 南宁：广西人民出版社，2005.

[3] 王小龙. 京族非物质文化遗产及其传承人调查［J］. 四川文化产业职业（四川省干部函授学院）学院学报，2012（3）.

[4] 密宋华. 京族独弦琴的演奏手法及其独特魅力 [J]. 艺术探索，2008 (6).

[5] 徐杰舜. 京族简史 [M]. 南宁：广西民族出版社，2008.

[6] 张瑞梅，林代松. 广西东兴京族哈节旅游营销策略的思考 [J]. 东南亚纵横，2010 (6).

[7] 王小龙，何思源. 京族文化传承的呼唤与京族教育的回应 [J]. 理论探索,2011 (5).

[8] 马居里，陈家柳. 京族——广西东兴市山心村调查 [M]. 昆明：云南大学出版社，2004.

[9] 朱玉福. 人口较少民族传统文化保护探讨 [J]. 黑龙江民族丛刊，2011 (3).

[10] 朱玉福. 人口较少民族地区学校教育传承民族文化研究 [J]. 民族教育研究，2011 (5).

[11] 蓝武芳. 京族海洋文化遗产保护 [J]. 广东海洋大学学报，2007 (2).

[12] 黄谢万忠，陆丹丹，利运晶. 基于游客认知的京族文化旅游吸引力构建研究 [J]. 现代交际，2017 (4).

[13] 王小龙. 京族非物质文化遗产及其传承人调查 [J]. 四川文化产业职业（四川省干部函授学院）学院学报，2012 (3).

[14] 吴滨. 京族文化传承与防城港特色旅游的融合发展 [J]. 广西广播电视大学学报，2017 (2).

[15] 吕春霞. 社区居民参与民族旅游发展研究——以京岛风景名胜区为例 [D]. 武汉：中南民族大学，2013.

[16] 吕俊彪. 从"与民同庆"到"还俗于民" [J]. 民族艺术，2013 (6).

[17] 许晓明. 哈节：海洋文化的集体记忆 [J]. 文化时空，2010 (21).

广西水族地区60年发展报告

张　健*

水族是广西人口较少的少数民族之一，主要分布在与贵州相邻的宜州、南丹、融水、环江、都安等地，呈现大分散、小聚居的特点。广西水族由于历史原因及所处地理自然环境不同，其经济、社会、文化发展方面存在着一定的差异，发展水平有所不同。中华人民共和国成立以来，特别是广西壮族自治区成立以来，水族地区发生了翻天覆地的变化，经济社会跨越式发展，人民生活显著改善。

一、广西水族地区60年发展历程

（一）政治发展

1949年前，水族作为人口较少民族，经济社会发展落后，政治上没有自主权利。1949年后，特别是广西壮族自治区成立以后，在中央、自治区、市三级政府的领导下，水族人民实现了当家做主的权利，水族地区建立了较为完整的民族区域自治制度和村民自治组织，民族地区的社会治理走上了法制化的道路，水族群众获得了越来越多的政治权利。

水族是一个村落家族文化浓厚的民族，由村民自下而

* 张健为广西社会科学院民族研究所副研究员。

上产生的内生型的传统社会秩序，在政治生活中起着重要的作用。随着现代政治制度的建立，水族群众政治参与度逐渐提高。近年来，南丹县六寨镇狠抓从严治党，围绕中心，完善基层组织建设，完善村民治村机制，做出了不少成绩。

（二）经济发展

改革开放以来，水族地区经济健康有序发展，地区生产总值、财政收入、农民人均纯收入等大幅增长，地区综合实力显著提升。2011年，南丹六寨镇地区生产总值12348万元，2017年为27648万元；2011年社会固定资产投资5220万元，2017年为16300万元；2011年财政收入488万元，2017年增长到705万元；农民人均纯收入由2011年的4504元增长到2017年的9867元。

广西水族以农业经济为主，南丹六寨镇水族群众以种植水稻为主，以种植玉米、红薯、黄豆等杂粮作为辅助，此外还种植青菜、广菜、油菜等少量的蔬菜，品种比较单调，长期以来保持着传统的生产方式。近几年来，南丹县六寨镇采取了多种措施发展农业生产，不断扩宽农民增产增收的渠道。其具体做法有：一是立足水族地区山多地少的实际情况，依托地域优势，以“村村有产业，家家有收入”为目标，以“烟茶辣果”四大特色产业为重点，增加经济作物种植面积。发展了茶叶、杉树、烤烟、辣椒、板栗、柿子等经济作物，兼以发展水稻、玉米等传统产业，其中一些不仅成为当地的名优特产品，还是群众增收的支柱产业和重要经济来源。2011年年底，龙马村农民人均纯收入为1900元左右，至2017年年底约为3300元。2015年年底，六寨镇核桃种植面积达到38804亩、烟叶面积6100亩、茶叶面积3500亩、长角辣椒面积10300亩、水稻面积27975亩、玉米面积12150亩、油茶面积6500亩、猕猴桃面积340亩。此外，六寨镇坚持把传统畜牧业作为调整农业产业结构的重中之重，大力发展特色养殖业。二是围绕“打造特色农业示范区”的总体目标，结合现有产业发展情况，六寨镇对全镇的产业发展基地进行了科学规划，不断推进农业经营新模式。六龙茶是六寨镇传统农业品牌之一，近年来，六寨镇大力发展农业专业合作社，以龙马六龙茶产业示范区为核心，与县烟叶局、烟草公司等相关单位结合，采取“党支部+合作社+农户”经营主体新模式，创建标准化烤烟生产基地，并召开社员代表大会，进入规范化管理。

有色金属业是南丹县的传统工业项目，近年来，南丹县抓工业转型促发展，加速提升传统产业，加快发展新兴产业，六寨镇工业发展进程加速。2013年，新建的南丹县龙马工业园区落户六寨镇龙马村，南丹县政府通过了《南丹县企业及工业项目搬迁入驻河池·南丹工业园区、南丹县龙马工业园区扶持方法》，制定了实施项目用地优惠、税收扶持、财政扶持、金融信贷扶持等一系列优惠政策，吸引了一批有色金属、化工、建材等企业和工业项目入园，优化了产业结构布局，吸收了当地部分劳动力，推动了南丹县产业多元化发展。2011年，六寨镇工业总产值为850万元左右，2017年达到了7641万元，增长速度迅猛。

（三）社会发展

60年来，六寨镇龙马村的农村基础设施、教育、医疗、通信等公共服务从无到有，水族群众的生活质量逐步提升。

1949年，由于经济困难，龙马基础设施建设一度停滞不前。改革开放以后，南丹县委、县政府抓住机遇，多方筹集资金，加大投入力度，努力为边远山区群众解决用水难、用电难、行路难、上学难等问题，极大地改善了水族地区基础设施建设。2004年，龙马村基本实现了通电、通自来水、通电话、通手机和基本覆盖电视信号，修筑了一条机耕路通到村外。2012年7月，全长108千米的六寨至河池高速公路通车，这条公路是国家规划的西部开发省级公路通道阿荣旗至北海公路的重要组成部分，也是国家公路网兰海高速的组成部分。

历史上，水族的教育事业起步较晚，发展也十分缓慢。广西壮族自治区成立之后，特别是改革开放以后，广西水族地区教育事业突飞猛进，取得了较好的成效。1949年后，龙马村水族适龄儿童基本都能够入学，但是较少能够接受高等教育。1952年，龙马村建成了小学，此后，龙马村当地的水族子弟基本都接受过小学教育。改革开放后，水族地区的教育得到了更大的发展。至2007年，小学入学率已达到100%，义务教育普及率达到国家扶贫纲要和“两基”攻坚计划要求。南丹县享受少数民族政策照顾，水族学生学杂费全免，贫困学生享有生活补助金。目前，南丹县水族群众的学前教育、高中教育、职业教育都得到了高度重视，办学条件逐步改善，师资队伍建设的力度不断加大，接受过中等教育和高等教育的人数逐步增加，文化水平稳步提高。

医疗卫生方面，广西水族地区也逐步发展。1949 年前，水族地区没有专门的医生和医护人员，群众生病之后一般是用土法或请鬼师来治病，死亡率比较高。1949 年后，水族地区医疗设施逐步完善，群众逐渐到正规的医疗机构就诊。21 世纪初，龙马村附近已设有卫生医疗点，方便群众就医。近年来，水族地区的医疗保障措施逐步完善，新型农村合作医疗稳步推进，公共卫生服务均等化水平不断提高，水族群众看病、治疗的问题得到有效解决。

（四）文化发展

水族具有自己的民族语言、文字和历法，水族的语言为“水语”，文字为“水书”。水书是水族巫师占卜、召神、看风水等活动中用到的符号，是水族先民智慧和地方性知识的结晶。目前，水族保存的水书只有大约 450 个单字，2006 年被列为国家首批非物质文化遗产。

水族传统服饰具有本民族的特点。历史上的水族人民善于纺织、染布，偏爱黑色和藏青色。民国时期，男子的服饰已基本与周围汉族服装差别不大，但妇女的服饰还保留有鲜明的民族特征。20 世纪 50 年代末，水族服饰逐步改变，与壮族、汉族服饰基本无异，只在年节喜事时偶有穿着。如今，在龙马村只有几位年长的老人保存有几套水族传统服饰，且基本不再穿戴。

水族群众喜欢聚族而居，同一姓氏或家族的人聚集在一起，选择依山傍水、靠近田地的地方居住。水族的传统民居主要有草木结构的干栏式和砖木结构的搁檩式。传统干栏式建筑与周边的壮族民居基本相同。1949 年年初，干栏式建筑居多。到 20 世纪末 21 世纪初，出现了一批砖瓦房，至 2008 年笔者调研期间，龙马村基本上都以砖瓦房为主，还出现了少量钢混结构的楼房，而在融水的平项屯则还是以干栏建筑为主。目前，龙马村屯基本以钢混结构的新式楼房为主，干栏建筑在当地已基本没有了。

水族的传统节日很多，有端节、卯节、苏宁喜节、南瓜节、苦节等独特的民族节日，其中最隆重、最盛大、范围最广、历时最长的是端节和卯节，相当于汉族的春节。水族有过端不过卯、过卯不过端的区分。端节一般在农历的九至十月，各地分批过节，前后延时 50 多天。过端节的重要活动主要是祭祀和赛马等，龙马村由于水族人数较少，居住较为分散，赛马活动很难展开，一般以祭祖为主。20世纪60—80年代，只有少部分水族家庭还过传统的端节，大部分水族家庭把这个节日当作探亲的日子。到20世纪90年代，早期迁入广西的水族老人相继离世，只有少部分水族家庭在端节时回贵州探亲，大部分年轻人开始过春节等国家法定节日。现在，龙马村的水族群众已基本不过端节，传统水族节日氛围逐渐淡化。

水族群众聚居地的公共文化基础设施不断改善。南丹县的龙马村在1931年就建造了子华公园，有莫树杰将军的故居，1992年该公园被列为县级重点文物保护单位。目前，龙马村已经建设有比较健全的文体设施，有图书馆、文化室、卫生室和球场，满足了群众开展文化活动的需求。同时，龙马村抓住新农村建设、民族团结进步示范村创建、少数民族特色村寨建设等机遇，发展农家乐和农家小旅馆，突出民族文化特色，展示民族历史和节日文化，被列为广西少数民族特色村寨试点建设项目之一。

（五）生态文明发展

南丹县六寨镇位于云贵高原龙马群山，山上终年云雾缭绕，雨量丰富，生态环境得天独厚。龙马村处于一个因河流冲积而成的槽谷旁，整个村寨依山而建，可开发利用的资源少而且分布不均匀，田地较为贫瘠，产出低。

在农业生产中，龙马村的农民始终保持着当地的一些特殊习俗，以此降低农业成本，避免高污染，减少使用农药和化肥，坚持采用传统牛踩粪的方法积肥，即在牛圈内铺青草，让牛自己将粪尿和草踩混在一起，沤成肥料，减少因使用农药和化肥对环境造成的污染。近年来，南丹县牢固树立了“绿水青山就是金山银山”的发展理念，坚持以生态文明统领经济社会发展，推动绿色发展，建设生态文明，并将其作为全面脱贫、全面小康的一项战略任务。同时，立足山区林业发展，推进石漠化综合治理，挖掘山地发展潜力，做优生态产业培育新的经济增长点。龙马村以龙马六龙茶作为拳头产品，发展生态经济，已享有一定的知名度。此外，还不断完善农村卫生保洁、门前三包等村规民约，促进农村树立文明乡风，营造安居乐业的农村生活环境。

（六）民族工作和民族团结发展

水族从贵州迁到龙马后，与当地的壮族、汉族、瑶族、苗族、侗族、布依族等民族杂居，各民族友好往来、和睦相处，1949 年后，随着民族平等和民族团结政策的落实和宣传，水族和周边的民族交往越来越密切融合，享受同等的政治、教育等权利，民族间互相通婚，相互学习，生活习俗也日渐相同。其他水族聚居的地区也多是与其他少数民族杂居，长期以来也保持着团结友好的民族关系，各民族之间互相尊重、互相学习、互相帮助。

二、广西水族地区发展存在的制约因素

广西壮族自治区成立 60 年来，水族地区经济社会平稳发展，人民生活水平逐步改善，民族关系融洽，人民安居乐业，但现阶段水族地区仍面临一些问题和挑战。

（一）基础设施建设仍然滞后

当前，广西水族村落的交通、农田水利、卫生文化设施、村民居住条件等方面还比较落后。

水族村屯之间虽然修建了简易公路，但是很多公路还是砂石路、泥巴路，甚至是机耕路，路窄而陡，行车困难，到雨天更是难以出行。有些村屯之间还是人行小道，路况更差，有时只能靠肩挑马驮，出行十分不方便。

水族地区村民用水用电还存在一定困难。水族地区群众虽然基本都用上了“自来水”，但有一部分山区的群众是用胶水管引山泉水到家中自用，这种山泉水水质较差，也没有经过相关部门处理，没有达到安全用水标准。此外，由于缺少必要的水利设施，群众的正常农业生产受到影响。

水族群众聚居村落医疗卫生设施还比较简陋，龙马村所在的行政村已有村级卫生室，其他一些水族聚居的行政村还未全部设有卫生室，或者即使已经有，但是设施简陋，医疗用品稀少，群众看病不方便。

文化基础设施较落后，一些水族聚居村的行政村还没有建村级文化室，有些行政村虽然配备了文化活动室、篮球场等，但是由于缺乏必要的资金投入、指导和扶持，利用率不高，设备比较陈旧。

（二）经济社会发展不平衡

各地水族群众聚居区因历史条件、经济社会发展等因素的影响，与其他民族之间的发展存在着差异，各地区水族的发展也不尽相同。

龙马村的水族人民生活比较富裕，村民已基本脱贫。近年来，龙马村因发展六龙茶、农家乐旅游等绿色产业，经济发展态势良好。此外，南丹县其他水族聚居的村落如六寨镇龙马村拉干屯，陋里村的八队，蛮卷村的么腊屯、拉塘屯、更外屯，壮里村的外岩屯都已脱贫。而其他水族聚居的村，如融水同练乡英洞村、宜州市北牙镇白龙村、环江龙岩乡朝阁村、驯乐苗族乡镇北村都还属于广西"十三五"贫困村，人民的温饱问题刚刚解决，脱贫摘帽的任务还比较重。

（三）支柱产业缺乏

水族大部分劳动力主要从事传统农林牧渔业。除了龙马村六龙茶具有一定知名度外，水族地区还没有形成特色支柱产业，其他都是杉木、松树、烤烟、长角辣椒、柿子种植，不仅面积小、规模小，而且结构比较单一，对促进当地经济发展、提高群众收入的作用不大。

三、对策建议

第一，加大扶持力度，争取政策支持。

水族是我国人口较少民族之一，广西的水族人数更少，且多与其他民族杂居在一起。由于历史原因，广西水族大多居住在偏远的山区，自然条件、生存环境恶劣，扶贫开发的难度更大，需要尽量争取国家政策和自治区级的支持，投入更多的财力、物力。

第二，多方筹集资金，加大基础设施建设。

建议广西壮族自治区各级政府部门多方筹集资金，利用政府、社会、企业、个人等多种渠道，扩宽资金来源，争取国家、自治区、市级政府及扶贫办、民宗委等相关部门的正常和专项资金的支持，鼓励企业、个人及村民筹款改善基础设施，还可以吸收银行贷款等多个途径，加大水族地区基础设施建设力度，切实解决水族群众交通、水电、教育、医疗、卫生和文化等基础设施建设方面存在的突出问题。

第三，调整产业结构，发展特色产业。

农业是水族的传统产业，传统农业生产必须进入现代化农业轨道，为此要调整产业结构，发展优质性、独特性、规模化的农业产品。龙马村的茶叶，平项屯的杉木、八角已经具有一定的知名度，在此基础上，应根据实际情况，加大特色产业的开发力度，采取专项资金扶持、技术指导、市场信息等多方多面的支持，形成企业、基地、合作社等多种模式，调动农民的积极性，促进剩余劳动力就地转移，开发出既适合当地自然条件又能促进农民增收的特色龙头农产品。此外要拓展农民增收致富的新渠道，加大产业结构调整力度，有条件的地区可以发展民族文化旅游和乡村旅游，大力发展旅游业、服务业、运输业等第三产业。

第四，树立文化自信，保护和传承民族传统文化。

广西水族群众要树立对自己民族文化的自信心，重视民族文化发展，形成保护和传承民族传统文化的自觉。相关部门首先要明确广西水族民族文化的发展现状，其次要加强水族文化专业队伍的建设，再次要进行水族民族文化的学习、保护，培养民族文化传承人，同时要积极推动水族文化产业发展，使民族文化在保护中开发，在开发中得到保护，充分挖掘优秀传统文化，使水族传统文化得以传承和弘扬。

附　录

2017年广西民族地区大事记

1月

▲《壮语文研究著述目录索引》荣获广西第十四次社会科学优秀成果三等奖。

4日至8日，国家督导检查组赴广西对17个申报全国义务教育发展基本均衡县（市、区）进行督导检查，并于8日上午在南宁市召开工作反馈会，通报督查情况。马山县是南宁市第一个达到义教均衡国家级督导检查组认定标准的贫困县。

10日上午，中国（广西）首届壮语春节联欢晚会组委会在南宁国际会展中心召开新闻发布会，正式宣布首届壮语春晚将于1月15日19时30分在南宁市上林县人民会堂广场举办。

13日至19日，广西壮族自治区十二届人大六次会议上把《广西壮族自治区少数民族语言文字工作条例》(下称《民语条例》）列入了2017年立法议程。

23日上午，“精彩三月三，八桂民族风”——广西电视壮语译制项目启动仪式在广西电视台举行。

2月

▲灌阳县千家洞雪梨黑李产业示范区被广西壮族自治区人民政府授予“广西现代特色农业（核心）示范区（四星级）”称号，这也是桂林市唯一获此荣誉的示范区。

忻城县珍珠糯玉米生产种植系统荣获“全国农业文化遗产”称号。

5日，凭祥市举行了2017年中越（凭祥）“唱响我们的价值观”山歌歌王大赛。来自凭祥市、龙州县、宁明县和越南的歌手近100人同台献艺，大展歌喉。

21日，广西首家“乡愁馆”在贺州市昭平县仙回瑶族乡隆重举行开馆仪式。

22日，广西壮族自治区民族宗教事务委员会（简称民宗委）、少数民族语言文字工作委员会（简称民语委）在南宁市召开2017年全区民宗委民语委系统工作会议。

23日，2017年广西壮族自治区民宗委咨询委员会全体会议在南宁召开。

27日，地处中越边境的宁明县爱店镇举办“二月二”关帝庙庙会，来自中越两国的边民群众、边贸客商、民间文艺团体等数千人参加了具有百年历史的传统民俗庙会。

同日，桂黔各地的苗、侗等各族群众欢聚位于桂黔边界的广西融水苗族自治县洞头镇，欢庆一年一度花炮节的到来。

28日，广西“壮族三月三·八桂嘉年华”旅游文化消费品牌工作联席会议办公室公布了活动徽标和主题歌曲。

3月

▲南宁市新兴民族学校原创舞蹈《唱天谣》荣获第十五届全国青少年专业舞蹈大赛金奖。

桂平市、昭平县、荔浦县、涠洲岛旅游区、靖西市、融水苗族自治县、蒙山县7个县（市）被广西壮族自治区人民政府列为特色旅游名县。

崇左市宁明县馗塘村获得由国家民委办公厅、教育部办公厅命名的首批全国双语和谐乡村称号。

《仫佬族传统体育与游艺》一书正式出版。

3日，国家民委公布第二批“中国少数民族特色村寨”，广西有南宁市马山县古零镇乔老村小都百屯、上林县大丰镇云里村内里庄、上林县乔贤镇恭睦村内黄旦庄等38个村寨获得命名。

7日，广西壮族自治区人大常委会调研组分若干个调研组到横县、田阳、象州等地开展民族团结进步创建工作调研。

16日，大新县在宝圩乡举办中越呗侬国际侬垌节暨宝圩“2·19”观音诞文化节活动。

21日至24日，环江毛南族自治县花竹帽编织技艺第五代传承人谭素娟编织的花竹帽在第54届全国工艺品交易会暨2019年“金凤凰”创新产品设计大赛上荣获“金凤凰”金奖。

23日，广西壮族自治区民族工作委员会召开2017年全体会议，总结交流2016年民族工作经验，部署2017年民族工作。

28日至29日，首届中国壮乡“三月三”校园民族文化艺术节在广西民族师范学院、南宁市明秀小学举办。

30日，2017年崇左花山文化节开幕式在崇左市园博园天琴广场举行。

4月

▲广西金海湾电子音像出版社的《广西世居民族影像志》项目获国家出版基金规划管理办公室资助400万元，是广西唯一一个获得资助的民族题材出版项目。

宜州市首个以传承民间工艺为主题的传习馆——广西民间工艺大师传习馆在该市怀远镇开馆。

2日，2017年百色市布洛陀文化学术研讨会在百色市田阳县召开。

5日，广西电台“新闻910”《直播广西》推出“维护民族团结　共建和谐家园”专栏，分别用汉语普通话和壮语讲述和谐壮乡、民族团结的动人故事。

10日，记述广西非物质文化遗产保护项目——壮族马骨胡艺术的《马骨胡基础教程》正式出版发行，其是中国第一本马骨胡范本教程。

14 日至 15 日，第二届中国－东盟民族文化论坛在崇左市顺利举行。本届论坛主题为“民族文化遗产与‘一带一路’建设”。

16 日，2017 年全国民族院校法学院院长联席会议暨民族法律人才培养模式创新研讨会在广西民族大学召开。

18 日，广西壮族自治区民宗委在委机关大门前举行挂（揭）牌仪式，全体委领导共同为单位新门牌揭牌。

21 日，广西壮族自治区党委统战部、宣传部和广西壮族自治区民宗委联合组织法律、种植养殖、医疗卫生、民族政策等领域的 10 多名专家在环江毛南族自治县水源镇举办民族团结惠民服务活动。

22 日，凌云县首届“霓彩民族 秀美凌云”民族服饰展演赛圆满落幕。

5 月

▲百色学院周艳鲜教授的译著《中国壮族谚语（英文版）》在美国出版发行。这是第一本在国外出版的壮族谚语文化书籍。

象州红米被农业部认定为国家地理标志性农产品。

8 日，龙州县在红八军纪念广场举办 2017 年中国・龙州－越南・复和长定首届中越传统情人节活动。

9 日至 12 日，国家民委经济发展司一行 6 人到德保县开展扶贫督查调研活动。

10 日，“口述中国民族工作多媒体数据库”项目座谈会暨启动仪式在南宁举行。

同日，首卷《罗城年鉴・2016》公开出版发行，这是首部面向全社会全面、系统介绍罗城经济社会发展的年度资料性工具书。

11 日至 12 日，由广西壮族自治区教育厅组织举办的“自治区民族文化教育示范学校”创建工作成果展示暨观摩活动及“广西壮族自治区民族文化教育师范学校”授牌仪式在南宁市举行。

12 日，金秀瑶族自治县举行飞越彩虹・瑶族童声合唱团建团仪式。

23 日，西部七省区少数民族大龄女童受教育状况调研报告发布会暨情暖少数民族女孩项目研讨会在田东县举行。

25日，大新县被中国民间文艺家协会命名为“中国侬垌文化之乡”“中国土司文化之乡”。

同日，新修订的《融水苗族自治县自治条例》及《大化瑶族自治县自治条例》经广西壮族自治区十二届人民代表大会常务委员会第二十九次会议批准通过。

25日至31日，2017年第六届中国－东盟音乐周在南宁举办。

26日，广西首个民族文化教育基地——山丰原农庄在南宁亮相。

6月

▲东兴试验区管委会与中央民族大学双方初步商定，在东兴跨境合作区筹备成立“中央民族大学东兴学院”。

滇黔桂三省区打造中国滇黔桂民族文化旅游示范区旅游建设工作研讨班在南宁举行，三方在促进民族文化、传统医药、健康旅游、高铁旅游经济带、旅游扶贫等方面达成共识。

资源县车田苗族乡“车田西红柿”“车田辣椒”2个农产品正式成为国家地理标志保护产品。

7日，“关圣”祭祀节在靖西市龙邦镇举行，中越两国边民欢聚一堂共同欢度壮族千年民俗“关圣”祭祀节。

10日，由广西壮族自治区文化厅和百色市政府共同主办的2017“文化和自然遗产日”广西主场城市活动在百色市举行。

12日，浦北县荣获“世界长寿之乡”新闻发布会暨健康产业招商推介会在南宁国际会展中心举行。

同日，广西民语委、民宗委出台贯彻落实《国家民委“十三五”少数民族语言文字工作规划》实施方案。

13日，灵山县与中央民族大学社会发展研究所联合在烟墩镇邓塘壮族村建立的“科研实践基地”举行揭牌仪式。

16日，南宁市在第六届中国民族节庆峰会暨2017“中国优秀民族节庆”颁奖典礼上荣获“最具魅力节庆城市（地区）”称号。

28 日，广西民族出版社成立 60 周年座谈会在南宁召开。全体与会人员参观了广西民族出版社的精品图书展，共同见证了广西民族出版社 2017 年重点出版物——《世界天坑之都》的新书展示。

同日，“恭城月柿栽培系统”被农业部认定为第四批“中国重要农业文化遗产”。

29 日，全国民族出版社向广西少数民族特色村寨赠书及“双语学校”文化共建活动在三江侗族自治县林溪乡冠洞村冠大屯举行。

7 月

▲《来宾市忻城土司文化遗产保护条例》列入来宾市人大常委会 2017 年立法工作计划中。

1 日，三江侗族自治县举行了“三江南至南宁”动车始发首发仪式。

10 日至 16 日，第十二届世界芒果大会在百色市田东县举行。

14 日，2017 年花山岩画国际论坛在广西崇左市举办。

15 日，崇左市壮族博物馆举行花山申遗成功一周年系列纪念活动。

同日，后申遗时期花山文化研讨会在宁明举办，宁明花山文化研究学会正式成立，其阶段性成果《骆越根祖　岩画花山——花山文化研究成果撷英》同日首发。

25 日，罗城仫佬戏《坚定承诺》在广西儿童剧院成功首演。

26 日，河池宜州正式撤市设区。

30 日，2017 年度壮语文水平考试在广西民族大学举行。本次考试共 296 名考生参加。

8 月

▲由凌春投资集团在凌云县建造的广西第一大白茶加工厂完工并投入使用。

国家新闻出版广电总局（现为国家新闻出版署）公布“十三五”国家重点出版规划增补项目名单，《广西少数民族音乐——原始仪式音乐》《党员干部必学的国法党规》《中国历代乐论》《丝路译丛》《壮族科学技术史》《生物学大词典》《大科学家给孩子的科学启蒙》7个项目入选其中。

第29届（2016年度）全国少数民族地区报纸好新闻奖评选揭晓。《广西民族报》的4件作品获奖，其中一等奖1件，二等奖1件，三等奖2件。本次评奖活动共收到来自少数民族地区近70家报社的参评作品862件。

2日至30日，南宁市举办首届传统工艺美术作品展。

4日，广西籍摄影师李永锋拍摄的作品《壮族丧葬礼俗》荣获HPA第十届"人类贡献奖"年赛文献奖。

21日至23日，第六届"文学与地域"研讨会暨《风雨桥》出版百期论坛系列活动在三江侗族自治县召开，来自桂、湘、黔三省区9市18县的120余名侗族作家及学者与会。

22日，环江毛南文化青年艺术团在德国拜罗伊特第67届国际青年艺术节上举办了"毛南音韵"专场演出。

同日，国家艺术基金2016年度艺术人才培养资助项目"广西戏曲乐师人才培养"技能专场音乐会在广西艺术学院开幕。

29日，广西壮族自治区第十二届人民政府第103次常务会议审议了《广西壮族自治区少数民族语言文字工作条例（草案）》，并决定提请广西壮族自治区人大常委会审议。

9月

▲恭城瑶族自治县民族局组织编撰的《恭城瑶语图册》编制完成。

"中国广西南宁民族艺术团"赴以色列参加第32届以色列国家民间舞蹈节，展演《竹鼓声声》《踩踩脚》《风起苗舞》《壮乡欢歌》等带有壮族民族特色和中国风韵的舞蹈。

环江发行了毛南族民歌专辑《歌，从这里飘来》（内部版），共收录了《迎客歌》《敬酒歌》《夕阳吟》《今昔不一样》等13首民歌。

人民网启动"五十六个民族儿女寄语十九大"系列专题片，广西壮族自治区韦林森、蓝绍会、谭福勇、苏明芳、农向华5位少数民族代表获选。

由贵港市覃塘区民宗局策划、组织编写的民族民间民俗文化书籍《马度三绝》正式出版发行。

1 日，环江毛南族自治县的环江香粳，获得农业部国家农产品地理标志认证。

同日，忻城壮锦娃娃获 2017 中国首届民族旅游商品大赛铜奖。

6 日至 11 日，第五届中国 – 东盟（南宁）戏剧周在南宁举行。

12 日，第十四届中国 – 东盟博览会和中国—东盟商务与投资峰会在南宁开幕。

同日晚，第 19 届南宁国际民歌艺术节晚会在南宁上演。晚会以“丝路山水·画里民歌”为主题。

17 日，环江毛南族自治县在 2017 旅游“新格局、新业态、新品质”暨第五届旅游业融合与创新论坛上获得“2017 最美中国·民俗、民族旅游城市”和“2017 最美中国·文化魅力、特色魅力旅游城市”荣誉称号。

18 日下午，《壮族麽经布洛陀遗本影印译注》出版座谈会在南宁举行。这是继《壮族麽经布洛陀影印译注》（1–8 卷）出版之后，广西壮学界的又一重大科研成果。

19 日至 21 日，2017 年“民体杯”全国板鞋竞速比赛暨崇左市第四届少数民族传统体育运动会在崇左市举行。

27 日至 28 日，2017 年广西壮语山歌展演活动在宁明县举行。

10 月

▲《刘三姐歌谣》系列丛书出版，该书包含《刘三姐歌谣·情歌卷》《刘三姐歌谣·古歌卷》《刘三姐歌谣·长歌卷》《刘三姐歌谣·风俗歌卷》《刘三姐歌谣·时政·谜语歌卷》。

2 日，贵州、湖南及广西三省（区）山歌王齐聚融水，参加在该县举行的山歌王擂台赛。

11 日，2017 年全区民族工作联席会在三江召开。

12 日，经中国瑶族盘王节协调委员会审议，同意富川瑶族自治县于 2018 年承办第十五届中国瑶族盘王节。

22 日至 23 日，国家民委研究室联合湖南省民宗委组成调研组，到富川瑶族自治县开展“南岭走廊”脱贫攻坚与全面小康社会建设情况调研。

23 日，龙邦边民互市贸易区建成开园。

24 日至 28 日，恭城瑶族自治县观音乡水滨村瑶族“吹笙哒鼓舞”赴吉隆坡参加国际关公文化节。

25 日，忻城壮乡珍珠糯玉米入选 2017 年度全国名特优新农产品目录 。

26 日，桂林至三江高速公路正式通车运营。

29 日至 30 日，融水苗族自治县选送的节目《风情坡会》在第六届中国·凤凰苗族银饰服饰文化节暨“金秋银装秀·百苗靓彩凤凰城”苗族银饰服饰秀上荣获一等奖。

31 日，《广西壮语地名译写用字规范》项目评审会在广西大学文学院召开，该项目通过评审，予以结题。

11 月

▲《仫佬族地区文书古籍影印校注》正式出版发行。

贺州瑶族文化书籍《平桂土瑶》正式出版发行。

2 日，融水苗族自治县同练瑶族乡成立 30 周年，于当日在该乡举办了庆典大会。

3 日，天等县官方报刊《今日天等》开设民族专版，用壮汉两种文字进行新闻报道。

6 日，罗城仫佬族自治县举办首届仫佬族舞草龙大赛，全县 11 个乡镇组队参加比赛。

6 日至 7 日，第三届仫佬族依饭文化旅游节暨扶贫产业招商活动在罗城举办。

11 日，2017“毛南汇”邕城大联欢暨毛南故事音乐分享会在南宁举行。来自南宁、柳州、广州、深圳等地的 400 多名毛南族同胞参加活动。

同日晚，《 Hello，环江！来自世界自然遗产地的歌声》原创歌曲演唱会在广西电视台举行。

13 日，广西文联首届花山诗会组织诗人赴花山开展采风创作活动。

17 日，第十七届中国·融水苗族芦笙斗马节开幕，并首次举办了中国融水苗族—东盟少数民族“打同年”活动 。

同日下午，广西首部以壮族原生态山歌为素材的世界音乐剧《壮源》在广西南宁国际会展中心召开新闻发布会并首次向公众试演。

17 日至 19 日，融水苗族自治县举办第十七届中国·融水苗族芦笙斗马节。

18 日，环江毛南族自治县成立 30 周年，县庆活动以“世遗环江·多彩毛南”为主题，举行了庆祝大会、大型广场民族歌舞表演、自治县成立 30 周年成就展等系列活动。

同日，第十四届中国（柳州·三江）侗族多耶节贫困村村民合作社特色产业产品展销会在三江举办。

19 日上午，广西壮族自治区及河池市代表团在环江毛南族自治县成立三十周年之际，对该县各族干部群众开展慰问活动。

23 日，“广西龙胜龙脊梯田系统”正式被认定为全球重要农业文化遗产。

23 日至 24 日，2017 年湘桂两省毗邻四市民族团结联谊活动在广西桂林市全州县举行。

24 日，河池市东兰县武篆镇被国家民委命名为“第二批全国双语和谐乡村（社区）示范点建设单位”。

27 日，环江毛南族自治县被中国饭店协会授予“中国香猪美食之乡”称号。

28 日，龙胜红糯被农业部认定为国家地理标志性农产品。

29 日，纪念国务院颁布《壮文方案》60 周年暨广西少数民族语文工作先进表彰大会在南宁举行。

30 日，纪念国务院颁布《壮文方案》60 周年座谈会在南宁召开。

同日，《南宁市壮文社会使用管理条例》作为历史文化保护方面的项目被列入南宁市未来五年地方立法规划 。

12 月

▲桂林市荔浦县创作的壮族末伦《堵寨门》在全国曲艺、木偶剧、皮影戏优秀剧（节）目展演中获得优秀奖，该剧目是广西唯一获选曲艺节目。

三江侗族自治县新修订《三江侗族自治县自治条例》，对自治县的自治权、人事、财政、农业、环保、旅游、教育、科技、文化、医疗、林业、扶贫、民族关系、纪念日等方面的内容进行修改。

《忻城壮族盘歌》一书正式出版。

1日至5日，南宁市新兴民族学校老师周雪薇在全国第十一届民族中学“民教杯”信息技术与教学融合技能竞赛活动中荣获全国“民教杯”数学说课一等奖，是68名参赛老师中最年轻的获奖选手。

2日至4日，第十四届中国瑶族盘王节在贺州市平桂区举办。瑶族女书在节庆中得到展示，这是一种专用于女性之间交流的符号和文化，是目前世界上发现的唯一女性文字。

5日，广西山歌巡演活动新闻发布会在南宁举行。

同日晚，第三届中华九雅文化大使选拔赛在南宁正式启动，这是国内唯一一个以传承中国优秀的传统文化为核心的盛大赛事。

8日，全国学校民族团结教育工作研讨会在南宁召开。

11日，2017“丝路杯”中国－东盟乒乓球赛在广西靖西市绣球体育馆开幕。

15日，广西壮族自治区农村信用社联合社及宁明、龙州、大新、东兴四家农村商业银行与越南工商股份商业银行在宁明县签约边贸结算业务合作。

23日至24日，防城港人民广播电台推出壮语、京语两档广播新闻栏目，分别用壮语和京语讲述港城大事、民生民情、乡里乡情。

26日，国家民委公布第五批“全国民族团结进步创建示范区”名单，南宁市西乡塘区、柳州市柳邕路第三小学、桂林市恭城瑶族自治县、柳州两面针股份有限公司、柳州市三江侗族自治县林溪镇、贵港市港北区贵城街道石羊塘社区、来宾市兴宾区民族小学7个单位被命名。

27日至28日，布洛陀史诗入选《中华经典资料库》，将进入全国高校、中学课堂。

29日，2018首届全国社区春晚组委会办公室走进广西宜州合寨村，为2018首届全国社区春晚选拔优秀节目。

（广西民族研究中心廖凌子　整理编辑）

后 记

广西壮族自治区成立60年来，广西工农业发展更多地依靠科技进步和资金投入，城镇化持续推进，城乡面貌发展了翻天覆地的变化。在编撰这本蓝皮书的过程中，编撰者们更加感到广西壮族自治区60年来的发展来之不易，广西的民族团结需要倍加珍惜，广西民族区域自治需要进一步加强和完善。

从2017年年底开始，广西社会科学院民族研究所就开始准备2018年《广西民族地区发展报告》的编撰方案，并与广西民族宗教事务委员会、广西民族研究中心一起商讨、修订，于2018年年初启动了编撰方案。2018年上半年，广西社会科学院计划对广西蓝皮书系列进行调整，压缩了部分蓝皮书内容，经过汇报，广西社会科学院批准《广西民族地区发展报告》继续保留。

本书在编撰过程中，作者们克服了不少困难，有的作者被抽调编写“民族志”，有的作者被单位指派承担了扶贫调研任务，有的作者还在休产假，但他们依然挤出时间进行写作工作。特别是当总报告中第二部分“广西壮族自治区发展成就”的稿件被撤换后，刘建文、潘文献、张健、冼奕、王红梅五位同志分别承担了相应任务。本书总报告作者为潘文献、覃娟、刘建文、张健、冼奕、王红梅和方洋。分报告作者分别为王红梅、赵明龙编写壮族地区篇，潘文献编写瑶族地区篇，杜遵、达汉吉、陶德光、文露编写苗族地区篇，覃丽丹编写侗族地区篇，李妍编写毛南族地区篇，罗仁惊瑜编写仫佬族地区篇，农士杰编写回族地区篇，张健编写水族地区篇，冼奕编写彝族、仡佬族地区篇，罗柳宁编写京族地区篇，廖凌子编辑整理大事记。

本书编撰过程中得到广西社会科学院、广西民族宗教事务委员会大力支持，在资料的收集过程中得到南丹县人民政府等地方政府支持和协助，以及广西社会科学院赵明龙研究员、广西民族大学龚永辉教授、广西移民工作管理局贾晔处长、贵州大学刘峰教授等人的大力帮助。此外，广西民族发展研究会、广西苗学会在组织编撰人员方面也给予协助，广西社会科学院的梁艳鸿、韦仕丹同志及广西大学学生谢颖为蓝皮书的编撰提供了帮助，在此一并表示感谢！由于编撰者水平有限，书中难免错漏和不妥之处，敬请读者批评指正。

编者

2018年12月31日